Von Jochen Brennecke
sind als Heyne-Taschenbücher erschienen:

Schlachtschiff ›Tirpitz‹ · Band 01/25
Eismeer, Atlantik, Ostsee · Band 01/627
Haie im Paradies · Band 01/664
Schwarze Schiffe – weite See · Band 01/693
Gespensterkreuzer HK 33 · Band 01/5130
Jäger – Gejagte · Band 01/6753

JOCHEN BRENNECKE

STRANDUNGEN

Schicksale
berühmter Segelschiffe

Originalausgabe

WILHELM HEYNE VERLAG
MÜNCHEN

HEYNE ALLGEMEINE REIHE
Nr. 01/7658

Copyright © 1988 by Wilhelm Heyne Verlag
GmbH & Co. KG, München
Printed in Germany 1988
Innenfotos: Frank Gibson, St. Mary's, Isles of Scilly:
Bildseiten: 1, 3, 4, 7 (oben), 9–15, 16 (unten).
National Maritime Museum, Greenwich:
Bildseiten: 2, 5, 6, 7 (unten), 8, 16 (oben).
Umschlaggestaltung: Atelier Ingrid Schütz, München
Satz: IBV Satz- und Datentechnik GmbH, Berlin
Druck und Bindung: Presse-Druck, Augsburg

ISBN 3-453-02518-0

Inhalt

Vorwort 7

1. Die Viermastbark *Dundonald* 10
2. Das Fünfmastvollschiff *Preußen* und die Fünfmastbark *Potosi* 106
3. Die Viermastbark *Petschili* 204
4. Die Barken *Carolina*, *Henrietta Behn*, *Paladin* und *India* 210
5. Das Vollschiff *Polynesia* 215
6. Das Vollschiff *Palmyra* 217
7. Das Vollschiff *Pellworm* 222
8. Das Vollschiff *Peiho* 232
9. Die Bark *Papa* und die Viermastbark *Pisagua* 234
10. Die Bark *Plus* 237
11. Die Viermastbark *Placilla* 239
12. Das Vollschiff *Parnassos* 241
13. Die Viermastbark *Pindos* 248
14. Die Viermastbark *Edmund* 251
15. Das Viermastvollschiff *Bay of Panama* 256
16. Das Vollschiff *Nymphe* 262

17. Die Bark *Cid*	264
18. Das Vollschiff *Marie Hackfeld*	270
19. Das Fünfmastschiff *France II*	280
20. Die Bark *Mexico*	284
Anmerkungen	292
Literaturverzeichnis	299

Vorwort

Strandungen von Schiffen sind auch in unserer technisch hochentwickelten Zeit nicht als ausgesprochene Seltenheiten zu bezeichnen. Man denke dabei an die Bohême, *die 1968 fast unmittelbar nach ihrem Auslaufen aus Stockholm in den vorgelagerten Schären auf einen Unterwasserfelsen auflief – und das trotz Lotsenberatung. Man denke weiter an alle jene Schiffe, die allein vor der Elbmündung auf dem Vogelsand oder vor der Insel Scharhörn festkamen, wieder freigeschleppt wurden oder nach oft monatelangen Bemühungen aufgegeben werden mußten. Höhere Gewalt und nicht menschliches oder technisches Versagen waren gerade hier, in einem der navigatorisch schwierigsten Reviere der Welt, die Ursache. Indessen in der Relation zu damals, da die Schiffe noch unter Segel fuhren, ist die Zahl der Strandungen heute ganz bedeutend zurückgegangen. Und Strandungen mit einem für die Besatzungen gefährlichen oder gar (zum Teil) tödlichen Ausgang gehören – bis auf wenige Ausnahmen, die zudem meist nur unter kleinen und kleinsten Schiffen zu suchen sind – praktisch der Vergangenheit an. Damals aber zählten Strandungen zur Tagesordnung. Das Schicksal machte dabei auch nicht vor großen und berühmt gewordenen Windjammern und nicht minder berühmten Segelschiffskapitänen halt, denn:*

Einmal sind Segelschiffe absolut wind- und wetterabhängig. Auf ihnen kann der Kapitän bei einer Gefahrenlage, im Sturm, bei Nebel oder auch bei Windstille nicht einfach auf »voll zurück« gehen. Er muß vielmehr versuchen, durch umständliche, zeitraubende Segelmanöver freizukommen; zum anderen waren die Meere und die Küsten der Erdteile noch nicht genau vermessen, gab es weder Funk noch tägliche Seewetterberichte, steckte die meteorologische Navigation noch in den Anfängen, wie überhaupt viele, heute so selbstverständliche Erkenntnisse und daraus resultierende Vorschriften, Regeln und Unterlagen noch unbekannt waren. Obwohl stets von tiefer Tragik umwittert, wenn ein stolzer Windjammer strandete und in den meisten Fällen verlorenging, sind doch eine Unzahl Strandungen zu nennen, bei denen die Besatzung oder wenigstens ein Teil der Besatzung mit dem Leben davonkam:

oft unter unsagbaren Strapazen,
oft unter vollem Einsatz des Lebens,
oft nur, weil es harte Männer waren, wie sie der Dienst auf Segelschiffen verlangte.

Unter den vielen Beispielen dafür, daß eine für das Schiff tödliche Strandung für einen großen Teil der Besatzung am Ende dennoch glücklich ausging, ist das des britischen Frachtseglers Dundonald *zu nennen. Diese 2205 BRT große Viermastbark war 1891 für T. Dixons & Sons auf der Werft von Workman, Clark & Co. Ltd. in Belfast/England erbaut worden. Ihre Maße: 284.2 Fuß Länge, 42.0 Fuß Breite und 24.4 Fuß Tiefe mit einer Tragfähigkeit von etwa 3000 ts. Das Schiff, das anfänglich 40 Mann Besatzung fuhr, wurde später an die Reederei Kerr, Newton & Co. verkauft. Ende 1906 trat es unter deren Flagge mit Kapitän J. T. Thorburn und einer Gesamtbesatzung von 32 Mann jene Reise nach Sydney in Australien an, welche die letzte werden sollte...*

Nicht alle im Text erwähnten Segelschiffe sind abgebildet. Die Strandungen geschahen in den meisten Fällen in menschenleeren, unzugänglichen Küstengebieten.

Nur wenige konnten fotografisch (zu damaliger Zeit ohnehin eine Seltenheit) festgehalten werden.

Die hier gezeigten typischen Beispiele von Strandungen stehen auch stellvertretend für alle anderen Einzelschicksale.

1. Die Viermastbark »Dundonald«

Es war der 17. Februar 1907, als die britische Viermastbark *Dundonald*, bis zur Halskrause mit goldener Körnerfrucht der letzten Weizenernte beladen, sich zur Heimreise »for the United Kingdom« anschickte. Völlig unprosaisch und gar nicht romantisch, sachlich und nüchtern wie in jedem anderen Betrieb auch, wickelte sich auch heute der Dienst an Bord ab. Die altbefahrenen Jan-Tautrecker sorgten dafür, daß kein Handgriff unterblieb und daß alles getan wurde, um das Schiff seeklar zu machen. Und seefest vor allem. Im ureigensten Interesse. Ein paar Freunde hatten sich zum Abschied eingefunden. Nichts da von schwermütigen Abschiedsgesängen und »... von dem Schifferklavier, das an Bord ertönt«.

Mit einer mächtigen Rauchfahne wie von einem Ozeandampfer näherte sich tutend und wichtigtuerisch gebärdend ein kleiner stiernackiger Hafenschlepper. Ein paar rotgesichtige Gestalten in blauen Overalls nahmen die Schlepptrosse, die ihnen die *Dundonald*-Seeleute durch die Klüse herabreichten, in Empfang. Sie streiften das große Auge der Leine über den Schlipphaken, sicherten diesen ab, sagten o. k., und mit tief in den Hosentaschen vergrabenen Händen harrten sie der weiteren Dinge. Aus ihren Mienen war wenig Lust herauszulesen, auf dem Segler etwa einzusteigen, um mitzufahren.

Schließlich erschien breitbeinigen Schrittes J. B. Thorburn, der Kapitän dieses Schiffes. Er war nicht mehr jung an Jahren, aber sicher und noch sehr elastisch in seinen Bewegungen. Er hatte an Land bei den Behörden die üblichen letzten Formalitäten der Ausklarierung erledigt, und er gab nun das Zeichen zum Auslaufen, auf das die gelangweilt dahindösenden Schleppermänner schon warteten. Thorburn hob die rechte Hand zu seinem Ersten hin und rief ihm zu: »Los, vorn und achtern!« Peters, der Deutsche, 62 Jahre alt und aus Hamburg stammend, nickte nur kurz und ging auf die Back, um den Schleppermännern das Zeichen weiterzugeben. Zu seinen eigenen Leuten brauchte er weiter nichts zu sagen. Die wußten ohnehin, was zu tun war, der alte Bootsmann, dem Salzsee und Sturmwind die Haut ledern und rissig gemacht hatten, daß sein Gesicht aussah wie die Oberfläche einer vertrockneten Dattel, die Matrosen, zu denen auch Peters' Landsmann Querfeldt zählte, und die anderen aus England, Amerika, Finnland, Norwegen und der eine aus Schweden. Es ist soweit: »Törn to.«

Doch bevor sie an ihre Arbeit gehen, stellen sie sich noch einmal alle an der Reling auf und rufen nach altem Seemannsbrauch ihre letzten Grüße an Land:

»Three cheers for the golden Sydney«, brüllt einer der Matrosen, und die anderen fallen ein: »Hurray, hurray, hurray.«

Der Zwerg unter den Schiffen der Häfen aller Welt schnauft, und er tutet, was aus der blankgeputzten Messingtüte hinter dem knallrot gestrichenen Schornstein herausgeht. Die Mannschaft der *Dundonald* löst die Leinen, schießt sie in Buchten auf und rollt sie gleich auf Trommeln, um Platz für die spätere Manövrierarbeit zu bekommen. Sie hat genug zu tun und keine schwermütigen Gedanken dafür, einen der schönsten Häfen der Welt verlassen zu müssen. Denn nach dem traumverlorenen Rio mit seinem Zuckerhut, nach Kapstadt mit seinem von schneeweißen Wolkengebirgen übertürmten Tafelberg wird Sydney als dritter genannt.

Nur zwischendurch winkt man den zurückbleibenden Freunden zu, die mit der langsam zunehmenden Entfernung immer kleiner werden. Nur die weißen Punkte der Taschentücher, die sich im Wind entfaltet haben, bleiben noch lange über den unklaren Strichen der schattenhaften Gestalten sichtbar. Eine davon ist der Drogenhändler Williams. Der hellere Schatten seine Tochter. Beide sind des deutschen Matrosen Querfeldt wegen erschienen. Sie haben gute Freundschaft miteinander geschlossen. Für immer und über jeden Krieg hinweg. Wenn es nach den Seeleuten aller Nationen und ihren Freunden in aller Welt ginge, gäbe es keine Kriege mehr.

Der Seemann hat andere Feinde: Orkane, Taifune, Riffe, Untiefen, die mordende See, Zyklone, Nebel...

Draußen auf See springen sie ihn an. Sie kennen und machen keine nationalen Unterschiede.

Im Kartenhaus bespricht sich Thorburn mit seinen Offizieren, seinen Steuerleuten. Viel hat er ihnen nicht zu sagen. Der Generalkurs steht fest. Er heißt Ost. Zunächst jedoch gilt es, nach Süden zu Raum zu gewinnen, um in den Bereich der »Braven Westwinde« zu gelangen.

»Brave Westwinde«. Das ist ein höchst relativer Begriff. Das Wörtchen »brav« bezieht sich lediglich auf die Stetigkeit, auf die Verläßlichkeit der hier ständig aus Westen wehenden Winde. Ansonsten sind diese Winde ganz und gar nicht brav zu nennen. Sie wehen mit Sturmeskraft. Oft tagelang und oft noch stärker als in Sturmstärken nach Beaufort, ein Sturmtief folgt dem anderen. Mit ihnen ist schneidende Kälte. Wild wirbelnde Schneeböen und peitschender Hagel gehören fast zur Tagesordnung.

»Sie übernehmen die erste Wache, McLaughlin?« fragt Thorburn. Es ist mehr Befehl als Frage. Daniel McLaughlin, der Zweite Offizier, bejaht und legt langsam die Hand an die Mütze, während sich Kapitän Thorburn bereits umwendet und mit dem Ersten jetzt nach draußen geht. Das Land ist an beiden Seiten mehr und mehr zurückgetreten, nachdem sie den engen Schlauch von Port Jackson passiert haben. Ein paar Jachten begleiten die *Dundonald*. Leichtfüßig, beschwingt. Da drüben winken sie und rufen gute Wünsche für die lange Reise hinüber. Thorburn winkt lachend zurück. Er ist zuversichtlich und in bester Laune, froh, das Land und den Hafenbetrieb hinter sich zu haben.

Der Wind steht ablandig. Thorburn läßt die Segel losmachen. Alle, bis auf die Royals, die obersten an jedem Mast. Und dann folgen Schlag auf Schlag die gewohnten Kommandos, um zunächst die schmalen, langgestreckten Untermarssegel zu setzen. Die schwache Brise hat nicht Kraft genug, dieses Tuch prall stehen zu lassen, dem schwerbeladenen, tief im Wasser liegenden Windjammer eigene Fahrt zu verleihen.

»Klar bei Marsfallen«, ein neues Kommando, das an Deck wiederholt wird. »Klar bei Marsfallen« heißt »All hands«. Es gilt für alle an Bord, um die tonnenschweren Rahen über das sinnvolle System der flaschenzugähnlich arbeitenden »Fallen« aufzulaufen, wie der Seemann dazu sagt.

»Heiß auf – – Marsfallen...« Füße stampfen und stemmen sich kraftvoll gegen die Decksplanken aus eisenhartem Teakholz. Und da – – plötzlich überbranden dunkle Stimmen die Arbeitsgeräusche. Der Vorhandsmann, jener Seemann, der vorn am Fall vor der Nagelbank steht und diese Arbeit dirigiert, hat ein Shanty angestimmt, ein Arbeitslied mit englischem Text, das die Finnen genausogut wie die Deutschen oder die Norweger beherrschen, denn Shanties sind international auf allen Meeren und in allen Häfen der Welt.

»Oh blow the man down, bullies, blow the man down!« singt der Vorhandsmann als Vorsänger aus, mehr laut als melodisch, und dann fallen die anderen, die hinter ihm am Tampen stehen, im mächtigen Chor ein...

»Way – ay, blow the man down.«

Dann wieder der Vorsänger, vor dem nächsten Pull am Fall: »Oh blow the man down in the Liverpool town!«

Die anderen, im Chor: »Give me some time, to blow the man down!«

Und alle, die da an dem dicken, mehr als doppelt daumenbreiten Tampen ziehen, haben das Gefühl, als würden ihre Arme länger und ihre Kräfte doppelt so stark. Das Lied, dieses Shanty, ist wie ein mächtiger Wind, der in sie fährt. Langsam gleitet das Rack mit der Rah die Stenge hinauf.

Die zweite Strophe. Der Vorsänger: »And we blow him right up, and we blow him right down.« Der Chor: »Way – ay blow the man down.« Der Vorsänger: »We blow him right up and we blow him right down.« Der Chor: »Give us some time, to blow the man down.«

Die dritte Strophe: »As I was walking down Paradise

Street.« Chor: »Way – ay...« Vorsänger: »A szucy young p'liceman I happened to meet.« Chor: »Way – ay...«

So geht es weiter, die vierte, die fünfte und, wenn notwendig, die weiteren Strophen.

Sie singen und reißen am Tampen, bis das Marssegel »kant«-steht, bis sich eine kräftige Stimme vernehmen läßt: »Aufkommen achter de Hand.«

Und durch die Reihe der Jan-Tauzieher brummelt das Gemurmel der Wiederholung des Befehls: »Aufkommen... aufkommen.« Dies geschieht, um dem Vorhandsmann an der Nagelbank etwas Lose zu geben, damit er das Fall über den Koffeenagel belegen kann. Andererseits aber haben die anderen Macker den Tampen noch fest und sichernd in den Händen, um beim eventuellen Abspringen des ersten Belegtörns ein »Herunterrauschen« der tonnenschweren Rah zu verhüten.

Und wieder ertönt die kommandogewohnte, knarrende Stimme: »Belege Marsfall« -- und dann noch die Weisung: »Zwei Rundtörns mit einem halben Schlag.«

»That will do«, brummelt der Chor, und das schwere Tau klatscht an Deck, denn erst jetzt ist das Fall sicher belegt.

Die Bramsegel, die Fock und das Großsegel folgen, dann die Klüver und Stagsegel. An Deck herrscht ein einem Laien schier unentwirrbares Durcheinander von dünnem und dickem Tauwerk der Brassen, der Gordinge, der Fallen und wie die Tampen sonst noch alle heißen.

Die *Dundonald* nimmt langsam Fahrt auf. Sie hat ihre weißen Schwingen wie ein Schwan ausgebreitet. Wie ein Dom aus Segeln ruht sie jetzt auf der blauen Decke der See. Die Schleppleine beginnt durchzuhängen, überflüssig zu werden. Thorburn gibt den Befehl, sie zu schlippen und einzuholen. Noch ein kleines Stückchen des Weges bleibt der Schlepper, der inzwischen auch den Lotsen übernommen hat, längsseit.

Dann schwenkt er aus. Sein Kapitän winkt mit der goldbestickten Mütze und brüllt danach durch den Trichter seiner Hände seine guten Wünsche für Wind und Wetter hinüber. »Wiedersehen, Curley«, schreit Thorburn zurück.

Mit dem »Wiedersehen« ist alles gesagt.

Nicht alle werden sich wiedersehen.

Viel früher – und auch anders als vorgesehen – wird nur ein wenig mehr als die Hälfte der Besatzung zurückkehren...

»Der Wind bleibt so«, sagt Peters zu Thorburn, als sich beide nach dem Abendessen noch einmal im Kartenhaus treffen. »Um diese Jahreszeit ist der Passatgürtel oft bis unter den vierzigsten Breitengrad gerutscht. Müssen also bis zum Vierzigsten mit Gegenwinden rechnen.«

»Na ja, Peters, Sie kennen diesen Törn noch gründlicher als ich. Stimmt, was Sie da sagen. Stimmt leider, aber wir haben ja Raum genug für weitere Kreuzschläge, um Süd zu machen.«

»Wenn uns kein Zyklon beehrt.«

»Soll er«, brummt Thorburn, winkt beruhigend ab und steigt über das Kartenhaussüll nach draußen. Sein Blick macht die Runde über die jetzt aufgeklarten Decks und in die Takelage. Prall gefüllt steht das graue Tuch der Segel. Auch die leichten Royals, die Königlichen, hoch über allen Köpfen, sind jetzt gehißt. Was an Tuch gesetzt werden kann, ist gesetzt. Jeder Fetzen.

Thorburn sieht zum Ruder hin. Querfeld steht auf der einen, Verik, der Finne, auf der anderen Seite. Ihr hoch aufgerichteter Blick ist auf die Groß-Royal gewandt. Solange das Schiff am Winde segelt, steuern sie nicht nach dem Kompaß, sondern nach den wie ein Fächer angebraßten Segeln. Wenn der Wind wirklich einmal schralt... oder wenn die beiden Rudergäste nicht aufpassen und so hoch an den Wind gegangen sind, daß er von vorn einzufallen droht, dann schlagen bei dieser fächerförmigen Anordnung zunächst nur die Royals oder die Brams »back«, ohne daß Gefahr für den Mast besteht. Den Rudergästen verbleibt dann noch Zeit genug, um das Schiff abfallen zu lassen. Solch ein »square rigged ship« hart am Winde zu segeln, ist eine hohe Kunst. Sie erfordert nicht nur Erfahrung, sondern auch viel Fingerspitzengefühl für die Segeleigenschaften des Schiffes und auch für die Launen der Winde. Sie verlangt auch permanente Aufmerksamkeit, denn die Schot des Großroyalsegels – oder der Oberbram pp., je nachdem, welches Segel gerade das oberste Segel ist – darf nur »killen«, das heißt, im Winde flattern.

Sanft wiegt sich die *Dundonald* in der Dünung. Leise, fast behaglich, murmelt das vorbeirauschende Wasser. Das Log, das achtern an der Reling hängt, zeigt acht Knoten an. Es dreht mal schneller und mal langsamer, je nachdem, wie es durch die breit daherwogende See geschleppt wird. Alle Stunde liest einer von der Wache den Stundenwert ab und meldet seine Beobachtung dem wachhabenden Offizier. Als die Dämmerung einbricht und das Licht verebbt, sind sie allein. Der Fünfte Erdteil ist nur noch ein blauviolett zarter Strich. Dann schluckt die Nacht auch ihn. Aber dort, wo man vorher noch die Küste sah, dort, wo Sydney liegt, scheint der nächtliche Kosmos heruntergestürzt zu sein, so viele Lichter blitzen sternengleich auf. Am dritten Tage kommt grobe See auf. Die Wolkenbildung nimmt zu. Der Sonnenuntergang bietet ein prächtiges, bombastisches Schauspiel. Wie glühende Feuergarben schießen Lichtstreifen zwischen den Wolken hervor. Aber auch am gegenüberliegenden östlichen Himmel zeigen sich riesige Flammenbündel, deren Scheitelpunkt unter dem Horizont zu liegen scheint. Es sieht so aus, als ob dort noch eine Sonne untergehen würde.

Das Barometer fällt. Die Luft ist schwül und drückend. Es ist diesig. Die Sicht ist verschwommen.

»Lassen Sie noch einmal nachsehen, ob alles auch wirklich seefest gezurrt ist. Vor allem auch, ob die Ladeluken in Ordnung sind. Alle Keile nachprüfen!« ordnet Thorburn an. Kein Zweifel, dieses außergewöhnliche Naturspiel ist die flammende Ouvertüre für ein heraufziehendes schweres Wetter. Ein Trost ist, daß die Viermastbark, die trotz der Kreuzschläge auf ihrem südsüdöstlichen Generalkurs vom Land bereits gut freigekommen ist, jetzt dort schwimmt, was man schlechthin als »auf hoher See« zu bezeichnen pflegt.

Nach Sonnenuntergang ist es fast windstill geworden. Der Himmel hat sich mit tieffliegenden, pechschwarzen Wolken zugezogen. Unheimliches schwebt durch die Luft. Fast fühlbar. Fast greifbar wie die Wolken, die beinahe von den Mastspitzen geritzt zu werden scheinen.

»All hands bleiben klar zum Manöver! Niemand geht unter Deck!« Thorburn kann sich noch immer nicht entschließen, die oberen Segel wegzunehmen. Er versucht, das letzte bißchen Wind auszunutzen, um Südraum zu gewinnen. Aber er tut alles, um von dem drohenden Unwetter nicht überrascht zu werden. Auch er hat, wie viele Kapitäne und Fahrensleute, einen sechsten Sinn für die Stunden der Gefahr.

Dann zucken Blitze lautlos über den Himmel. Mit ihnen kommen feurige Kugeln, welche die Pardunen und Wanten auf und ab rasen. Von den Enden der Rahen und aus allen Spitzen sprühen bläuliche Flammen. Das ganze Schiff phosphoresziert. Die Leute stehen schweigend an Deck, innerlich genauso geladen und vor Unruhe knisternd wie die Luft um sie her. »Geht nicht gut, diesmal«, sagt der breitschultrige Finne zu Querfeldt. »Kenne das. St.-Elms-Feuer bringt immer ein Unglück. Irgendeins, irgendeine Teufelei. Manchmal auch das Ende des Schiffes.«

»Brabbele nicht so dummes Zeug«, ruft Thorburn so laut, daß es alle, die an Deck weilen, hören müssen. »Mach mir die Leute nicht nervös.« Innerlich aber gibt er dem Finnen recht. Dieses Feuer bedeutet nichts Gutes für die Reise. Wer seit seiner Jugend so eng mit der Natur vertraut ist, neigt stärker zum Aberglauben, als Menschen an Land es tun.

Ein Pfiff, langgezogen, schrill.

Und eine ruhige, grabestiefe Stimme, die gebieterisch fordert: »Nieder mit den Royals, nieder mit der Bram. Fier weg... Los, los, beeilt euch.« Schreie, Rufe. Wie ein Wiesel hüpft der alte Bootsmann zwischen den Männern umher. Die Fallen fliegen von den Belegnägeln der Nagelbänke, ihre Tampen rutschen durch rissige Hände – bis der Takeling kommt, den sie auf das Tau gesetzt haben, um auch in dunkelster Nacht fühlen zu können, ob das Fall zu Blocks gefiert ist. Andere sind gleichzeitig an die Geitaue und Gordings gesprungen, an denen sie nun reißen, um das Segeltuch hochzuholen und in Buchten unter die Rah zu zerren. »Rauf, Boys, festmachen.«

Noch immer toben sich die Feuerschlangen aus. Grelle Lichtscheine zerteilen die Wolken und zucken über die Gesichter der schwerarbeitenden Männer, die nun auf den schwankenden Rahen ausgelegt haben, deren Hände sich in das Tuch krallen, das sie auf die Rah hinaufzerren. Da muß jetzt jeder Griff sitzen. Da wird das Wörtchen »Angst« ganz klein geschrieben. Das Schiff taumelt in der Windstille von Backbord nach Steuerbord. Die Rahen ächzen gequält in ihren Racken. Sekundenlang glaubt man in ferne leuchtende Welten zu sehen. Und noch immer ist es ruhig und ohne einen auch nur leisen Hauch in der Luft.

Kaum sind die Seeleute wieder an Deck, kaum haben sie ihre Manöverstationen wieder eingenommen, bricht die Hölle über sie und das Schiff herein. Mit orkanhafter Gewalt überfällt der Wind das Schiff. Grimmig heulend und höhnisch johlend. Und den Blitzen folgen nunmehr Donnerschläge von solcher Wucht, daß das Deck mitzuschwingen scheint. Höher und höher läuft die See auf. Die *Dundonald* klettert auf ihren Rücken, der bald schon einer bizarren Gebirgslandschaft gleicht, um dann wieder in einen Abgrund hinabzusinken, aus dem es kein Entrinnen mehr zu geben scheint.

Weißbemähnt rollen die wilden Rosse aus Neptuns Titanenreich heran. Schräg von Steuerbord vorn kommen sie jetzt dahergeritten. Wutschnaubend. Vor Zorn bebend und zitternd. Wie einem Stier das Weiße in den Augen leuchtet, so blitzen die schaumgekrönten, aber immer noch überbrechenden Kämme herüber. Vor der Reling, kurz vor dem Schiff, branden sie aufbuckelnd auf. Sie recken sich ins Gigantische und möchten Schiff und die Winzigkeit Mensch darauf fressen und verschlingen und unter ihrer grünglasig schimmernden Masse begraben. Jede vierte und fünfte See bricht über das Schanzkleid. Tonnenweise brandet die Salzsee in Luv über das Großdeck.

»Wahrschau«, ein Aufschrei. Mehrere. Die auf dem Großdeck noch im »Klar bei« verharrenden Seeleute vermögen trotz des Höllenlärms genau zu unterscheiden, ob die andonnernde See überbricht oder nicht.

Diese hier wird kommen...

In Sekunden...

In wilden Sprüngen bringen sie sich in Deckung.

Altbefahrene Routiniers der Windjammerfahrt hüpfen behende und flink wie Monkies ins Want hinein. So schnell kann keiner zählen, wie die Beine und Füße die Webeleinen hinaufstieben. Hier oben in der Höhe ist man einigermaßen sicher. Andere suchen Schutz unter der Nagelbank. Ein paar konnten eben noch die über das Deck gespannten Strecktaue packen. Der Gnom von Bootsmann, seiner Gestalt nach betrachtet, hat sich einen der Schiffsjungen am Kragen gepackt, stößt ihn hinter das Luksüll und brüllt ihn mit Donnerstimme an: »Festhalten, verdammter Kerl! Festhalten.«

Dem anderen der Jungen hatte er in den Bereich des verlängerten Rückenmarks einen Fußtritt mit gleicher Aufforderung versetzt. Das sind rauhe Sitten. Zugegeben. Aber es ist herzlich und kameradschaftlich gemeint. Der Bootsmann hat lang genug gefahren, um zu wissen, daß der sicherste Platz da oben im Großwant ist. Denn hier unten kann man nicht nur über Bord gewaschen werden, hier kann man im überbrechenden Wasser erbarmungslos versaufen. Er bleibt aber bei den

Jungen, die ihm obendrein noch gram ob seines harten Zugriffs sind.

Ein peitschender Knall fährt durch die Luft. Wie ein Kanonenschuß. Kurz, dröhnend, singend. Eine Pardune ist gebrochen. Wenn eine bricht, können die anderen folgen. Dann ist der ganze Mast in Gefahr. Wenn er stürzt, kommen Tonnen von oben. Stählerne Rahen. Stählerne Stengen. Und kinderkopfgroße Blöcke.

Auch auf der Brücke hörten sie den Knall. Es braucht dem Alten nicht erst gesagt werden, was es war. Aber Thorburn gibt nicht nach. Er hat seine Hände in die Reling der Schanze gekrallt. Um die Obermarssegel wegzunehmen, ist es immer noch Zeit. »Prächtig!«, denkt er, »dieser Wind weht genau richtig für uns.« Noch schwankt er, seinen Leuten, die in Gefahr sind, von den überkommenden Seen zerschlagen und über Bord gewaschen zu werden, noch weiter zuzumuten, in diesem Wirbel auf dem Großdeck zu arbeiten. »Querfeldt, wollen Sie mit hinuntergehen? Wir wollen vierkant brassen. Lösen Sie einen der Leichtmatrosen ab und holen Sie noch den Schweden zur Unterstützung herbei!«

Querfeldt geht. Käpten Thorburn wartet noch fünf Minuten. Dann greift er zur Flöte. Gellender Pfiff: »An die Steuerbord-Brassen!« Und zum Rudersmann gewandt: »Fall ab! Langsam. Erst einmal zwo Strich.« Dann ein wenig später. »Braß vierkant überall!«

Nirgendwo ist ein in eine Führungsposition hineingestellter Mensch in seiner Befehlsgewalt stärker und bestimmender als auf einem Segelschiff. Nirgendwo tut der Seemann auch angesichts akuter tödlicher Bedrohung und Gefahren so selbstverständlich seine ihm befohlene Pflicht. Nirgendwo ist das Vertrauen größer als hier, das in den Führer, den Kapitän, gesetzt wird. Man wählt die Schlechtesten nicht für diesen Posten. Das weiß jeder. Kein Reeder wird so unklug sein, einen Günstling an diesen Platz zu stellen, der Schiff, Besatzung und vor allem auch die Ladung verantwortet. Reeder sind kühl und nüchtern rechnende Kaufleute. Kapitäne aber sind nur Männer. Der aus Norden wehende Wind treibt das Schiff, das jetzt vierkant gebraßt hat, südöstlichen Kurs. Thorburn reibt sich die Hände. Es ist wieder einmal alles gutgegangen. Man wird nur die zerfetzte Pardune flicken müssen. Und den Innenklüver, der aus den Lieken knallte. Aber nun kommen keine Brecher mehr über, wenn das Schiff in der achterlichen See auch taumelt und torkelt wie ein Korken auf siedend heißem Wasser. Aber die größte Gefahr ist gebannt. Solange Nord weht... Wie lange dieser Sturmwind so bleibt, das läßt sich nicht vorausbestimmen, da für dieses Seegebiet jegliche Wettermeldungen fehlen.

Thorburn läßt das Großmarsfall jetzt achtern belegen, um die Leute nicht auf das Großdeck jagen zu müssen, wenn es wirklich noch schlimmer werden sollte. Alle Erfahrungen sprechen jedoch dagegen. Aber...

»Freiwache könnte eigentlich wegtreten«, meint der Steuermann. Es ist Knudsen, der Dritte, der jetzt die Wache hat.

»Ja, lassen Sie wegtreten. Ich werde ein bißchen umfallen«, sagt Thorburn nach einer Pause und dreht sich um. »Nacht und gute Wache.«

»Nacht, Kapitän, gute Ruh'.«

Kapitän Thorburn geht schlafen. Es ist nichts weiter für ihn zu tun. Der Überfall ist abgewehrt. Das Schiff liegt auf ungefährlichem Kurs. Für die nächsten sechs bis sieben Stunden jedenfalls. Dann droht allerdings die Küste. Daß der Mann am Ruder seinen Kurs beibehält, das zeigt ihm die Nadel des über seiner Koje angebrachten Kompasses. Thorburn entkleidet sich aber nicht. Er bleibt angezogen. Nicht einmal die schweren Seestiefel zieht er aus. Er hat sie auf eine über die Koje gelegte Persenning ausgestreckt. Hier unten, für sich allein, braucht er nicht die Haltung des Gleichmütigen, des Über-den-Dingen-Stehenden zu spielen. Hier darf er zugeben, daß die Situation ernst genug ist und daß der Wind jeden Augenblick in verhängnisvoller Geschwindigkeit schralen kann. Dann wehe den Masten, Gnade den Stengen.

Die besten Seeleute stehen am Ruder. Das wenigstens beruhigt. Thorburn schläft nicht gleich ein. Er hängt seinen Gedanken nach, und die sind düster. Das St.-Elms-Feuer schmeckt wie Essig, der die Zähne stumpf macht. Aber was schon soll passieren? Das Schiff ist neu geklaßt. Vor einem Jahr erfuhr es im Dock der Werft eine sorgfältige Generalüberholung. Fast alles Tauwerk ist neu geschoren. Pardunen und Stage sind überprüft worden... Nein, das Schiff ist stabil. Es wird jedem Orkan, wenn er nicht gar zu unglücklich einfällt, gewachsen sein.

Und draußen rumoren tausenderlei Geräusche. Draußen singt und heult der Wind in Tauen und Drähten, stöhnen die Rahen, rasseln Ketten und grölt die aufgewühlte See.

Indessen der Kapitän sich zur Ruhe gestreckt hat, hat der Dritte einen anderen der Besatzung wenig unliebsam geweckt:

»He, Smut, raus!«

»Was heißt hier raus. Bin Koch. Kein Seemann.«

»Raus, sage ich, Smut!«

»Ist's denn so schlimm? Saufen wir ab?«

»Dieses Schiff säuft nicht ab. Aber was anderes. Flitz mal in dein Reich, Boulettenbäcker! Schöne Schweinerei da drinnen. Warum haben Sie alter löffelschwingender Ozeankoch nicht die Schlingerleisten angebracht? Wenn der Erste befiehlt: ›Schiff seefest‹, dann geht das auch Sie an... Oder sind Sie unter die geistigen Nichtschwimmer gegangen, daß das Denken versagt?«

»Ich habe das Stürmchen nicht bestellt. Soll der Alte doch vorher Bescheid sagen. Der muß sich doch auskennen... Wird dafür bezahlt.« Er dreht sich mürrisch um und will weiterschlafen.

Der Dritte zerrt ihm die Decke weg. »Sie haben wohl nicht alle Tassen im Schrank? Sie sollen Ihren Laden klarieren. Wenn der Alte dieses Tohuwabohu sieht, dann ist der Teufel los. Nun mach schon, ich mein's ja gut, Ihretwegen.«

In der Kombüse sieht es aus, als hätte ein Erdbeben einen Laden für Haushaltwaren heimgesucht. Töpfe, Pfannen, Schüsseln, Porzellan- und Glasscherben bilden ein wildes Durcheinander. Sie schurren unter höllischem Getöse von Backbord nach Steuerbord. Dazwischen turnt der Koch, der nun verzweifelt hinter seinem Handwerkszeug herjagt. Bei dem Seegang fordert das akrobatisches Geschick. Er flucht Stein und Bein, und der Alte, der ihn nicht »gewahrschaut« hat, kommt recht schlecht dabei weg. Aber solange ein Seemann flucht und schimpft, ist er gesund. Es hat Kapitäne gegeben, denen es heiß und kalt den Rücken herunterlief, als ihre Männer still und stiller wurden und brav wie die Schoßhündchen herumliefen. Einer ließ eigens dazu, um seine Seeleute zum Fluchen zu bewegen, in einer pechrabenschwarzen, weil mondlosen Nacht, vierkant brassen, daß die See waggonweise über die Reling schöpfte und die – es war im Passat – an Deck schlafenden und dösenden Freiwächter aus ihren heimatschweren Träumen riß.

Die *Dundonald* macht gute und schnelle Fahrt. Doch der handige Sturm aus Nord hält nur ein paar Stunden an, bald schon schralt er, erst langsam, dann schneller, bis er erneut aus südlicher Richtung weht. Zwar läßt sich wegen der tiefhängenden Wolken kein Sonnenbesteck nehmen. Aber unter Einbeziehung aller Komponenten wie Windabdrift und der hier vorherrschenden Meeresströmung dürfte man bereits auf dem 40. Grad Süd stehen. Womit das Schiff in das Gebiet des wahren Weltozeans eingebrochen ist. So dürfen die drei Ozeane – der Stille Ozean, der Atlantische und der Indische Ozean –, die unterhalb des 40. Breitengrades Süd ohne Landmassen ineinander überfließen und hier den ganzen antarktischen Raum umspannen, sehr wohl genannt werden. Ein ununterbrochener Ring westlicher Winde umschließt dieses Gebiet. Und zu allen Jahreszeiten herrscht hier rauhes und wildes Wetter. Die Stürme wehen hier oft tage- und wochenlang in einer unvorstellbaren Gewalt. Ein Wechsel der Jahreszeiten ist kaum zu erkennen. In allen Monaten ist der Himmel mit schweren, dunkelgrauen Wolken bedeckt, und die westlichen Stürme sind von Regen, Hagel und Schnee begleitet, wenn nicht ausnahmsweise Nebel in den Randgebieten herrscht.

Grau und düster das Meer.

Das Gefühl einer unsagbaren Verlassenheit überkommt auch den seegewohnten Fahrensmann. Worte hat er nicht, um seine Empfindungen auszudrücken. Er fühlte aber, wie sehr ihn diese Urweltlandschaft, der Sonne und Licht versagt scheinen, an sich fesselt, wie sehr sie ihn in ihrer Macht hat. Er fühlt sich gebeugt in stumpfer, starrer, dunkler Ehrfurcht. Was ihn bewegt, ohne daß es sprachlichen Ausdruck findet, ist wie ein dicker Keil, der sich zwischen das Hier und jenes Land, auf dem Menschen wohnen, legt.

Und in diesen absoluten Weltozean will Thorburn weiter und tiefer vorstoßen. Zunächst aber muß er bis ungefähr zum 50. Breitengrad segeln, um ungefährdet die Neuseeland weit südlich vorgelagerten Felseninsel-Gruppen zu passieren.

Ein Riß in den leichentuchgrauen Wolken gestattet bald eine Standortbestimmung. Er deckt sich bis auf lächerlich kleine Abweichungen mit dem Koppelkurs. Der Wind hat nachgelassen. Er weht sanft und mild. Man fährt also noch immer im Randgebiet des Passat.

»Der zieht sich in diesem Jahr außergewöhnlich weit zum Süden hin«, sagt Peters, zum Kapitän gewandt.

»Auch noch nicht erlebt«, knurrt dieser, ohne die kurze Pfeife aus dem Mund zu nehmen, ohne die ihn wohl noch keiner an Oberdeck gesehen hat und die er nur bei schwerem Wetter herausnimmt, um den Orkan zu überbrüllen oder um die kleine schwarze Flöte zu gebrauchen, die er an einem seemännisch kunstvoll geflochtenen Bändsel in der Tasche trägt. Wehte bis jetzt noch eine leichte Brise, die wenigstens noch Kreuzschläge gestattete, so bleibt nun der Wind urplötzlich gänzlich weg.

Wale und Delphine begleiten in diesem Tagen das Schiff. Delphinfleisch soll so zart und schmackhaft wie Kalbfleisch sein. Kein Seemann aber wird einen dieser possierlichen Fische fangen, seit die Sage umgeht, daß ein weißer Delphin einst ein von schwerem Wetter bedrängtes Schiff sicher durch die Brandung von Port Wellington gelotst habe. Eine kleine graue Taube erfreut sich liebevoller Anteilnahme der gesamten Besatzung. Man füttert sie. Sie ist beinahe zahm. Als wolle sie Schutz suchen auf dem Schiff der Menschen.

Auch Haie sind da. Erst einer, dann ein ganzes Rudel. An Bord werfen sie die Haiangel aus, und sie fangen nacheinander gleich drei dieser bestgehaßten Bestien der Meere. Die dreieckigen Schwanzflossen nageln sie, einem überlieferten Brauch zufolge, an den Klüverbaum. Wenn schon eine Flosse Glück – oder deutlicher gesagt – guten Wind beschwören soll, wieviel mehr gleich drei. Vielleicht haben sie des Guten zuviel getan, denn der Zauber verfehlt seine Wirkung. Noch schlimmer: statt der erhofften guten Winde gerät der Kompaß durcheinander. Er arbeitet derart unregelmäßig, daß Thorburn in Sorge ist, ob der Kurs richtig ist, den die *Dundonald* steuert. Und da der Himmel bedeckt bleibt, lassen sich Position und Kurs auch nicht durch astronomische Beobachtungen kontrollieren und notfalls korrigieren.

Nachts wird Kapitän Thorburn geweckt.

Man hätte große leuchtende Flächen voraus. Auch an Backbord seien derartige, nie zuvor beobachtete Erscheinungen zu sehen. Thorburn rappelt sich hoch, stützt sich auf den rechten Ellbogen ab und sagt ohne die Spur einer Erregung: »Harmlose Sache. Globigerinen.« Dann aber steht er doch auf und steigt nach oben.

Die *Dundonald* segelt in diesem Augenblick genau vierkant in eine solche unheimliche, transparent leuchtende Wasserfläche hinein. Es ist, als führe sie geradewegs über einen mit flüssigem Eisen gefüllten Kessel hinweg. Oder über die Magmamasse eines Krateraruges, die in Wirklichkeit von einer in die Milliarden gehenden Zahl kleiner leuchtender Lebewesen gebildet wird.

Die Mannschaft steht stumm an der Reling. Den Männern ist bei ihrer fatalen Neigung zum Aberglauben diese Erscheinung nicht geheuer. Thorburn erkennt bestürzt, wie es um die Verfassung seiner Seeleute nach der Begegnung mit dem gefürchteten St.-Elms-Feuer bestellt ist. Ein Pfiff und ein dröhnender Befehl unterbrechen die schwelende Ruhe. »An die Luvbrassen!«

Brummend und schimpfend gehen die Leute schlurfenden Schrittes an die Taue. »Der Alte hat wohl schlecht geschlafen..., die Brassen sind doch prima steif...« Aber sie tun, was der Kapitän will. Sie reißen an den Tampen und belegen sie wieder. Wutschnaubend.

Nach diesen Manövern läßt sich Thorburn einige der Verantwortlichen auf die Schanz kommen, den Bootsmann, den Segelmacher, die Topsgäste...: »Bootsmann, warum haben Sie das Vorobermarssegel noch nicht ausgewechselt?« Und weiter, ohne eine Antwort abzuwarten: »Segelmacher, ist das Stagsegel, das neulich davonflog, geflickt? Natürlich nicht. Also los, gehen Sie an die Arbeit. Vor den Lenzpforten werden ab heute Netze angebracht, damit mir keiner bei schwerem Wetter hinaussegelt, wenn Rasmus übers Großdeck wäscht... Solche Sachen sind doch so selbstverständlich, daß ich sie nicht anzuordnen brauche...«

»Woll... Käpten«, murmelt der »Sailmoker« und trabt davon...

Arbeit muß her, viel Arbeit, um die niedergedrückte Stimmung wieder hochzupäppeln.

»Wird bald genug Arbeit geben. Rasmus wird schon dafür sorgen«, orakelt Peters zum Wachhabenden. Dabei blickt er auf die See, deren Anblick gar nicht beruhigend wirkt. Aus drei Richtungen, aus Süd-Südost, aus Ost-Südost und aus Süd-Südwest läuft eine von Stunde zu Stunde immer stärker schwellende Dünung auf.

»Hm, gefällt mir auch nicht«, brummt Knudsen, der Dritte.

»Barometer fällt auch mal wieder.«

»Seit heute vormittag. Erst langsam und jetzt beängstigend schneller.«

»Würde gern den Alten fragen, ob die Obersegel festgemacht werden sollen.«

Thorburn, an Deck gekommen, hört diese letzten Worte. Er hebt die Nase witternd in die Luft, beobachtet Himmel und See. Dann nickt er den Steuerleuten zu und sagt ruhig:

»Festmachen Royal und Bram, Stürmann!«

Ein paar Stunden später weht es aus allen Knopflöchern, und am nächsten Morgen hat sich der Sturm in voller Stärke entfaltet. Er bläst aus vollen Backen und schickt seine Windsbraut heulend und jammernd durch die Takelage. Er bringt schneidende Kälte mit, die selbst durch das dichte Ölzeug der Männer hindurchpfeift. Zwischendurch regnet es. Ein peitschender, schneidender Regen, der schmerzhaft ins Gesicht und auf die Hände trommelt. Was da jetzt heranrollt, sind keine Wellen mehr. Das sind wandernde, wie mit fließendem Schnee bedeckte Berge, die sich in weit ausgedehnten, gleichmäßigen Kämmen zusammengeschlossen haben und die nun in breit ausladender Front dahinjagen. Durch diese Seen schießt die *Dundonald* in hoher Fahrt dahin. Sie macht jetzt zwölf Meilen in der Stunde. Das ist mehr als eine gute, mittlere Dampfergeschwindigkeit damaliger Zeit. Der Sturm bläht das scheunentorgroße Tuch der noch stehenden Segel so prall, daß diese steif wie ein Brett geworden sind.

Kapitän Thorburn ist wieder an Deck erschienen. Seine Blicke wandern zu den Segeln, dann wieder zum Horizont und zum Himmel hinauf, der eine schwarzgraue Farbe angenommen hat und dessen Wolken so tief hängen, daß jeder meint, sie mit den bloßen Händen greifen zu können. Dort, diese in dem Gebrodel des Gewölks sich kaum unterscheidende, dunklere Masse, das wird eine neue Bö, die wie eine geballte Ladung auf das Schiff zurast. Aber Thorburn hat sie erkannt. Nein, Rasmus, alter Freund, du überlistest einen alten Windjammerfahrer nicht:

»Klar bei Marsfallen!« schreit Thorburn. Und mit einem Sprung sind die Männer an den Tampen und nehmen die beiden halben Schläge vom Belegnagel der Fallen, bereit, das Fall bei weiteren Befehlen wegzufieren.

Die Bö braust daher. Das Schiff erzittert und erbebt und rast aufstöhnend in schäumender Gischt dahin. Wie von einer Feder gespannt, so steht Thorburn neben dem Ruder, das jetzt wieder zwei Mann halten müssen, die sich festgebunden haben, um bei den heftigen Bewegungen des Schiffes und dem Rucken des Ruderrades nicht in die Ecke geschleudert zu werden.

Aller Augen sehen auf den Kapitän.

Und der läßt keinen Blick von den Marssegeln. Werden sie den gewaltigen Druck der Bö aushalten? Oder werden sie mit einem Donnerschlag aus den Lieken fliegen? Das würde schwere Arbeit kosten, um neue Segel anzuschlagen und... verlorene Zeit bedeuten...

Immer unheimlicher wird der Druck auf das Tuch. Immer wilder, verwegener wird die Fahrt. Die Lee-Reling ist nur noch Augenblicke zu sehen. Sonst furcht sie das Wasser, durch welches das hart am Winde liegende Schiff dahinschießt. Schaum und Gischt brodeln über das Großdeck.

Durch diesen brausenden Sturm schrillt plötzlich die Pfeife. Ihr heller Ton ist kaum zu hören. Und doch nimmt ihn jeder wahr, diesen Klang, der da fremd und anders ist in diesem chaotischen Sturmorchester. Eine Stimme übertönt matt das Wettergetöse. »Los die Marsfallen, los!«

Mit kundigem, oft geübtem Griff lösen Seemannshände den Kopfschlag, mit dem der Tampen belegt ist. Die Fallen brauchen nicht gefiert zu werden. Der Druck, der auf den Segeln ruht, ist so stark, daß die tonnenschweren Obermarsrahen trotz ihres großen Eigengewichtes nur langsam an den Stengen nach unten rutschen.

Den Dumper zu bedienen, wäre Selbstmord. Auch an den Gordingen kann auf dem Großdeck keine Hand reißen. Es rollen noch immer schwere Brecher wie Hammerschläge über das Schiff, auf dem sich die zum Auswringen nassen Männer nur mit beider Hände Hilfe dagegen wehren können, nicht über Bord gewaschen zu werden. An ein Arbeiten an Deck ist nicht zu denken. Also unterbleibt es, die weggefierten Segel durch die Gordings in Buchten unter die Rah zu zerren, um das Tuch nachher da oben auf der Rah leichter einpacken zu können. Das müssen die

Ein besonders trauriges Bild bietet die am 13. November 1911 auf der Reise von Sundswall nach Sydney in der Housel Bay gestrandete ›Hansey‹ ex ›Aberfoyle‹. Der Squarerigger hatte Holz als Deckslast geladen, das nun auftrieb und das Bild der Verwüstung noch verstärkte.

Das seinerzeit größte Segelschiff der Welt, das Fünfmastvollschiff ›Preußen‹ strandete nach der nächtlichen Kollision mit dem Doppelschrauben-Turbinendampfer ›Brighton‹ der Linie Newhaven-Dieppe im Englischen Kanal am 6. November 1910. Kurz vor Dover, dicht unter der Kreidefelsenküste, drückte eine Südweststurmböe das stolze Schiff auf die Klippen der Crab Bay.

Seeleute, die nun über die Wanten der Luvseite in die Masten steigen, mit in Kauf nehmen.

Sie klettern nicht nach oben. Nicht so leichtfüßig und so federnd wie in Gutwetterzonen, weil man Webleinen nicht »besteigen«, sondern springend und federnd entern muß. Sie kriechen nach oben. Sie schieben sich mühsam Zentimeter für Zentimeter höher und höher. Der Sturmwind preßt die Männer wie mit einer Riesenfaust ins Want. Er nagelt sie buchstäblich daran fest, und es kostet sie alle Kräfte, sich mit den Armen freizustemmen. Mann für Mann hangeln und stemmen sie sich hinauf. Wenn das Schiff härter nach Lee überlegt, hängen sie wie Fliegen unter den dann fast horizontal stehenden Eisenstangen der Püttings. Es ist Nacht. So dunkel, daß sie kaum die Hand vor den Augen sehen. Schlafwandlerisch tasten und greifen sie zu.

Auf der Rah legen sie aus. Nach beiden Seiten. Sie müssen dabei auf die Fußpferde treten, auf in Buchten herunterhängende und mit Bändselgarn umkleidete Drahtseile. Solcherart Akrobatik sieht man sonst nur im Zirkus oder im Varieté, wenn in harter Schule Trainierte mit ihrem Leben spielen. Um des Lohnes, um klingender Münze wegen. Die auf der *Dundonald* aber würden ihr Leben verspielen, wenn sie nicht mit ihrem Leben spielen würden. Darüber spricht keiner. Das sind auf einem square-rigged-ship Selbstverständlichkeiten.

Oben auf der Rah läuft eine fingerdicke Eisenstange entlang, das Jackstag, an dem die Segel mit Kabelgarn »angenäht« sind und an dem man sich auch festhalten kann, wenn man sich nicht der Handpferde bedient, dieser kleinen Tampen mit einer gespleißten Schlaufe am Ende, durch die man Hand und Arm stecken kann.

Wenn der Seemann abrutscht oder vom schlagenden Segeltuch von der Rah gefegt wird, dann hängt der Mann mit der Hand oder dem Arm wenigstens noch in diesem rettenden Handpferd. Die Seeberufsgenossenschaft wacht darüber, daß auf jedem Segelschiff genügend Handpferde auf den Rahen angebracht sind und daß sie laufend auf ihren Zustand kontrolliert werden. Aber: benutzt werden sie nur selten. Schon gar nicht in der Stunde der Gefahr. Dann stören sie nur beim Arbeiten, dann halten sie nur auf.

Die ältesten der aufgeenterten Jan-Tauzieher legen ganz nach außen, bis zur Nock hin, aus. Einer nach dem anderen folgt den Kameraden. Zu zehn Mann stehen sie jetzt auf der Rah. Der orkanhafte Wind bläht das Tuch des Segels bauchig auf. Es wird hoch und über die Rah hinausgedrückt. Dabei schlägt es nach hinten, über die Rah hinüber. Den Männern und Jungen ins Gesicht. Wie Faustschläge trifft es sie. Eine gefährliche, eine tödlich gefährliche Situation. Schon mancher kam beim Festmachen von oben. Schon mancher blieb mit zerschmetterten Gliedern an Deck liegen, wenn er nicht in die kochende See stürzte. Bei einem solchen Wetter könnte keine Hand an Bord etwas für seine Rettung tun. Ein Segelschiff kann ja nicht wie ein Dampfer stoppen und manövrieren. Es muß über umständliche Segelmanöver erst halsen, um zurückzulaufen. Und beim Halsen wird es an Kurshöhe verlieren. Es muß also versuchen, die Unglücksstelle erst wiederzufinden. Das nicht selten in der Nacht. Schon von der verlorenen Zeit abgesehen, ist da wenig Hoffnung...

Querfeldt und der Schotte Carney arbeiten keuchend an der Steuerbordnock. Sie versuchen, das Schotenliek in ihre Gewalt zu bekommen, um das Segel nach der

Mitte zu aufzurollen und auf die Rah zerren zu können. Sie krallen ihre Hände in das feuchte, jetzt brettsteife Tuch. Fingernägel brechen. Es läßt sich nicht packen. Aber es muß sich packen lassen. Wenn das Tuch eine Falte schlägt, dann...

Querfeldt hat es jetzt erwischt.

Wilde Flüche. Schreie. Das Segel ist Querfeldts Fäusten wieder entglitten. Es schlägt noch wilder vor und über der Rah umher. »Wir fassen dich doch!«

Wieder umsonst. Und immer wieder krallen sich schmerzende und blutende Hände in das Segel hinein.

Das Schiff arbeitet wild in der See. Es ist zum Spielball der Wogen geworden. Die Rah, auf der zehn verzweifelt ringende und kämpfende Männer auf dem schwankenden Fußpferd stehen und, schweratmend, ihre letzten Kräfte hergeben, ruckt mit den Bewegungen des Schiffes hin und her.

Thorburn sieht ein, daß das so nicht weitergeht. Er läßt die *Dundonald* abfallen. Die nun anders gelagerten Windverhältnisse und die Sogwirbel der daherrollenden schweren Seen bewirken für den Bruchteil einer Zeitspanne, daß das Segel flappt, daß es lasch wird.

Jetzt packen sie zu und schieben sich, mit den nach vorn überhängenden Oberkörpern so auf der Rah liegend, daß die Füße in den Fußpferden fast querab stehen, Hand über Hand die Broken des Tuches unter den Bauch.

Eine Hand fürs Schiff – eine Hand für sich selbst!
Wer denkt jetzt an diese Seemannsregel?
Keiner.
Sie wollen und müssen das tollgewordene Tuch bezwingen, das sich wie ein boagleiches Ungetüm schlangenhaft vor ihnen windet und wie tobend um sich

schlägt. Aber der Anfang ist gemacht. Die Kraft, die der Wind vorher noch in dem ganzen Segel hatte, ist gebrochen.

»Nimm du den Zeising!« schreit Querfeldt seinen Macker an. Der neben ihm ist älter, viel älter sogar, an Jahren und an Fahrenszeit. Aber wer an der Nock steht, hat das Kommando. Das ist ungeschriebenes Gesetz. Und der Nockplatz gehört dem, der die Rah als erster betritt. Da gibt's nichts zu streiten. Die Zeisinge sind herunterhängende Bändsel, dick wie ein kleiner Finger. Sie werden jetzt um das auf die Rah gepackte, mit den Fäusten festgeklopfte Tuch geschlungen. Mehrfach. Und sie werden mit einem kunstgerechten Schlag belegt.

»Fest!« Ein Aufschrei.

Fest nach anderthalb Stunden! Nach 90 Minuten tödlicher Gefahren...!

Sie verschnaufen sich, ehe sie niederentern. Sie sehen jetzt endlich einmal nach unten. Dort tobt das Grauen. Ein einziger brodelnder Kessel umtost die *Dundonald*. Grünlich leuchtet die See, phosphoreszierend, gespenstisch wie das Licht aus einer anderen Welt, auf der sich die Viermastbark zu behaupten versucht. Langsam kriechen sie hinab und suchen frierend Schutz hinter dem Schauerkleidje, einem kleinen Schutzsegel, das im unteren Teil des Luvwants angeschlagen worden war.

»Besanschot an!« befielt Thorburn.

Kleine Pause an Deck. Die Buddel kreist. Der Kapitän sieht schweigend zu.

Dann: auf ein neues. Nach dem verdienten »Besanschot an!«, nach dem wärmenden, daumenbreiten Schluck aus der Rumbuddel machen sie sich ohne Befehl drauf und dran, das nächste Obermarssegel festzumachen. Nach Stunden ist die Viechsarbeit geschafft. Die drei Obermarssegel sind eingepackt.

»Freiwache ab!«

Die Männer fallen in ihre nassen Kojen. Keiner zieht sich noch aus. In zwei Stunden müssen sie ablösen. Da geizt jeder um jede Sekunde Schlaf.

Die *Dundonald* segelt nun einigermaßen manierlich. Segelfläche und Windstärke sind aufeinander abgestimmt. Das Log zeigt 10 Knoten an. In der Nacht flaut der Sturm ab. Als der Morgen dämmert, ist er nur noch eine schwache und sonderbar wohltuende warme Brise. Und gegen Mittag kommt Nebel auf. Auch am nächsten Tage, dem zehnten seit der Ausreise: Nebel. Am elften: Nebel. Am zwölften: diesig. Erst Flautenwind, dann aufkommende Brise. Die Sicht beträgt kaum anderthalb Seemeilen.

Thorburn wälzt immer wieder das Segelhandbuch und berechnet die Triften. Ein Besteck gab es in den letzten Tagen nicht. Er glaubt sich aber gut nördlich von den Aucklands, den gefährlichen Felseninseln südlich Neuseelands. Auch Peters und der Zweite teilen seine Meinung. Nach der Seekarte stehen sie mit dem Schiff 40 Seemeilen nordwestlich von dieser unbewohnten, klippenreichen Inselgruppe, die seit dem tragischen Ende der *General Grant* eine traurige Berühmtheit erlangte, nachdem schon vorher, weniger beachtet als der Passagiersegler, die *Minerva* und *Invercauld* strandeten.

»Also gut. Dann ostwärts.«

Im Logis dampfen die Teetassen. Es sind keine aus chinesischem Porzellan. Sie sind aus Blech. Auch die Kanne ist aus Blech. Und der Tee schmeckt so proletarisch, wie die Gefäße es sind. Mag der Koch in einem Anfall von Großmut auch noch soviel Tee in das kochende Wasser getan haben, das Zeugs schmeckt pappig und nach nassem Papier. Sie essen Brot und Butter dazu, die jetzt schon ein bißchen ranzig ist. War sicherlich billig. Die feuchte Luft riecht muffig. Es stinkt nach Firnis, nach Gummi, nach Öl und Wachs und Teer. Und nach Mensch. Draußen schlägt Regen auf die Planken und trommelt ein eintöniges Lied.

»Warum fährst du eigentlich zur See?« will Carney in seiner schläfrigen Stimme von Querfeldt wissen.

»Halt mal mit dieser rissigen Pfote die Sterne an. Oder geh raus und stell den Regen ab...«

Matrose Carney macht ein Gesicht wie ein aus dem Wasser gezogenes Huhn. Und ehe er eine Frage zu dieser ihm nicht ganz eingehenden Antwort stellen kann, fährt Querfeldt fort: »Na ja, ich will damit nur sagen, daß gegen manche Entschlüsse kein Kraut gewachsen ist. Mir jedenfalls hat es keiner befohlen.«

»Mir auch nicht«, läßt sich Erikson, der Norweger, vernehmen. Und, mit beiden Backen kauend, versucht er zu erzählen. »Der leere Freßnapf daheim war schuld daran, daß ich unter die Lofotenfischer ging. Eine Fangzeit. Noch eine. Dann hatte ich die Nase voll und wollte Tischler werden. Ehrsames Handwerk. Aber die See hatte sich schon eingeschlichen und herumgefeilt an mir. Das war vor dreißig Jahren...«

Erikson, blond, groß und mit wasserhellen, etwas trantriefigen Augen, sieht aus wie einer, der kein Blut, sondern Salzwasser in den Adern hat.

»O ja, wen diese verdammenswerte See packt, der kommt nicht wieder davon los...«, sagt Carney gedehnt, und Erikson, schwerfällig im Denken, aber ein

Wiesel in der Takelage, nickt gemächlich langsam, ehe er sagt: »Bei uns daheim an der hochumbrandeten Küste sterben nur wenige im Bett. Der Männer Leben ist die See. Und die See ist vieler Tod. Seit Generationen. Und für die Zukunft wohl auch.«

»Übrigens«, wirft John Judge, der Seemann aus Irland, ein, »Ost liegt an.«

Kurs Ost heißt freie Fahrt durch die stürmischen Südbreiten, aber mit stetigen »braven Westwinden« im Rücken. Der Wind draußen, das Plätschern des Regens und das Murmeln der See ist jetzt wie Musik, denn Ostkurs ist Heimatkurs.

Erikson ist wortlos aufgestanden und hat seinen Treckbüdel hervorgezerrt. Mit seinen vom Segelfestmachen noch rissigen, verquollenen Fingern zaubert er ein paar Töne hervor. Ein altes Gangspill-Shanty. Und in den Chorus fallen sie alle ein. »Sailing, sailing over the bounded main, for many a stormy wind shall blow e'er Jack comes home again...«

Jack kommt wieder heim!

Wiedersehen, Abschied, Wiedersehen: des Seemannes Schicksal. Und jedes Wiedersehen ist eine Vorstufe zu neuem Abschied. Und in jedem Abschied – so George Eliot – liegt ein Abbild des Todes.

Draußen erlischt der Tag. Langsam, mühsam sich quälend, erstirbt das graue Licht. Auf der Back entflammen die Positionslaternen. Grün an Steuerbord, rot an Backbord. Wie es die Vorschrift verlangt. Als ob hier, in diesen einsamen Breiten, mit anderen Schiffen zu rechnen wäre...

Die Ausguckposten gehen ihre Wache wie immer. Gewissenhaft durchdringen ihre Augen das Dunkel der regnerischen Nacht.

Der Wind hat aufgefrischt. Es regnet aber noch immer.

Im Kartenhaus bückt sich Thorburn über die Seekarte. Er macht ein Gesicht, als habe er Salzsäure getrunken. Ohne eine den genauen Standort des Schiffes bestimmende Gestirnsbeobachtung ostwärts vorzustoßen, ist nicht nach seinem Geschmack. Immer wieder aber beruhigt er sich, tatsächlich nordwestlich von den gefährlichen Inseln zu stehen. Der Wind trägt den Gesang der Seeleute zu ihm herauf. »The sailor's life is bold and free / His home is on the rolling sea / And never a heart more true and brave / Then he who launches on the waves / As far he speeds in distant clim'es to roam / With y'ho and songs he rides the sparkling foam / Then here's to the sailor and here's to the heart so true / who will think of him upon the waters blue... / Sailing, sailing, over the bounded main...«

Um Thorburns Mund spielt ein Lächeln, als er die zweite Strophe des alten Gangspill-Shanty hört. Dann wendet er sich um. Entschlossen geht er nach unten. In sein Reich. Ihm, dem Kapitän, stehen ein Salon zu, ein Arbeitsraum, ein Schlafraum und ein Bad. Alle Aufenthaltsräume sind mit edelsten Hölzern getäfelt. Hier lebt er ganz für sich. Einsam, wie kein anderer an Bord. Ungeschriebenes Gesetz ist es, auch allein zu essen.

Der nächste Tag. Er entfaltet sich noch unfreundlicher als jene zuvor. Die *Dundonald* muß sich durch immer neue Böen, durch Böen mit wüstem Regen, mit Hagelkörnern und mit manchmal taubeneiergroßen Schloßen, hindurchquälen. Die Wache haben der Erste Peters und der noch junge Dritte Knudsen zusammen. Da, was ist da los...?

Verworrene Rufe dringen zur Schanze hin. Peters

versteht nicht, was der Mann da vorne auf der Back meint. Wind und Wellengeräusche verschlucken und verzerren die geschrienen Worte. Auf seinen Fittichen trägt er die Ausrufe davon, weit hinaus in die Unendlichkeit der weltweiten Verlorenheit der Wasserwüste.

Weit vorgebeugt lauscht der Erste noch einmal. »Was ruft der da vorn?« wendet er sich zu den Rudergängern.

»Wird irgendwas gesichtet haben. Vielleicht ein Schiff, das mit uns auf gleichem Kurs liegt.«

Irgendwie klang die Stimme da vorn aber erregt. Schreiend, zitternd. Obwohl der Erste nichts verstand, ahnt er Schlimmes. Er stürzt den steilen Niedergang von der Schanz hinab, mehr auf den über die Geländerstützen ausgebreiteten Armen rutschend als die Stufen laufend. Mit schlafwandlerischer Sicherheit eilt er in langen Sätzen über das Deck, aus dem überall Augbolzen zum Einhaken von Taljen herausstehen, auf dem überall Tauwerk in langen Buchten herumliegt. Aufgeschossen, klar zum reibungslosen schnellen Ablaufen.

Der Posten, es ist der Leichtmatrose Charles Eyre, Engländer und Offizieranwärter, der hier an Bord seine Segelschiffausbildung macht, gebärdet sich aufgeregt und wild. »Dort...! Voraus...! Silberstreifen... Ist das kein Land, dort an Steuerbord voraus? Und direkt voraus, das sind doch Brecher...? Brandung...! Das ist Brandung, Sir? Warum sagen Sie denn nichts?! Warum?«

IO Peters ist auf der Back ganz dicht an die Reling herangetreten, als gelte es, mit jedem nur möglichen Schritt näher an dieses Unbestimmbare, Ungewisse, Unheimliche heranzukommen. Tatsächlich, voraus ist ein langer, handbreit hoher Streifen, der weißlich schimmernd herüberleuchtet.

»Alllle Maaaannn... Aaalllee Maaaaannn. Raus, raus!« Der Erste schreit. Er brüllt wie noch nie in seinem Leben. Seine Stimme überschlägt sich bis zur Heiserkeit. Er rast auf die Schanz, um den Kapitän zu wecken. Er weiß, daß er um sein Leben, um das seiner Kameraden und um das Leben seines Schiffes läuft. Die schreckliche Stimme des Ersten fährt wie eine Rakete in den Schlaf der Freiwächter. Mit einem Sprung fallen sie aus den Kojen. Sie springen in die bereitstehenden Seestiefel hinein. Sie reißen das Ölzeug vom Nagel und hasten an Deck.

Diese Stimme. Alle guten Geister, diese Stimme.

»Das St.-Elms-Feuer«, unkt Verik, der Finne. »Ich hab's gesagt... Es passiert was...«

Noch gar nichts ist passiert. Immer noch weiß keiner, außer dem Ersten und dem Posten auf der Back, was genau los ist.

Den Kapitän braucht der Erste Offizier nicht mehr zu wecken. Auch er hat das Rufen gehört. Selbst im tiefsten Schlaf wecken ihn an Bord fremdartige Geräusche. Und wenn es das dünne Mauzen einer kleinen Katze ist, die in diesem Höllenwetter klagen und jammern würde. Seine Bewegungen sind schnell. Aber nicht hastig. Und bevor er die kleine, hübsche Schlafkabine verläßt, ruht seine Hand noch einmal schwer auf einem in schwarzes Leder gebundenes Buch, das greifbar bereit im Bücherbord seiner Koje liegt. Es ist das Segelhandbuch dieser Breiten. Thorburn nimmt es und legt es auf den Tisch, um es aufzuschlagen. Er läßt es aber. Wozu? Er hat es auf so vielen Reisen gelesen, daß er es fast auswendig kennt..., und eine

Stimme in ihm ruft ihn an Deck. Nicht nur diese Stimme ist es...

In mächtigen Schritten eilt er nach oben. Auf der Schanz prallt er mit Peters zusammen. »Gut, Kapitän... gut, daß Sie kommen. Da muß Land voraus sein. Wenn mich nicht alles täuscht, laufen wir auf eine Brandung zu...«

Daß der Erste »All hands« befahl, hat Thorburn noch unten in der Kammer gehört. Und daß der weiße Streifen voraus, der jetzt wie ein Silberstreif an beiden Seiten des Vorschiffes in das nebelgraue Nichts hinausschwingt, die Brandung einer der verteufelten Auckland-Inseln ist, dessen braucht er sich nicht mehr in der Karte zu vergewissern.

In diesem Augenblick klart es ein wenig auf. Der Dritte, später in seinem Bericht: »... By this time it was clear to everybody that the ship was embayed...« Embayed ist eine eigenwillige Verbalkonstruktion des Wortes Embayment gleich Bucht oder Bay. Treffender ist die Lage nicht zu charakterisieren.

Thorburn sieht noch eine Rettung: Wenden, sofort wenden, nicht halsen, wohlbemerkt.

»Hart Backbord... Kerl, dreh, dreh, dreh...«

»Backbord – Brassen... braß an... Reißt, Männer, reißt...«

Die *Dundonald* krängt über unter der Ruderlage und unter dem mehr und mehr schräg von vorn einfallenden Wind.

Die Befehle sind klar und ruhig. Wie sonst auch.

Obwohl alle Hände an den Brassen schneller, härter und kräftiger arbeiten als sonst, es scheint umsonst...

Näher, immer näher kommt der weiße Streifen. Er

43

wird zur Wand. Er schiebt sich jetzt über den Bug hinaus.

»Strömung«, sagt der Erste und zeigt auf die See.

Ja, da muß noch eine Oberflächenströmung sein, die alle Hoffnungen zunichte zu machen scheint.

Das dumpfe Grollen und Rollen wird deutlicher. Wie das unterirdische Rumoren eines Erdbebens, so dröhnt und schwingt es zu den fast in ihrer Bewegung erstarrten Männern herauf. Alle sehen auf den Kapitän, und dann wandern die Augen wieder besorgt zu der Brandung hinüber. Etwas Dunkles, Unbestimmbares wird über dem weißen Streifen sichtbar. Eine dunkle, hohe Wand. Die Offiziere wissen aus dem Segelhandbuch, daß dies eine himmelhohe, steile Felswand ist, der von der See haarnadelscharf geschliffene Klippen vorstehen.

»Nicht mal die Boote könnten uns retten. Keine Maus kommt lebend durch diese Hölle hindurch an Land. Keiner könnte die Felswände, hätte er das Glück, bis zu ihnen zu gelangen, erklimmen...« Das denkt Kapitän Thorburn. Das denken auch die Offiziere, und so treiben sie denn mit wachen Sinnen auf das dröhnende Verderben zu.

Jeder an Bord ahnt, was kommen muß. Jeder sieht besorgt zu den Masten hinauf, deren Stengen bei dem ersten Zusammenprall mit den Klippen stürzen werden...

Es betet keiner.

Es flucht aber auch keiner.

Aufgeben? Nie, solange noch ein Fünkchen Hoffnung besteht, daß der Wind herumgeht. Thorburn rechnet sogar damit, daß der Wind durch die hohe Felsküste abgelenkt wird. Aber der Sog der nun fast greifbar nahen Brandung ist stärker. Unter grauenhaftem Getöse donnert die erste Brandungssee über das Deck. Die *Dundonald* scheint unten wegzurutschen, so, als habe man ihr den Boden weggerissen.

Obwohl die Rahen beim Wendemanöver herumgerissen wurden, gelingt es nicht mehr, von der Brandung freizusegeln.

Himmel, gütiger Himmel, wir sind bereits mitten drin in der Brandung..., durchfährt es die Besatzung. Gischtschleier wehen über das Schiff und verhüllen gnädig die Sicht.

Neue Brechseen.

Hier versagt des Menschen Kunst.

Hier kann nur noch Gott helfen.

Einige rasen auf das Achterdeck und scharen sich schutzsuchend hinter ihren Kapitän. Ein paar andere, unter diesen auch Querfeldt und der Erste Offizier, retten sich in die Wanten. Andere laufen nach vorn. Das sieht der Bootsmann. Sein Gesicht verzerrt sich zu einem wilden Ausdruck. Wahnsinnige Kerls, unter die Back zu kriechen. In eine Rattenfalle... Und schon ist er hinter den Leuten her. Meist Jungen: Schiffsjungen und Leichtmatrosen. Alte, befahrene Seeleute erwarten das Unheil unter freiem Himmel. Sie wollen nicht wie Ratten in einem Kasten ersaufen...

Durch die *Dundonald* geht ein Ruck. Noch einer. Und dann scheint das Schiff zu bersten. Wie Bomben zerplatzen die Brandungsseen, die nun über das Schiff hereinbrechen. Dazwischen grausames Gebrüll. Brausen und Brodeln. Bersten und Brechen. Dumpfe Schläge, wie von Riesenhämmern.

Schreie. Gellende Schreie der Not, der Angst und der Schmerzen. Ein Chaos. Eine Hölle. Ein diabolischer

Krach, als habe der Engel der Apokalypse Posaune geblasen.

In diesen Aufruhr hinein... mit peitschenden Segeln, deren Schotenketten gegen die stählernen Rahen schlagen, daß die Funken sprühen..., mit wilden, sich aufbäumenden Brechseen an beiden Seiten..., mit dem unterirdischen Krachen und Poltern, wenn der Schiffsboden auf den Rocks auf- und abgewuchtet wird, ist eine schrille, schauerlich klingende Stimme zu hören – die des Ersten Peters:

»Los die Obermarsfallen... let go the topsail halliards...«

Als sie die Kopfschläge von den Koffeenägeln losgeworfen haben, rasen die Obermarsrahen abwärts. Mit dumpfem Krach setzen sie auf die Ausgangsstellung auf. Die Schoten der Bramsegel zersplittern wie Glas und fliegen davon.

Kapitän Thorburn gibt den Befehl, die Rettungsboote klarzumachen. Und während sich der Zweite Offizier und der Segelmacher mit einigen Leuten darum kümmern, ist dieses geschehen:

Die dritte Brandungssee hat die *Dundonald* über die vorgelagerten Klippen hinweg direkt unterhalb der Insel gegen die senkrecht aufsteigende Felswand geworfen. Wie einen Spielball. Die entfesselte Natur tobt sich in ihrer ganzen Wucht, Wut und Vermessenheit aus. Die Kraftleistung solcher Brandungswellen unter Steilküsten ist mit menschlichen Begriffen nicht zu messen. Vergebliches Beginnen, dieses dramatische Schauspiel der Vernichtung, der mordenden Gewalt beschreiben zu wollen. Man könnte ebensogut versuchen, die »Eroica« in Worten zu schildern, um sie in Zeilen nacherleben zu lassen. Sinnlos, jetzt etwa die Boote noch klarmachen zu wollen. Was die Männer vom Schiff aus gerade noch erkennen können, sind die dunklen Schatten der etwa 200 Fuß hohen Felsenwände und das Grauweiß der sich davor aufbäumenden Brandungsseen. Zu diesem Zeitpunkt haben sich alle Besatzungsmitglieder auf der Poop versammelt. Anderson, der Mann am Ruder, fragt, ob er seinen Posten jetzt verlassen dürfe. »Yes«, ist Kapitän Thorburns knappe, schnelle Antwort... Und er hat sie kaum gegeben, und der Matrose Anderson hat gerade die Spaken des Ruderrades losgelassen, als das Ruderblatt auf einen Felsen aufsetzt. Durch den Stoß gerät das Ruder in Bewegung. Es dreht sich wie wild – und zerbricht.

Das Schiff, das glaubt man jetzt zu erkennen, ist inzwischen in eine schluchtähnliche Ausnehmung des Kliffs hineingepreßt worden. In sie wogt die See mit donnerartigem Getöse hinein. Und inmitten des hochgehenden Brandungsschaumes werden fünf bis sechs Meter lange Algen emporgeschleudert und schlangengleich mal hierhin, mal dorthin gezerrt.

Jetzt, da man an Bord die Lage etwas klarer sieht und da alle hoffen, daß die *Dundonald* während der Nacht nicht abgezogen oder die Tide noch steigen wird, scheint das höher heraus liegende Vorschiff der beste Zufluchtsplatz zu sein. Die Männer werden auf die Back befohlen, die aber, vermutlich infolge weiter ansteigender Tide, bald schon immer mehr von grünschillernden Seen überrollt wird..., bis plötzlich eine besonders hohe und wuchtige Brandungssee herantobt und alle, die sich hier aufhalten, hoch- und zum Teil über Bord schwemmt. Nur die Kräftigsten unter der Crew überleben diese Welle, jene ohnehin ausgenommen, die sich nach dem erfolglosen Wendemanöver und der ersten Grundberührung in die noch stehengebliebene Takellage gerettet haben. Unter diesen auch diese beiden Seeleute:

Querfeldt und Erikson, die in den Großmast gestiegen sind. Dort haben sie den Zusammenprall mit den Felsen des Kliffs erwartet.

Ihr Glück. Der Großmast ging nicht über Stag. Er widerstand den ersten schweren Erschütterungen. Dicht vor sich, aber nun auch neben sich, sehen sie jetzt die dunklen Wände der Steilküste aufragen.

»Höher rauf, Heinz«, schreit Erikson.

Sie klettern den unter schweren Stößen zitternden und bebenden Großmast empor. Zentimenter für Zentimeter kriechen sie nach oben. Ein Teil des Wants ist gerissen.

»Da... da sieh doch...«

Heinz Querfeldt, der sich eben auf die Oberbramrah hinter Erikson hinaufschiebt, erkennt es nun auch. Die Oberbram berührt die Felswand. Sie scheint auf einem Vorsprung zu ruhen, der ihr Halt verleiht. Das Herz klopft ihnen im Halse. Rüber, schnell rüber, ehe die Rah wieder abrutscht, ehe sich das aufgelaufene Schiff da unter ihnen bewegt. Erikson kriecht voran. Ihm folgt Querfeldt, und hinter diesem folgt der Zweite. Wenn das Schiff jetzt ruckt, sich nur einen Bruchteil verlagert – und damit ist unter den Schlägen der Brandung und der in der kochenden See treibenden Rahen und Stengen zu rechnen –, wird die Rah von dem Vorsprung absacken.

Querfeldt fühlt die Faust des Zweiten in seinen Rippen. »Schneller, schneller«, keucht McLaughlin.

Der Zweite war immer ein bißchen nervös und unbeherrscht in gefährlichen Lagen. Sonst ein Prachtkerl.

Erikson hat die Nock erreicht. Mit seinen Händen versucht er, Halt auf dem Felsband zu fassen, um sich hinüberzuziehen. Da ist kein Halt. Der Fels ist glatt und ohne einen Vorsprung. Erikson turnt sich auf die Rah hinauf, schwebt, als er auf der Rah steht, einen Augenblick in gefährlicher Balance und läßt sich schließlich nach vorn, auf den Vorsprung, fallen. Er hat dabei die Arme hochgeworfen, um möglichst weit nach vorn auszugreifen. Nur eine Sekunde verschnauft er. Er ist fertig. Restlos. Aber die Sorge um die Kameraden verleiht ihm neue Kraft. Kniend schiebt er sich an den Abgrund heran, packt Querfeldts Hände und zieht ihn herauf. Beide zusammen kümmern sie sich um den Zweiten. Querfeldt greift, als er ihn heraufzerren hilft, in klebrig Feuchtes. McLaughlin, jetzt heraufgezogen, bleibt bewegungslos liegen.

»Mister McLaughlin«, schreit Querfeldt. Dann bückt er sich. Das Klebrige ist Blut. Daniel McLaughlin hat eine entsetzliche Wunde am Kopf. Sie zieht sich über die Stirn zum Hinterkopf hin. Von seinem Hemd reißt Querfeldt den Ärmel ab, um den Zweiten notdürftig zu verbinden. Dann legen sie ihn dicht an die Wand heran, um ein Abstürzen zu verhindern, wenn er aufwachen und sich bewegen sollte. Hinter sich haben sie trotz des Dröhnens und Brüllens der Brandung, des Windes und des Rumorens der Vernichung da unten dieses schnurrende Kratzen vernommen.

Erst dachten sie, es käme noch einer nach... Schon wollen sie ihm helfend entgegenkriechen.

»Beim Neptun, das ist eine ausgemachte Schweinerei.« Erikson flucht, denn die Rah ist abgerutscht.

»Wir sind Idioten. Unverzeihliche Schlafmützen«, tobt Erikson. »Warum bloß haben wir keinen Tampen mitgenommen. Ist schon so, wenn's ganz dick kommt, denkt jeder nur noch an sich selbst.«

»Was sollte er auch sonst tun«, verteidigt Querfeldt sich und alle, die versuchten, sich nach der Strandung zu retten.

»Schon richtig. Aber einen Tampen hätten wir mitnehmen müssen. Ein paar Zeisinge, ein Ende von den Geitauen oder Gordingen.« Dabei blickt er hinab in die Tiefe, aus der die wütende Brandungssee heraufbrüllt.

»Mein Gott, natürlich«, schaltet jetzt Querfeldt, und er schlägt sich vor den Kopf. »Wir hätten den Tampen wegfieren können, damit die anderen da unten...«

»Leben wahrscheinlich gar nicht mehr«, schreit Erikson zurück und wendet keinen Blick von dem kochenden Chaos unter sich. Gischt, nichts als schäumende, tobende, grünlich schimmernde Gischt, aus der schemenhaft unklar die Umrisse der *Dundonald* herausragen.

»Wir müssen den Tag abwarten«, schlägt Querfeldt vor. »Jetzt ist nichts zu machen, gar nichts.« Sein Atem geht keuchend, und er hat das Gefühl, als stünden ihm dicke Schweißperlen auf der Stirn. Trotz der Kälte, die in seinem Gesicht und seinen Händen frißt.

»Laß uns überhaupt einmal nachsehen, ob wir hier nicht auch im Eimer sind...«, brüllt der Norweger, um das Toben der Natur zu übertönen. Er dreht sich um und geht näher an die naßkalte, schwarze Wand des Felsens der die Felsspalte nach hinten und oben abschließenden Steilwand heran. »Teufel auch, das scheint etwas für Spezialisten im Hochgebirge zu sein, Kerle, die Eisen und Seile bei sich führen.«

Beide, Querfeldt und der Norweger, fühlen die Wand ab. Sie ist so glatt wie eine Mauer aus Beton.

Querfeldt tastet höher. Er reckt die Arme aus, er stellt sich auf die Zehenspitzen, und er findet keinen Vorsprung, keinen zentimeterbreiten Halt für die Hände.

»Steig mal auf meinen Buckel«, sagt Erikson und bückt sich. Querfeldt klettert auf den breiten Rücken des Norwegers, richtet sich, die Hände an der Wand belassend, vorsichtig auf. Fallwinde packen ihn und drohen, ihn herunterzufegen. Aber die Verzweiflung ist größer als die Angst, abzustürzen. Da – seine Hände greifen in einen Spalt... »Hier ist Halt. Ein Felsband zieht sich hier hinab. Vielleicht kann man da hinaufkriechen«, schreit er hinunter. Aber wie raufkommen...? Das ist die Frage. Und wie den verletzten, noch immer bewußtlosen Zweiten nachbekommen..., das ist eine andere und noch viel schwierigere Frage.

Unter unsagbarer letzter Anstrengung schafft es Querfeldt, sich auf den Vorsprung hinaufzustemmen.

Daniel McLaughlin, der Zweite, ist inzwischen munter geworden. Erikson bemüht sich um ihn. Er wehrt ab: »Laß nur, es geht schon wieder. Wo sind die anderen? Wo ist der Kapitän?«

»Weiß nicht. Wahrscheinlich tot. Ersoffen. Wir hier sind nur drei. Mit Ihnen zusammen. Wo haben Sie denn das Loch an Ihrem Poller her...« Erikson zeigt auf die verbundene Wunde am Kopf.

»Das... ach so... ja, das ist 'ne traurige Geschichte. Als Thorburn rief, das Schiff zu verlassen... da bin ich...« McLaughlin spricht gegen seine sonstige Art langsam und mit einer von Bitterkeit schleppenden Stimme, »nach vorn gelaufen, um die Leute unter der Back vorzuholen, was der Bootsmann ja schon vor mir wollte... Vor der Back ein wüstes Trümmerfeld. Eine der heruntersausenden Rahen muß das Deck der Back durchschlagen und zusammengequetscht haben. Rahen und alles andere, was da noch von oben kam, waren vor die Back gestürzt... Alles versperrt gewesen... Wasserwirbel... Brandungssee... Da ist keiner mehr rausgekommen... Und der Bootsmann ist unter denen... ganz bestimmt... Bin dann in den Großmast geklettert, wo ich dich und den Querfeldt traf...«

Der Zweite lehnt sich stöhnend zurück. Erikson legt den Arm hinter seinen Rücken. Der Blutverlust ist zu groß gewesen. »Sind wir wirklich nur drei...?« fragt er nach einer Pause.

»Bis jetzt ja«, antwortet ihm Erikson. »Müssen erst mal sehen, daß wir raufkommen auf die Insel. Steht noch gar nicht fest, ob wir nicht auch noch draufgehen müssen, an die Wand geklatscht und zum Verrecken verurteilt. Nehmen Sie alle Kraft zusammen, Mister McLaughlin. Wir wollen versuchen, durch den Fels der Wand nach oben auf die Insel zu gelangen.«

Die Not der Stunde verleiht dem verwundeten McLaughlin übermenschliche Kräfte. Er steht auf, wankt und taumelt, aber er steht auf den Beinen. Erikson hebt ihn hoch. Querfeldt, der oben, an die Wand gepreßt, auf dem Bauch liegt, packt seinen Arm mit der freien, rechten Hand und zieht ihn stückweise höher. Erikson schiebt nach. Querfeldt muß den Zweiten, den eine neue Erschöpfung überkommt, der Länge nach auf das hier nur 30 bis 40 Zentimeter breite Felsband legen. »Bewegen Sie sich nicht. Um Himmels willen, bewegen Sie sich nicht.«

Dann zerrt er an seiner ausgezogenen Jacke, die er wie eine Wurst zusammengedreht hat, den Norweger Erikson rauf. Sie verschnaufen sich und machen sich dann auf einen Gang ins Ungewisse. So oder so kaputt.

Es muß etwas getan werden. Querfeldt hat sich mit dem Rücken an die Wand gepreßt und übersteigt Daniel McLaughlin. Dann richten sie diesen vorsichtig auf. Querfeldt deckt den Zweiten mit der linken und Erikson mit der rechten Hand zur Tiefe hin ab. Sie setzen Fuß neben Fuß, um nach der aufsteigenden Seite hin voranzukommen. Es geht erst langsam, weil steil, dann aber besser bergauf. Dann ist das Band plötzlich zu Ende. Es mündet in einen kaminähnlichen, sich nach oben hin öffnenden, keilförmigen Spalt. Da sind auch einige Vorsprünge, hinter die Querfeldt fassen kann. Über sich erblickt er den Himmel. Er ist ohne Sterne, aber nicht ganz so schwarz wie die Felsen, die ihn oben an beiden Seiten unklar und eben noch erkenntlich abgrenzen.

Ein paar Hindernisse ungewohnter Art sind noch zu überwinden, sie sind aber nur insofern ungewohnt, als sie aus Stein sind. Sonst sind diese Jan-Tauzieher von Berufs wegen vertraut, über schwindelnden Abgründen zu schweben und ihre Hände und Fäuste sicher zu gebrauchen. Ekelhaft und gefährlich ist nur, daß diese Steine bemoost und in der nassen Brandungsgischt quallenhaft glitschig sind.

Sie müssen noch einen gefährlich aussehenden Überhang überwinden. Dann sind sie oben. Sie treten ein Stück zurück und betten den schwerverletzten McLaughlin auf den Boden. Nun, nach den letzten Anstrengungen, versagen ihm die Kräfte.

»Nun sollten wir eigentlich verdammt Anspruch auf die Ehrenmitgliedschaft im Alpenverein haben«, scherzt McLaughlin, um überhaupt was zu sagen. Die beiden anderen aber starren hinab in die See, dorthin, wo ihr braves Schiff strandete und von der ihnen jetzt unsichtbaren, wütenden Brandung kurz und klein gehauen wird. Wer mal unter einer Eisenbrücke stand, über die ein D-Zug donnerte, oder wer einmal im Kriege im Freien stehend einen Bombenteppich erlebte, der wird einen Vergleich über die Geräusche haben, die von da heraufgeweht kommen.

Gerettet. Zunächst: Drei von der ganzen Besatzung.

Grund genug, den Kopf trotz des Glücks, noch einmal davongekommen zu sein, hängen zu lassen.

Erikson, der Kerl mit Salzwasser in den Adern, heult. Es sind nur ein paar Tränen, die in seinen struppigen Bart purzeln, um wie Perlen seines wahren Herzens und wirklichen Kerns hinter der borstigen, weltabweisenden Schale hängenzubleiben. »Warten wir erst einmal den Morgen ab...«, preßt McLaughlin zwischen den zusammengebissenen Zähnen vor.

»'ne Zigarette...«, sehnt sich Erikson. »Ich würde sogar Priem knabbern, hätte einer welchen.«

Der Zweite tastet mühsam seine Taschen ab. »Hier... links... da müssen welche sein«, sagt er mit matter, kaum vernehmbarer Stimme, die gegen das Tosen nur schwer ankommt.

Querfeldt greift in die Außentaschen von McLaughlins Uniformrock und zieht eine angebrochene Packung heraus.

»Naß?« fragt McLaughlin.

»Natürlich«, grinst der Norweger.

»Und wenn sie nicht naß wären... wer hat Feuer?«

»Himmel ja... wer hat Streichhölzer?«

Keiner hat welche.

Dieser Tatsache mißt man im Augenblick noch nicht viel Bedeutung zu. Die Stunde ist nicht fern, da sie eine goldene Burg geopfert haben würden, hätte einer

Feuer besorgen können. So dösen sie in die Nacht. Und ihre Gedanken sind bei den Kameraden, mit denen sie vor Stunden noch zusammensaßen. »Homeward – heimwärts, so hast du vor ein paar Tagen noch hoffnungsfroh gesungen, Erikson... Für viele, vielleicht für uns alle war es die letzte Reise.«

»'n paar leben noch«, behauptet der Norweger fest. Erikson hat mit seiner verbeulten Nase so viel gerochen. Auch dieses Unglück... Vielleicht hat er recht. »Ich verwette meine alte Hose... Ein paar kommen da noch raus. Ich rieche das.«

Keiner widerspricht. Auch McLaughlin nicht, denn auch er hofft. Dem legt Erikson jetzt seine schwere Hand auf die Stirn. »Schlafen Sie, Steuermann. Schlafen Sie, das wird Ihnen guttun. Wer weiß, was es morgen alles zu tun geben wird.«

»Ein paar wenigstens müssen noch leben...«, resigniert der Zweite. Am liebsten würde er sofort darangehen, um dies festzustellen. Aber der Blutverlust war zu groß. Seine eben noch beschwörend emporgehobenen Hände sinken kraftlos zurück. Und als Erikson ihn noch einmal anspricht: »Sie müssen schlafen, auch unsertwegen. Sie sind Steuermann. Wir – und die da vielleicht noch übrigblieben, brauchen Sie«, schließt McLaughlin gehorsam die Augen. Er schläft auch wirklich ein.

Ein schimmeliges, trübes Licht kündet den heraufdämmernden Morgen im Osten an. Langsam gewinnt das Bild der Landschaft Form und Gestalt. Die Insel ist kahl. Felsblöcke, ein bißchen kümmerliches Gras, ein paar Sträucher und das da hinten in der Senke, das scheinen einige sturmzerzauste, armselige Bäume zu sein. Möwen umkreisen aufgeregt schreiend und schimpfend die drei hier ungewohnten menschlichen Lebewesen. Einige lassen sich dicht neben den Überlebenden nieder und blicken sie mit schief gehaltenem Kopf neugierig an. Erikson greift nach einer, die zu seinen Füßen hockt. Sie weicht um etwas, aber nicht sonderlich ängstlich, zurück. Sie ist so zahm wie ein Huhn. Menschen sind ihr wie den anderen Seevögeln hier offenbar unbekannt. Noch unbekannt. Bald schon wird sich das ändern.

Im Dämmerlicht des Morgens machen sie sich auf. Auch McLaughlin geht mit, wenn er auch noch taumelt und unsicher auf den Beinen ist. Sein linkes Auge ist jetzt ganz geschlossen. Und mit dem rechten vermag er nur zu blinzeln. Aber die Wunden bluten nicht mehr. Sie schieben sich gegen den sturmhaften Wind an und treten vorsichtig an den Steilfelsen. Was sie da unten in der höhnisch johlenden Brandung sehen, läßt ihnen das Blut gerinnen. Das ist grausamste Vernichtung. Die von der wütenden See in die schluchtähnliche Ausbuchtung des Kliffs hineingepreßte *Dundonald* liegt mit dem Achterschiff bereits unter Wasser. Das Vorschiff dagegen ragt noch sichtbar aus der kochenden Gischt heraus. Besanmast, Kreuzmast und der von seinen Unterrahen entblößte Vortopp haben die wilde Nacht und die Hammerschläge der Brandungsseen überstanden.

Bei genauem Hinsehen entdecken sie im unklaren Zwielicht dieses Morgens in den stehengebliebenen Masten und auf den wild verkanteten Rahen Gestalten. Sie scheinen sich bis auf die schwankenden Bewegungen der Masten selbst nicht zu rühren. Sind sie erstarrt...? Erfroren?

Möglich. Sie müssen leben. Sie müssen..., denn

sonst würden sie nicht mehr in der Takelage hocken, oder haben sie sich angebunden? Wahrscheinlich. Sicherlich...

McLaughlin hat seine Jacke ausgezogen. Er winkt wie besessen. Er schreit. Auch Erikson und Querfeldt brüllen. Aber gegen das Donnern und Toben der Brandung und das Heulen des Windes kommen sie mit ihren menschlichen Stimmen nicht an. Einer von denen, die im Vortopp hängen, scheint sie gesehen zu haben. Er winkt zurück. Er verständigt seine anderen Kameraden, wie man seinen Armbewegungen entnehmen kann. Sie leben alle, die sich da in die Takelage retten und halten konnten.

Die andern nicken mit einem matten Lächeln, hinter dem die Sorge steht: »Wie aber können wir helfen?«

Gäbe es eine Möglichkeit, von unten über das noch aus dem Wasser herausragende Achterschiff den steilen Felsen zu erklimmen, die da drüben hätten es bestimmt schon versucht und auch geschafft. Aber tief unten leckt und braust die grimmige Brandung. Die Felsen sind unten ausgewaschen und ausgehöhlt. Sie bieten nicht den geringsten, nicht den kleinsten Halt. Jeder Versuch würde mit dem sicheren Tode enden, hier hinaufklettern zu wollen. Es bleibt ihnen also nur der Weg, vom Mast aus auf die Insel zu gelangen. Zwischen Mast und den Inselfelsen liegen hier etwa zehn, auf der anderen Seite der Schlucht zwanzig oder mehr Meter Luftlinie.

Erikson handelt: Er steigt in den Felsen hinab, genau auf die Höhe des Kreuzmastes. Er findet in der Wand auch einige Felsvorsprünge, die seinen Wünschen entgegenkommen. Den Kameraden auf dem Wrack zeigt er mit der Hand auf einen langen Tampen, den sie herüberwerfen sollen. Tauwerk ist noch genug vorhanden. Gutes und festes sogar, denn darauf legte Kapitän Thorburn allergrößten Wert.

Drüben haben sie jetzt einen abgeschnittenen Block am Ende eines dünnen Tampen befestigt. Den wirft der am Nockende der Rah sich mit den Füßen festklammernde Seemann zu Erikson hinüber. Es ist für den Norweger nicht einfach, den Block oder das Tau zu greifen, denn er muß darauf achten, nicht abzustürzen, und er hat nur eine Hand frei. Seine beiden Kumpels können ihm nicht helfen, denn auf dem Felsvorsprung vermag nur ein Mann zu stehen. Beim fünften Wurf gelingt es dem Norweger, den Block zu fassen. An dem dünnen Tau ziehen sie einen daran befestigten dickeren Tampen herüber. Drüben belegen sie ihn. Querfeldt und McLaughlin befestigen ihrerseits das Ende mit großer Sorgfalt an dem Felsvorsprung. Querfeldt bleibt zur Sicherheit daneben stehen, um ein Abrutschen zu verhindern. Erikson hebt jetzt die Hand: »Los!« Der erste, es ist John Johnson, tritt den lebensgefährlichen Weg an. Hand über Hand hangelt er sich voran. Zentimeter für Zentimeter. Die drei fühlen das Herz im Halse klopfen. Jeder von ihnen weiß, daß die Überlebenden da drüben völlig erschöpft sind und daß diese Klettertour am schwankenden, über dem Gischtkessel hängenden Tau eine unerhörte, akrobatische wie vor allem physische Leistung ist. Der Wille zu leben verleiht ihnen jedoch übermenschliche Kräfte. So kommt einer nach dem anderen zur Insel herüber. Einer nach dem anderen schwebt Minuten, viele Minuten über einem grausigen Abgrund, der sich unter ihnen auftut. Unten, in gut 60 Meter Tiefe, ragen haarnadelfein geschliffene

Spitzen der Felsen aus dem Wasser der tosenden Brandung.

Wer da hineinstürzt, ist erledigt

Aber keiner macht schlapp. Auch der alte, fast greise Erste nicht, der Deutsche Peters. Als er an Land in die schützende Ecke eines Felsens wankt, hält er seine Hand auf die linke Brustseite gepreßt.

»Was ist, Herr Peters?« Querfeldt springt hilfreich zu ihm.

»Och, nichts, ist nur eine Quetschung. Wollte nach den anderen Leuten unter der Back sehen. Kam dabei zwischen Bordwand und eine zersplitterte Rah zu liegen. Wäre beinahe nicht mehr herausgekommen. Das vergeht schon wieder. Ein paar Rippen werden es sein... das sind nicht die ersten, die in meinem Leben zu Bruch gegangen sind«, lächelt er und setzt sich hin. Aber sein schmerzverzerrtes Gesicht steht im Widerspruch zu diesem Lächeln.

Einer der Geretteten aus dem Mast berichtet von zwei anderen, die auf einem Vorsprung in der Steilwand hocken sollen. Von hier aus könne man sie nicht sehen. Aber vielleicht gelinge die Rettung, wenn man auf der Höhe des Vorsprunges einen Tampen zu ihnen hinunterließe. Gottlob, das Tau ist lang genug, um Hoffnung zu gewähren. Sie versuchen es, und immer wieder lassen sie das Seil über den Abgrund hinab.

Jetzt hakt es...

Hinter einem Felsvorsprung...?

Nein...

Alle sehen es dem Gesicht des nimmermüden zähen Norwegers Erikson an. Ein glückliches Lächeln zuckt über seine wetterharten Züge. Gefunden. Dreimal ruckt es von unten herauf. Also fertig: »Los, anpacken! Raufziehen...«

Es ist Wilhelmsen, den sie heraufgezerrt haben. Einer der Leichtmatrosen. Auch den anderen können sie lebend bergen. Zwar arg zerschrammt, aber lebend erscheint er auf dem Plateau.

13 Mann von 28 haben die Katastrophe der Strandung überstanden. Sie hocken oder stehen im Kreise um die drei geretteten Offiziere herum. Frierend, naß und hungrig. Sie erwarten von ihren bisherigen Führern, daß etwas geschieht, daß von diesen etwas Entscheidendes gesagt wird.

»Wer holt uns hier herunter?« Ihre Frage.

»Irgendwer. Der Zufall«, grinst McLaughlin dünn. Eine andere und eine bessere Antwort vermag er nicht zu geben. Auch Peters nicht, der über McLaughlins Antwort nur resigniert mit den Schultern zuckt und dann mit seinem ergrauten Kopf nickt.

Und niemand weiß es besser als der Seemann, welch einen Anteil das Schicksal und die Fügung im Leben eines Menschen und im Leben eines Seemanns haben. Auf einen Zufall hatte Thorburn bis zur letzten Minute gehofft. Auf den raumenden Wind, mit dem sie vielleicht noch in allerletzter Minute freigesegelt wären...

Thorburn – auch dessen kleiner Sohn wird vermißt – scheint tot zu sein.

Er hat nichts für seine Rettung unternommen. Er war nicht schuld an der Strandung. Aber er fühlte sich schuldig. Da war ihm der Tod die größere Gnade, als in dem Bewußtsein zu leben, sich vielleicht doch verrechnet zu haben.

Er hatte sich aber nicht verrechnet. Die Strömungen

und Triften in diesen Breiten sind unberechenbar. Die Segelhandbücher können nur Faustregeln bieten. Wissenschaftlich ist dieses Gebiet noch nicht erforscht.

Von wem auch...? Und für wen...?

Vielleicht war auch der ausgefallene, zumindest nicht mehr genau anzeigende Fluid-Kompaß vor dem Ruderstand die Ursache, daß man vom Kartenkurs abkam. Sicherlich.

Verik, der Finne, sah Thorburn zuletzt...: »Stand vor dem Kompaß, als ihn eine Brandungssee packte und wegriß...«

»Ja, und wir leben...«

»Um zu verhungern...«, sagt einer...

»Um zu verdursten«, ein anderer.

»Um zu erfrieren, wenn der Winter kommt«, entfährt es einem Dritten.

»Quatsch«, überfährt Peters die Angst. »Erfrieren werden wir schon einmal gar nicht. Der Zufall will es, daß ich dem Handbuch gerade vorher entnahm, daß das Klima auf diesen Inseln zwar feucht und kühl, aber auch sehr gleichmäßig ist. Hier soll es – merkwürdigerweise oder auch nicht – Blumen und Pflanzen subtropischer wie auch alpiner Zonen geben. Wie dem auch sei, die Inseln, die der Kapitän des britischen Walfängers *Ocean*, Captain Bristow, 1806 entdeckte, sind unbewohnt. 1850 oder um diese Jahre herum haben die Briten dann einmal Versuche unternommen, die Aucklands als permanente Fischereistation einzurichten. Das hat man aber, auch das las ich gerade vorher, bald wieder aufgegeben. Nur einmal noch waren diese Inseln für eine gewisse Zeitspanne bewohnt. Das war 1874, als man hier eine der 360 Stationen einrichtete, um den Durchgang des Planeten Venus zu beobachten.

Das will wenig tröstlich erscheinen, jedoch hat man später auf all diesen Inseln hier unten Lebensmitteldepots angelegt, nachdem schon früher hin und wieder Schiffe unter ähnlichen Umständen wie wir gestrandet sind. Den Ausschlag dafür gab wohl, soviel ich weiß, die Katastrophe der *General Grant*. Das Depot müssen wir finden. Es liegt sicher irgendwo unter Steinen. Das und nichts anderes ist unsere erste Arbeit.«

Peters teilt die Suchgruppen ein, um System in diese Aktion zu bringen.

Sie wollen sich gerade in Bewegung setzen, als sie Rufe hören. Dann erkennen sie auch die drei, die auf sie zukommen: Der eine ist der Finne Verik, der, wie man später von ihm noch hören wird, über den Kreuzmast auf die Insel kam, die beiden anderen sind Charley Eyre, einer der Offizieranwärter, und John Judge, der irische Seemann. Die beiden Seeleute hatten sich auf die Vorobrambramrah gerettet. Hier sah sie Verik, der sich einen Gordingtampen herüberwerfen ließ und diesen an einem Felsvorsprung befestigte. Hand über Hand haben sich Eyre und Judge vom Schiff ins Kliff gerettet.

Mit den drei sind es zusammen nun 16 Mann, welche die Katastrophe überlebten. Zwölf werden noch vermißt. Und die Hoffnung, daß doch noch der eine oder der andere auftauchen könnte, wird sich nicht erfüllen.

Um das Tageslicht zu nutzen, schickt Peters jetzt seine Suchgruppen los. Er selbst übernimmt eine der drei Gruppen, die beiden anderen führen McLaughlin, der Zwote, und Knudsen, der Dritte. In den frühen Nachmittagsstunden kehrt der letzte Mann zurück.

Sie alle haben nichts gefunden, und sie stehen nun schweigend und mit hängenden Schultern um Peters herum. »Zu verhungern brauchen wir nicht, Boys. Die Seevögel sind zahm. Die Robben sind nicht minder zahm. Unten an der Südseite gibt es genug davon, um uns wenigstens diese Sorge zu nehmen. Außerdem gibt es Fische in der See und Muscheln am Strand«, erklärt Peters.

»Ja, stimmt. Aber...«, wendet Querfeldt ein.

»Laß solches Aber«, fährt ihn Peters ärgerlich an. »Es muß gehen, und es wird gehen.«

»Sollen wir die Vögel roh essen... wie Tiere fressen...?« fällt Erikson ein.

»Natürlich nicht, die werden gekocht, gebraten, gedünstet, gedämpft. Stellt euch doch nicht an wie die ersten Menschen.«

»Um etwas braten zu können, müssen wir aber erst mal Feuer haben, Mister Peters«, läßt sich der Norweger wieder vernehmen.

»Natürlich, was sonst, Sie bloody fool«, faucht Peters wütend, um im gleichen Augenblick aber von der bangen, furchtbaren Sorge angesprungen zu werden, ob überhaupt einer von den Überlebenden Zündhölzer bei sich führt. Die Rundfrage ergibt: Keiner hat Feuer...

»Dann machen wir es eben wirklich wie die ersten Menschen«, schlägt der Zweite vor. »Man muß einen Stock über einen Tampen so lange und so schnell drehen, bis er zu glimmen beginnt. Vielleicht finden wir hier auch sowas wie ein Stück Feuerstein. Wird schon klappen.«

Es klappt nicht. Alle Versuche, Feuer zu machen, mißlingen. Dabei kann keinem der Männer etwa Ungeschicklichkeit oder Ratlosigkeit vorgeworfen werden. Das dämpft die anfängliche Freude über die Rettung. Der Gedanke, Robbenfleisch oder Möwen roh verschlingen zu müssen, macht die Zähne stumpf und läßt den Hunger davonfliegen wie eine Flaumfeder im Winde.

Querfeld kaut an einem Stück Leder. Man muß sich, so rumort es in ihm, erst an den Gedanken gewöhnen, noch schlimmer als die schlimmsten Wilden leben zu müssen.

Fünf Kilometer ist die Insel lang und fast zwei breit. Das hat man inzwischen ausgemessen. Es ist also nicht die größte der Auckland-Inseln. Vermutlich liegt diese hier an der nördlichen Seite der Gruppe. Man hatte dort tagsüber einen unklaren Schatten sehen, aber nicht näher bestimmen können. Zwischen diesem Schatten und der Insel, auf die sie geworfen wurden, liegt eine schwerdünende See. Die beiden Steuerleute wissen, daß dort eine starke Strömung herrschen muß.

Hinüberschwimmen...? Unmöglich! Das Wasser der See mißt eine Temperatur von sechs oder sieben Grad. Von der Strömung ganz zu schweigen.

Und ein Boot? Aus den lächerlich dürren Bäumen kann man nicht einmal ein wackliges Floß zimmern.

Zum Glück regnet es. Aus dem Handbuch weiß Peters noch, daß es hier um diese Jahreszeit viel regnen wird. Ein kleiner Trost nach all diesen bittern Enttäuschungen, wenigstens nicht verdursten zu müssen.

Daß die Insel, auf der sie sich befinden, wirklich die Insel der Enttäuschungen ist, sollen die Männer erst später erfahren. Der Felsflecken heißt »Disappoint-Is-

Die Bark ›River Lune‹, gestrandet im Juli 1879 auf den Klippen der wild zerrissenen Granitfelsenküste der Scilly Islands.

Die ›Seine‹, eine ehemals stolze französische Bark. Sie ging am 3. Januar 1901 auf der Rückkehr von ihrer ersten Reise bei Perranporth an der Nordküste südwestlich Englands durch Strandung verloren.

land«. Auf deutsch soviel wie: »Insel der Enttäuschung«.

Der *Dundonald*-Vortopp widersteht der Brandungssee noch ganze zwölf Tage. Während dieser Zeit versuchen die Schiffbrüchigen auf lebensgefährlichen Wegen soviel Tauwerk und Segeltuch wie nur möglich zu bergen. Das Segeltuch ist besonders begehrt. Aus ihm bauen sie zeltähnliche Gebilde. Doch für den zu erwartenden Winter genügen diese Unterkünfte nicht. Daher graben sie Gruben in den Boden, bauen darüber Gerüste aus zusammengesuchten Stöcken, die sie oben in der Mitte verbinden und danach von außen her mit Grasmatten und Moos belegen.

Kalle, der Schwede, hat bei der Ebbe ein Stück von einer Bramrah und auch einige Holzplanken vom Deckshaus gefunden. Sie bergen das kostbare Gut, an dem sich noch ein paar Bändsel und Tauenden befinden.

In Gruppen oder allein durchstreifen sie das Eiland. Das ist schnell geschehen. Fünf Kilometer lang... zwei Kilometer breit. Aber das Umherlaufen, das Suchen nach etwas hoffnungsfroh Stimmendem läßt die Zeit vergehen. Es überwindet den nagenden Hunger. Am ärgsten plagt es alle, daß sie nicht rauchen können. Sie haben alle ihre Taschen geleert. Zusammen verfügen sie über den köstlichen Schatz von 38 Zigaretten, die der Zweite – er war ohnehin der Speckschneider an Bord – in Obhut nimmt, nachdem man sie getrocknet hat.

»Werden schon Feuer bekommen«, versichert er immer wieder. Doch nach den immer wieder fehlgeschlagenen Versuchen scheint er selbst nicht mehr daran zu glauben. Aber McLaughlin müßte kein Seemann sein, um daran zu verzweifeln. Widrige Winde müssen eben überlistet werden...

Charles Eyre hat seine Tabakspfeife retten können. Mit dem scharfen Finnenmesser von Verik hat er sie in kleine Stücke geschnitten, die er nun kaut und lutscht. Er ist kameradschaftlich genug, jedem, der davon haben will, abzugeben. Als er Erikson davon anbietet, lacht der: »Hab' schon!« Und der Norweger zeigt die Zähne, zwischen denen er einen Fetzen Stoff hat, auf dem er herumkaut. »Stammt aus meiner Jacke. Ist das Taschenfutter, in dem meine Zigaretten und mein Tabak waren.« Schmatzend und mit sich zufrieden stapft er davon.

Heute noch. Vielleicht auch noch morgen und übermorgen, dann aber wird der Koller über ihn und die anderen kommen. Aber es sieht nicht danach aus, daß sie sich kleinkriegen lassen wollen.

An die zahmen Seevögel hat sich noch immer keiner herangetraut. Wohl auch aus der Scheu heraus, eines jener Tiere umzubringen, in denen einem seemännischen Aberglauben nach die Seelen verstorbener Seeleute hausen sollen. »Ich hatte mal als Schiffsjunge eine Möwe gefangen. Das sah der Alte, und ich bekam einen Tritt von ihm, daß ich meinte, mir wären ein paar Rippen gebrochen«, berichtet der Schwede Kalle. »Geflucht hat der poltrige Käpten, wie ich noch nie einen Menschen fluchen hörte. Was der mir damals sagte, hat in keinen Spind gepaßt. Ich sei an der Flaute schuld und an dem Nebel. Wenn es nach ihm gegangen wäre, hätte er mich noch am gleichen Tage abgemustert.«

Auch die anderen erzählen solche Döntjes um diese Vögel. In Sachen Robben und Seehunde ist Erikson in seinem Fach. Er war mal eine Zeit auf einem Robbenschläger, wie die kleinen, äußerst seetüchtigen Fahrzeuge mit der stumpfen Schnauze in Nordnorwegen heißen. Stets spielt er in seinen Geschichten in fast bescheidener Weise die Rolle eines Helden. Erikson kann prächtig lange und beliebig viel und schneller lügen, als zehn Rennpferde zusammen laufen können. Erstaunlich eigentlich für einen sonst so nüchternen Nordmann. Aber er gibt dann hinterher immer wieder zu, daß es ein Döntje, oder mit ein paar Körnchen Wahrheit vermischtes Bratje war. Das versöhnt mit diesem lügentollen Rauhbein.

»Das Beste an den Robben ist die Leber«, erklärt er heute. »Das sind fünf riesengroße Lappen. Mindestens sechs bis sieben Kilo schwer. Je nachdem. Man muß sie mit sehr viel Zwiebeln essen. Seehundsbeaf ist aber auch nicht zu verachten. Wenn man Pfeffer genug hat...«

»Mein lieber Gott, was fehlt uns denn eigentlich nicht?« stöhnt Jonny Milford. »Pfeffer fehlt, und Zwiebeln werden uns noch einmal eine größere Delikatesse bedeuten, als es anderen Leuten der Kaviar ist. Wir haben keine Töpfe, keine Schüsseln; nicht mal eine armselige Tasse, um zu trinken. Wir haben keine Nähnadel und auch keinen Zwirn, um mal was auszubessern. Begreift ihr jetzt, was eine armselige Petroleumfunzel darstellt, wenn's finster wird? Und wenn wir sie hätten, womit sollen wir sie anzünden?«

Anzünden. Wieder mal anzünden. Wieder mal das Feuer. Immer wieder Feuer... Schweigen herum.

Mißmut tropft aus den Gesichtern, je mehr sich jeder mit diesem Zustand nach der Rettung befaßt.

»Wir leben. Das Weitere findet sich«, endet der

Zweite schließlich den Schweigeprotest gegen das verdammt harte, bittere Schicksal, aus dem noch keiner ein Entrinnen sieht, denn die Inseln werden nur ganz selten besucht. Alle paar Jahre einmal...

Erikson hat sich Querfeldt und den Finnen am nächsten Morgen zur Seite genommen: »Kommt«, sagt er und zerrt sie weg, »laßt uns eine Robbe holen. So geht das nicht weiter. Müssen ja schließlich was in den Balg kriegen, um nicht draufzugehen.« Die Robben sind so zahm wie die Vögel. Sie reißen nicht aus. Sie wenden nur erstaunt den Kopf und blinzeln die zweibeinigen Wesen mit schläfrigen, triefenden Augen an.

»Müssen eine suchen, die von den anderen möglichst weit abseits liegt. Wenn die erst merken, was wir für ihre Art für unfreundliche Wünsche haben, dann ist's aus mit dem Proviantnachschub. Und Gewehre haben wir keine. Nicht mal Pfeil und Bogen wie weiland Robinson auf seiner Insel.«

Oberhalb der Senke finden sie so einen Alleingänger. Erikson tötet das Tier mit seinem langen spitzen Finnenmesser. Dann schlitzt er den Bauch auf, daß es ausschaut wie ein aufgeschlagenes Buch. Der schmale, spindelförmige Rumpf liegt losgelöst auf der ovalen Hautdecke mit der dicken rosafarbenen Speckschicht. Die Eingeweide zucken noch im Rhythmus der Herzschläge.

»Ist längst tot. Das haben die Tiere so an sich, noch nach dem Tode zu zucken«, beruhigt Erikson, als er Querfeldts mißbilligende Augen sieht. Mit innerem Grausen nimmt Querfeldt die Klumpen Fleisch auf den Arm, die Erikson ihm draufpackt. Der Finne verzieht keine Miene. Finnen sind ein härteres Volk, der Natur näherstehend als der gewöhnliche Europäer. Verik sagt »Prima!« und geht. Querfeldt und Erikson folgen langsam und zögernd.

»Hier, Frühstück«, sagt der Norweger und läßt den Batzen Fleisch auf die Steine fallen. Verik wirft seinen daneben. Querfeldt legt den seinen behutsam hin: »Eßt schon. Könnt ja sonst auch Stiefelleder fressen. Ist auch nichts anderes.«

»Er hat recht. Was sollte aus uns werden, wenn die Tiere scheu wären? Danken müssen wir dem Schicksal dafür«, lenkt McLaughlin ein. Doch bevor er zulangt, rückt er sich die Hose nach Seemannsart zurecht, wölbt seine Brust und holt noch einmal tief Luft, um sich zu überwinden. Dann zerrt er entschlossen das Messer aus der Scheide und säbelt sich ein Stück des noch körperwarmen Robbenfleisches herunter. Die anderen sitzen mit aufgerissenen Augen umher und sehen schaudernd zu, wie der Zweite würgend den blutigen Fetzen verschlingt. Er verzieht kein Gesicht. Nur seine Augen haben einen sonderbaren, einen gläsernen Glanz.

»Kann man essen. Sterben wird keiner dran. Zu merken ist jedenfalls, daß sich das liebe Tierchen von Fischen ernährt haben muß. Schmeckt so, wie zehn Fischhallen zusammen riechen. Los, Seeleute, haut rein!«

Nacheinander langen sie zu. Zwischendurch hört man grimmige Flüche. Nur Querfeldt und der junge Craughter, ein etwas empfindsamer junger Mann aus sogenanntem guten Hause, machen nicht mit. Sie haben sich still und leise davongeschlichen. Der Erste gab ihnen den Tip, sich nach Möweneiern in den Felswänden umzusehen. Er, Peters, würde gern mitgehen, aber die dumme Quetschung in der Brust mache ihm doch noch sehr zu schaffen. Peters ist sehr blaß. Er hat auch ein wenig Fieber. Und Querfeldt tut es doppelt gern, ihm Möweneier zu suchen, um seinen Ersten und Landsmann damit vielleicht zu erfreuen.

An der windgeschützten Seite der Insel finden sie Eier genug. Verschiedene Sorten. Manche sind mit kleinen braunschwarzen Punkten übersät. Sie sehen lustig und zugleich appetitlich aus. Einige trinken sie gleich an Ort und Stelle aus. Sie haben einen tranigen Nachgeschmack, gehen aber immer noch besser herunter als rohes Seehundfleisch.

Die anderen sind für den Nachtisch dankbar, den die beiden Kameraden mitbringen. Besonders der kranke Erste. Er macht nicht viel Worte. Er klopft Querfeldt nur auf die Schulter. Die anderen, die das Fleisch gegessen haben, besehen ihre Hände. Sie sind blutig und fettig. Sie kommen sich wie Mörder vor. Und das fettverschmierte Blut läßt sich mit Seewasser nicht so einfach abspülen. Seife hat man nicht. Wenn man Feuer hätte, ließe sich Seife herstellen. Das ganze Dasein hier besteht nur aus solchen »Wenn's« und »Hätten wir«.

Die Tage fließen dahin. Es wird nicht mehr recht hell. Die Sonne fehlt, und die dichten, niedrig dahinsegelnden regenschweren Wolken lassen nur ein fahles Dämmerlicht hindurch. Peters geht es immer schlechter.

Daniel McLaughlin und alle anderen versuchen, Peters aufzuheitern. Er war ihnen immer ein anständiger, korrekter und bei dem notwendig harten Dienst sogar ein beinahe freundlicher Vorgesetzter gewesen. Keiner will ihn missen. Keiner will den Tod auf der Insel sehen. Die bange Frage tut sich auf: Wer wird der nächste sein? Am vierzehnten Tag nach der Strandung stirbt Peters. Bei vollem Bewußtsein, aber unter sichtlich großen Schmerzen.

Der Zweite wendet sich ab. Andere bücken sich verlegen, und Erikson und der Finne haben Tränen in den Augen.

Nachmittags häufen sie Steine aufeinander. Unter diesen ruht nun ihr Erster Offizier Peters aus Hamburg in Deutschland. Sie verrichten ihre Arbeit schweigend. Bis in die späte Nacht hinein spricht keiner mehr ein Wort. Dann gehen sie schlafen. Sie rücken wie ausgesetzte Tiere dicht an dicht beieinander, um Schutz vor der Nässe und der schneidenden Kälte zu finden. Draußen ist es still in dieser Nacht. Nebel ist heraufgezogen und hat den Wind einschlafen lassen. Nur das Lied der Brandung rollt dumpf bis zu ihnen hinauf.

Die Tage schleichen dahin. Jeder kennt nun des anderen Lebensgeschichte, seine Sorgen, seine Freuden und seine Nöte... und auch seine stillen Wünsche.

Tagsüber zieht jetzt ein Posten auf dem höchsten Punkt der Insel auf. Er soll Ausguck nach Schiffen halten. Neben sich hat er einen großen, weißen Tuchfetzen. Taschentücher, Hemdenfetzen, die sie zu einem großen Laken zusammengebastelt haben. Damit soll der Mann winken, wenn ein Schiff in Sicht kommt. Verzweifeltes Hoffen. Welcher Kapitän wird so vermessen sein, näher als notwendig an diese verruchten, gefürchteten Felseninseln heranzugehen. Und Dampfer sind so selten wie die Sonne, die seit dem Tage der Strandung nicht mehr schien.

Als Nahrung dienen den Überlebenden immer noch Möwen und andere Seevögel, deren Eier und das tranig schmeckende rohe Robbenfleisch. Als Nachtisch knabbern sie Gras. Des Skorbuts wegen, der drohend über der kleinen Gruppe Verlorener schwebt.

Aber noch sind sie alle gesund.

Ein Wunder. Ein Gotteswunder fürwahr bei dem ewigen, kalten Wind, bei der Nässe und dem mangelnden Schutz davor. Der schlaksige Erikson ist mißmutig geworden. Manchmal rennt er wie ein gefangener Eisbär mit gesenktem Kopf hin und her. Er spricht kaum noch ein Wort. Der Tabak fehlt ihm. Alles wolle er hinnehmen, aber nur das nicht...: »He, Jung«, wendet er sich an einen der Jungen. »Hast du schon mal geraucht... hast du vielleicht eine Kippe in die Tasche deiner Jacke getan...?«

Und als der bejaht, brummt Erikson: »Dann spendiere einem alten Jantje mal das Futter davon. Wird schon noch ein bißchen nach Tabaksaft schmecken.«

Das tut der Junge gern. Aber die Tasche ist entzwei, und das Futter ist in Fetzen nach hinten gerutscht. Erikson hilft ihm dabei, es herauszuzerren. Dabei muß er fast bis hinter den Rücken greifen. Auf einmal bekommen seine Augen Glanz wie sprühende Raketen. »Halt still, Kerl! Nein, zieh die Jacke aus! Schnell runter das Ding!«

Der Junge bekommt es mit der Angst zu tun. Er zittert wie Espenlaub. Er denkt bei sich, der Erikson ist durch den Wind, und er läßt es willenlos und gelähmt vor Furcht mit sich geschehen, daß dieser ihm die Jacke vom Leib reißt, sie hinwirft und nun mit keuchendem Atem niederkniet, um besser nach hinten greifen zu können. Als er die Hand wieder herauszieht, hat er ein kleines Hölzchen in der Hand. Ein Wachszündholz.

Und um seine innere Erregung zu meistern, seine Rührung über diesen kostbaren Fund, flucht er Stein und Bein. »Du Weihnachtsmann, du müder Braten. Du bist nicht wert, zur See zu fahren, Kerl... Hat der Zwote damals nicht verlangt, alle Taschen zu durchsuchen...?

Und dabei ist er schon wieder hinter das Futter gefahren. Dreizehn Hölzer holt er heraus. Sie sind feucht. Aber sie sind sonst noch in Ordnung. Der rote Kopf ist noch dran.

Das seltsame, aufgeregte Gebaren des sonst so ruhigen Norwegers hat die anderen angelockt. Sie hüpfen vergnügt von einem Bein auf das andere, schreien durcheinander. Sie klopfen sich auf die Schultern... als sei ein Wunder geschehen: »Die Not hat ein Ende. Und auch der Fraß, dieser grausame Fraß...« Es ist so...

Die menschliche Kultur begann mit dem Gebrauch des Feuers, und ein kluger Kopf definierte einmal den Menschen als »ein Tier, das seine Nahrung kocht«. Kein schlechter Vergleich. Die *Dundonald*-Leute leben danach also nicht wie Menschen. Ihr Dasein ist nach dieser Maxime »tierisch« zu nennen, und es ist als ein Wunder zu bezeichnen, daß sie sich überhaupt noch wie Menschen bewegen. Die primitivsten Südseeinsulaner leben menschlicher als die Gruppe Überlebender auf den Aucklands. Nun aber: Hier liegen die Zündhölzer. Sie sind den bärtigen Männern ein Vermögen wert, diese lächerlich einfachen Hölzchen, die man sonst achtlos und gedankenlos und so selbstverständlich gebraucht. Ein Brite namens John Walker hat vor einigen Jahrzehnten das Zündholz erfunden, dessen Kopf aus einer Mischung von Kaliumchlorat, Kaliumchromat und Schwefel besteht, während die Zündfläche roten Phosphor und Schwefelantimon enthalten muß. Im Prinzip eine ganz einfache Sache.

Alles, was Erfolg hat und gut ist auf die Dauer, ist einfach auf dieser Welt.

Und alles ist relativ. Was man nicht kennt, wird man nie vermissen. Die bitteren, kleinen und großen Wahrheiten dieser Erkenntnis empfinden die *Dundonald*-Leute seit dem Katastrophentag mehr als genug. Wenn nicht das bißchen lächerliche Hoffnung, doch noch eines Tages gerettet zu werden, in ihnen wie ein schwelender Funke lebte und das einzig wärmende Feuer in ihrem entsetzlichen, tierischen Dasein wäre, sie wären längst über den Fels gesprungen und hätten sich in die Brandung gestürzt.

In den Freudentaumel ob der gefundenen Streichhölzer mischt sich Daniel McLaughlin. »Leute, hört mal zu. Geht nicht schon an Land, bevor das Schiff im Hafen ist. Kein Seemann zieht sich vor dem Festmachen landfein an. Erst müssen wir sehen, ob die Hölzer und die Reibfläche noch funktionieren.«

Tiefe Betroffenheit schleicht sich in die Männer. Der Zweite hat recht, bitter recht.

Gut also: Die Hölzer werden an einen trockenen Platz gelegt. Unfaßbar, wie behutsam die alten Rauhbeine sein können. Den ganzen Tag über kriechen die Männer um diesen Ort herum und beugen sich über den Schatz, als bestünde er aus funkelnden Juwelen, als läge dort der blaue Diamant, der Kohinoor, der ihnen in dieser beschissen-vertrackten Situation ebensowenig nutzen würde wie ein Fuder blankes Gold.

Keiner rührt mehr von dem rohen Fleisch etwas an. Und der schon trübsinnig gewordene Koch spinnt wieder quecksilbrig seine Kombüsengarne. Er fabuliert von saftigen Gerichten, die er »am Grill« hervorzaubern will.

In dieser Nacht schläft keiner. Unruhig wälzen sie sich hin und her, und mit dem ersten Tagesgrau sind sie alle auf den Beinen. Und sie sind so aufgekratzt und heiter, als gelte es, ein Fest zu feiern. Die stoppelbärtigen Gesichter triefen vor Erregung, und die Augen spiegeln den Abglanz erwartungsvoller Freude.

»Seht, wozu solch ein bißchen Leidenschaft gut ist. Was wäret ihr ohne Old Eriksons Raucherhunger, he?« grölt der Norweger, und er bläht sich auf wie ein Hahn unter seinen devot gackernden Hennen auf dem Hof.

Der Zwote erscheint mit den Hölzchen in der einen Hand und mit dem kleinen Fetzen Reibfläche in der anderen. Beide trägt er behutsam wie zerbrechlichen Weihnachtsschmuck zwischen seinen rissig gewordenen Händen, die er nun nicht mehr mit angenehm duftenden Cremes einsalben kann. Bei allen unverkennbaren Seemannseigenschaften ist er stets ein betont gepflegter Herr gewesen. Er, der aus bestem altenglischen Hause kommt, trug auch auf See zum weißen Hemd einen sorgfältig geknoteten Binder. Und wenn er an Land ging, war er wie ein Gentleman angezogen. Aber das Hemd, das er jetzt trägt, war einmal weiß. Es schimmert in erdgrauen Farben. Und es ist rostfarben gefleckt vom Blut der Wunde am Kopf, die nun fast verheilt ist, aber auf Lebenszeit eine Narbe in seinem Gesicht hinterläßt, eine steile, rotfarbene Falte. Am Bordjackett fehlen die beiden oberen goldenen Knöpfe. Die anderen sind grünspanig geworden. Sie haben ihren Glanz verloren. Um den Leib hat der Zwote einen Tampen geschlungen und mit einem seemännischen Knoten versehen: Ersatz für einen Leibriemen. Die eine Schuhsohle hat sich gelöst. Ein Bändsel hält sie noch fest.

So jedenfalls sehen sie alle Daniel McLaughlin daherkommen. Seltsam, noch nie haben sie ihn so genau gemustert und diese Wandlung an ihrem Zweiten so auffällig empfunden. Einige tasten verstohlen ihre eigenen Plünnen ab. Sie sehen ja alle wie Piraten aus. Heute, an diesem Festtag, an dem sie das Feuer wie den Tag nach langer, dunkler Nacht feiern und begrüßen wollen, heute fällt ihnen auf, was fehlt und was schon verkam und was verschliß.

Im Schutze aufgeschichteter Steine will der Zweite das Glück mit den Hölzern versuchen. Er kniet nieder. Erikson hockt sich dicht neben ihn. Das ist sein unverbrieftes Recht. Stillschweigend lassen sie aber auch den Jungen, der die Hölzer im Futter hatte, nach vorne treten. Ohne ihn hätte man sie ja nie gefunden. Auch der stille Knudsen ist dabei.

Sie glauben, ihren heißen Atem keuchen zu hören. Aber das scheint nur so. Um die Insel heult und schleift der Wind, grölt dumpf und unterirdisch die Brandung. Es ist ein verzweiflungsschweres Brüllen. Es wirkt wie ein Brüllen, das nach Opfern schreit.

Der Zweite hebt das Holz, streicht es über die Fläche. Der rote Kopf aber zerbröckelt, und das schmierige, kleine, dumme Hölzchen entgleitet seiner zitternden Hand.

Auch das zweite Holz brennt nicht. Das dritte, vierte, fünfte gibt keinen Funken...

Ein Strahl kalter Angst durchrieselt die bärtigen Männer. Und in dem Bart des Finnen Verik funkeln ein paar Tropfen im leichentuchfarbenen Licht dieses Tages. Mit seiner Handoberfläche, die so zerborsten wie ein von der Zeit brüchig gewordenes Stück Leder ist, wischt er die Tränen, derer er sich nicht zu schämen braucht, langsam mit scheuem Blick zu den anderen, die seine Kameraden sind, weg. Über der Gruppe schwebt das gleiche Schweigen wie in einem Operationssaal. Allen stockt das Blut. Wegen eines bißchen Feuers. Aber Feuer heißt Leben!

Das siebente Holz. Sieben soll eine Glückszahl sein. Sie denken es. Sie sprechen es aber nicht aus.

Das Hölzchen ruckt über die Reibfläche. Ein rotgelbes Pünktchen wird sichtbar, entfaltet sich, wird zur Flamme. Die Körper der Zuschauenden entspannen sich, lösen sich wie nach einer tiefen Hypnose. Einige fahren mit der Hand über die Augen, gleichsam, als ob sie nicht glauben wollen, was ihre Augen sehen. Aufschreie, Jubel.

Feuer! Feuer! Feuer!

Der Koch rast, die scharfgeschliffenen Messer in seinen Händen, davon. Er hat einen knallroten Kopf wie der Kamm eines Puters. Einige hüpfen und springen wie ausgelassene Kinder. Nur Erikson bleibt ruhig: »Gebt nicht so an wie ein Dackel, der sich auf einen heißen Eierkuchen gesetzt hat. Wenn der liebe Gott eine Tür zuschlägt, macht er dafür eine andere auf.« Erstaunt blickt der Zweite zu ihm auf. Nur einen Augenblick. Woher hat dieser teufelsgesottene Kerl solche Worte? Der ist ja fromm, dieser Kerl..., der redet daher wie ein Pastor. Die Flamme hat das zusammengeklaubte Holz erfaßt. Jetzt ist ein richtiges kleines Feuerchen daraus geworden, und sie alle kommen näher, um sich die Hände daran zu wärmen und um zu spüren, wie hundekalt es eigentlich ist. Wie sie da so stehen, werden die hinteren plötzlich umgeworfen.

Ein spinniger, nackter Arm zerteilt die Gruppe und zerrt sie auseinander. Und dem Arm folgt der Kopf des

Kochs. Gebieterisch und wild funkeln seine Augen. In der Hand hält er eine fünf bis sechs Kilo schwere Seehundleber, durch die er ein langes Holz gespießt hat. Das Holz mit der Leber drückt er dem verblüfften Querfeldt in die Hand. Dann rast er schon wieder davon, um mit zwei Gabelstöcken wiederzukommen, die er mit schnaufendem Eifer in den harten Boden rammt. Darüber legt er den Spieß mit der Leber dran. Chanel V oder das kostbare Rosenöl sind bescheidene und hier auf den Felsen ohnehin nicht gefragte Düfte, als sie jetzt die Würze der bratenden Leber wittern.

Der Smut dreht und wendet seinen Braten. Er ist in seinem Element. Mit einem Holzsplitter piekt er hinein. Er schmatzt. Und er murmelt unverständliche Zaubersprüche vor sich hin. Dann verrät er: »Gegrillt schmeckt sie am besten. Wird sonst nur in scheißvornehmen Lokalen serviert... Hier...«, und mit diesem im Befehlston gesprochenen Wort säbelt er mit dem Messer ein Stück des gerösteten Fleisches herunter. Er hält es dem Zwoten hin.

Daniel McLaughlin dankt stumm. Er ißt aber nicht. Seine Augen sehen sich suchend um. Er sucht Erikson. Ihm reicht er das erste Stück: »Hier, oller Wiking, ohne dich wüßten wir bis jetzt noch nicht, daß einer so viel Glück und vielleicht unser Leben im Futter seiner Rocktasche trug. Wozu doch solche Leidenschaften manchmal gut sind. Und«, mit einem Lachen fährt er mit der linken Hand in die linke Tasche seines Jacketts hinein, »das hier, das nimm als Nachtisch!« McLaughlin zerrt die Hand wieder heraus, öffnet die Faust und hält Erikson eine »Aktive« hin, eine richtige, echte, wenn auch ein bißchen unansehnlich aussehende Zigarette. »Und nun Leute, all hands! Haut rein, Männer. So gut hat es nicht mal auf der eigenen Hochzeit geschmeckt.«

Grunzend bestätigen es ihm die, die vor dem Gesetz und in der Welt nicht mehr allein sind, auf die daheim eine ahnungslose Frau und auch Kinder warten, die sich auf den Vater freuen und auch darauf, daß er was mitbringt aus der bunten, weiten Welt.

Erikson hat mit dem Rauchen seiner Zigarette gewartet. Er hat sie im offenen Handteller liegen. Darin rollt sie lustig hin und her. Ihr dünnes Papier ist grau und hat bereits grünliche Flecke. Aber das dämpft die Freude auf den bevorstehenden Genuß nicht. Als sie gegessen haben, kriecht er zum Feuer und zündet in feierlicher Gebärde seine Zigarette an. Tief saugt er den Rauch ein.

Und dann tut der alte Fahrensmann noch etwas, womit selbst der Zweite und auch Querfeldt nicht gerechnet haben. Erikson nimmt nur zwei Züge. Dann reicht er die Zigarette seinem Nachbarn weiter: »Zwei Züge, Macker, dann gib sie dem Kumpel neben dir.«

»Man muß erst stranden und mit dem Teufel Brüderschaft trinken, um zu erfahren, von welcher Sorte die Männer einer Segelschiffbesatzung sind«, läßt sich McLaughlin vernehmen.

»Eine Krähe wäscht die andere, Zwoter«, wehrt Erikson in seiner bescheidenen Art ab.

Ein Plan wird entworfen, um das Feuer in Brand zu halten. Sie teilen Wachen ein, um die Glut zu hüten. Torfkommandos und Sammelkommandos von Moos stellt der Zweite dafür zusammen. Das Dasein hat wieder einen Sinn, einen Sinn mehr erhalten in dieser erbärmlichen, gottverlorenen Einsamkeit. Ganz obenauf ist der Koch. Er ist, wie an Bord gleich nach dem Alten, der wichtigste Mann neben McLaughlin. Und sorgt dafür, daß keine Langeweile aufkommt. Mal wünscht er Möweneier, mal Möwen selbst, mal fordert er einen anderen Vogel und mal wieder Seehundfleisch. Und aus dem spärlichen Gras und dem anderen Grünzeug, das auf der Felseninsel den Unbillen trotzt, zaubert er sogar einen nicht unappetitlichen Kohl, den er mit Salzwasser würzt.

Zwei Monate gehen so dahin. Drei. Und vier.

Kein Schiff kommt in Sicht. Keine Rauchfahne belebt die Kimm. Auf der höchsten Erhebung der Insel hat der Zwote einen Haufen brennbaren Materials anhäufen lassen. Sie schützen es mit selbstgeflochtenen Matten aus einer Art Silbergras, einem grauweißen bis lilafarbenen rispenähnlichen Gewächs. Die Matten haben sie mit Seehundtran getränkt. Dadurch sind sie fast wasserdicht geworden. Sollte ein Schiff oder eine Rauchfahne ausgemacht werden, wollen sie den Stapel anzünden, um sich durch Rauchfeuer bemerkbar zu machen. Da die Inseln als unbewohnt geführt werden, dürfte jeder Schiffsführer Qualm und Rauch als Notsignale ansprechen.

Der Koch hat die beiden Leichtmatrosen unter Querfeldts Führung gebeten, sich um die in den Felsen brütenden Vögel zu kümmern. Es sind lummenähnliche Tiere, deren Namen sie nicht kennen. Sie hocken meist in pinguinähnlicher Haltung in Gruppen zusammen und werden von den zänkischen Möwen wie Außenseiter beschimpft.

Als die drei wiederkommen, wundert man sich schon über deren Eile und vergnügte Gebärden. Sie bringen keine Eier und auch keine Vögel mit. Wohl aber haben sie Fetzen in der Hand: In einem Felsausbruch haben sie eine der zerbrochenen Bramstangen und noch eine Menge Segeltuch gefunden, das die hochspritzende Brandung in die Scharte hineingewirbelt haben mag. Man könnte den ganzen Fund bergen, brauche jedoch dazu absichernde Taue, damit die Stenge nicht in die Brandung stürzt, so erklären sie.

McLaughlin teilt einige Leute ab. Freiwillig geht auch Erikson mit. Die Bergung gestaltet sich nicht ganz ungefährlich, und mehr als einmal droht der Schwede Kalle abzustürzen, als er versucht, den Tampen um das äußerste Ende der Stenge zu schlingen. Zwei Tage Arbeit kostet es, bis sie auch den letzten Fetzen Segeltuch und den kleinsten Splitter Holz aus dem Fels herausgeholt haben.

Die Vögel, die verschiedenartigen Möwen, die Lummen und auch die anderen taucherähnlichen Tiere sind nicht mehr so zutraulich wie in den Tagen, als man auf die Insel stieg. Es kostet jetzt schon einige List und einige Mühen, ihrer habhaft zu werden.

»Wenn man eine Flinte hätte...«

»Oder einen lächerlichen Flitzbogen...«

»Nun, dann machen wir uns einen...«, meint einer der geschicktesten Handwerker an Bord. »Wir haben doch die Stenge, aus der wir Bogen und Pfeile schnitzen können, wir haben Därme von den Seehunden genug. Es soll doch mit dem Teufel zugehen, wenn daraus nichts wird, um unsere Mahlzeiten zu jagen.«

So geschieht es. Der allergrößten Sorgen sind sie enthoben. Wieder einmal. Man braucht wenigstens nicht zu hungern. Seitdem das Feuer brennt, haben sie alle wieder an Kräften gewonnen, körperlich und seelisch. Aber auch der Koch ist schließlich kein Zauberkünstler. Gar bald murren einige Männer, wenn er mit seiner Leber kommt oder mit gegrilltem Seehundbeaf oder mit jungen Möwen am Spieß. Damit wird man bald keinen Hund mehr hinter dem Ofen hervorlocken. Der Kost fehlt die Abwechslung, es fehlen das Gemüse, die gewohnten Kartoffeln. Es ist schwer, einen eingefahrenen menschlichen Organismus umzustellen. Das geht nur eine Zeit gut, dann machen sich die ersten Krisen bemerkbar.

Wer sich nicht überwindet, geht drauf.

Der Sommer der südlichen Hemisphäre neigt sich dem Ende zu. Nach dem selbstgefertigten Inselkalender schreibt man Ende März. Südlichen Herbst also. Wie daheim, so auch hier. Die Herbsttage sind klarer und sichtiger. Manchmal kann man jetzt ganz deutlich die größere Insel sehen, die in einer Entfernung von nur vier bis fünf Seemeilen sichtbar ist.

»Dort ist ein Vorratslager. Bestimmt!« bohrt Erikson immer wieder, wenn nur Daniel McLaughlin in Sicht kommt und wenn er nur Gelegenheit findet, von der Nachbarinsel zu sprechen. Dem Zweiten wird diese Brabbelei allmählich zu dumm.

»Erikson, willst du denn vielleicht rüberschwimmen? Das Wasser hat noch immer nur sechs bis sieben Grad. Die Strömung und die Strudel reißen dich weg. Unsinn. Ohne Boot ist das Selbstmord.«

»Stimmt, Zwoter. Aber ich zerbreche mir den Kopf, ob man so ein Boot nicht mit unseren Mitteln herstellen kann.«

»Aus Steinen vielleicht? Dazu brauchen wir Holz. Und Nägel. Und Werkzeug. Bohrer und Hämmer...«

»Ist mir in der Nacht eingefallen. Wir haben doch da die Stenge und ein paar andere Holzstücke, die angeschwemmt wurden. Wenn man damit noch ein bootähnliches Gerüst zusammenbaut und dann das Ganze mit Segeltuch überzieht? Ich verstehe ja nicht viel vom Bootsbau, aber als Junge habe ich mich gern auf den Werften herumgetrieben... da oben bei uns, wo sie die kleinen, aber so seetüchtigen Fischerboote bauen.«

McLaughlin ist es, als hätte einer in einem dunklen Zimmer tausend Kerzen entzündet. Statt weiterer Worte packt er den Norweger an den Schultern. Dann zerrt er ihn mit sich weg, um mit ihm die Stenge zu besichtigen und was da sonst noch an Holz vorhanden ist. Nachdenklich betrachten sie den Schatz.

»Hm«, sagt McLaughlin.

»Hm«, brummt Erikson, um dann den Mund zu öffnen, »na, Zwoter?«

»Müßte gehen, Erikson.«

»Wann fangen wir an?«

»Gleich«, fordert Erikson in metallischer Ruhe.

»Also los, such dir die Leute aus.«

Auch wenn es nichts wird mit dem Boot, ist den Männern geholfen, denkt McLaughlin. Denn er weiß, daß Langeweile ein stärkeres Gift ist als Strychnin, und er weiß auch, daß über ihnen allen das Damoklesschwert der zermürbenden Verzweiflung der Verlorenen, der wissend Todgeweihten schwebt. Eines Tages könnte es, wird und muß es zu einer Meuterei kommen. Eines Tages wird man sich an die Kehlen fahren, jedes Wort krummnehmen, das der andere spricht. Schon mehren sich die Zeichen der Gereiztheit.

Eines Tages werden Krankheiten die ersten Lücken in die Schar reißen. Eines Tages werden ihnen die Fetzen ihrer Bekleidung vom Leibe fallen, und dann sind sie der erbarmungslosen Kälte dieser Breiten schutzlos ausgesetzt.

Daran zu denken, löst Depressionen aus. Also darf nicht darüber gegrübelt werden.

Erikson holt sich seine Leute zusammen. Er hat eigentlich für jeden etwas zu tun, bis auf den Koch und die Wachleute für das Gralsfeuer und den Ausguckposten auf der windumscheuerten Höhe der Insel.

Nägel hat man nicht. An Werkzeugen stehen nur ein paar und schon betrüblich dünn geschliffene Messer zur Verfügung. Das harte Holz wird damit mühselig zurechtgeschnitten, gefügt und mit auseinandergedrehten Tauenden untereinander befestigt. Es entsteht so nach und nach wirklich so etwas wie ein Bootsgerippe. Das ganze Monstrum wird mit dem im Fels gefundenen Segeltuch verkleidet. Aus dem Stückchen harten Teakholz, das ebenfalls mit antrieb und das von den Decksverplankungen herrühren könnte, haben sie sich so etwas Ähnliches wie Nähnadeln geschnitzt, um die Taufasern, die sie vorher mit Seehundtran getränkt haben, durch das Tuch ziehen zu können. Diese Wochen vergehen wie im Fluge. Der Zweite drängt immer mehr, um die Zeit der noch ruhigen Herbsttage für die erste Fahrt nutzen zu können.

Endlich ist es soweit. Der seltsame, immerhin bootsähnliche Untersatz schwimmt. Das Segeltuch ist dicht und läßt, nachdem man es noch einmal mit Tran eingeschmiert hat, keinen Tropfen Wasser mehr durch. Und der Zufall will es, daß an diesem Tage der ersten Probefahrt eine mäßige Brise weht und daß die See kammlos ist. Die lange und gefürchtete Dünung braucht man nicht zu fürchten. Vielmehr beunruhigt McLaughlin der versetzende Strom, über dessen Stärke und Richtung jegliche Unterlagen fehlen. Wer aber fragt schon danach, wie gering die Chance ist, die andere Insel zu erreichen!

»Heute. Sofort«, fordert der Zweite erregt. »Los, machen wir uns klar. In einer Viertelstunde...«

»Du darfst nicht mit. Du wirst hier gebraucht, Zweiter, wenn es schiefgehen sollte. Ich will es mit Querfeldt und Kalle allein versuchen«, braust Erikson auf und stellt sich vor das Fahrzeug, die rechte Hand abwehrend zu McLaughlin hin erhoben. Sein Gesicht zuckt vor grimmiger Entschlossenheit, den Zwoten am Einsteigen zu hindern.

Es liegt ihm zwar auf der Zunge, statt seiner dann wenigstens dem Dritten die Führung zu überlassen. Aber dieser Knudsen scheint ein Träumer zu sein, der Seemann wurde, weil es der Vater, Schiffbauer und A6er zugleich, so wollte.

»Gut«, willigt Daniel McLaughlin nach einer Pause ein.

Am 31. Juli 1907, über fünf Monate nach der Strandung, ist es soweit.

An der einzigen flachen Stelle legen sie ab. Mit paddelähnlichen Geräten bewegen sie dieses sonderbarste Fahrzeug, das wohl je die stürmischen Breiten südpolarer Zonen befahren hat, voran. Den Zurückgebliebenen entgeht es nicht, daß sich der Zweite bedächtig am Hinterkopf kratzt. Ungeziefer kann ihn schwerlich zwacken. Vor solchen Quälgeistern ist man hier auf dieser gottverlassenen Insel wenigstens gefeit.

Erikson hat das Kommando im Boot. Er sitzt hinten, wohin Kapitäne auf Schiffen von alters her gehören. Kalle hockt mit angezogenen Beinen vorn, zwischen beiden kauert der junge Querfeldt. Die Dünung läuft

West-Süd-West auf. Die Strömung versetzt sie ein wenig nach Osten hin. Das liegt im Sinne ihrer Unternehmung, denn sie müssen versuchen, die Ostseite der Insel anzusteuern, um in Lee der Dünung zu kommen.

Was da heranrollt, sind blaugrünlich schimmernde bucklige Ungetüme, die aus dieser Mauseperspektive auch die drei Unerschrockenen erschauern lassen. Manchmal scheint es, als täte sich ein Abgrund auf, in den das kleine Fahrzeug hineintaumelt, ohne sich auch nur wehren zu können. Aber immer wieder wird es mit der nächsten, wohl acht bis zehn Meter hohen und im Intervall 150 bis 200 Meter breiten Dünungswoge angehoben und reitet wie ein Kork zwischen den Wellen auf dem Kamm daher. Ihr Glück ist es, daß die See heute nicht überbricht und das Boot vollschlägt. Sie brauchen daher die provisorischen Schutzdecken nicht überzuziehen und können sich so ein bißchen freier bewegen.

»Immer mit der Schnauze in die See halten«, dirigiert Erikson, obwohl es da nichts für die anderen zu dirigieren gibt. Aber er meint, irgend etwas sagen zu müssen. Denn Steuermann ist er ja auch. Dazu hat er eine dünne Stange, an die man ein Brett gebunden hat, das so als Steuer wirkt und vermittels dessen er das Boot ganz gut mit dem Bug in die See halten kann. Schwärme von neugierigen Möwen folgen. Als wollten sie den Tod ihrer Gefährten rächen, so stoßen sie nun in Sturzflügen wild schreiend auf die drei Menschen hinunter, die ihnen hier auf dem Wasser fast wehrlos ausgeliefert sind, da all deren Aufmerksamkeit dem Boot und der anrollenden See gilt.

Die Insel wächst langsam über die Kimm empor, und nun, näher herangekommen, wird auch die Dünung schwächer. Eine buchtähnliche Ausdehnung mit flach scheinendem Strand wird von einem Wellenkamm aus gesichtet. In diesen halten sie hinein. Ein paar weißbemähnte Grundseen schütteln sie heftig. Das Boot ruckt und bebt in allen Fugen. Aber es hält stand. Die nächste See wirft sie an Land. Zwischen ein paar Felsblöcken kommt ihr schwimmender Untersatz einigermaßen ungefährdet zu liegen.

Querfeldt klettert als erster hinaus, von seinen beiden Kameraden gestützt. Er zerrt das Boot noch ein wenig höher hinauf. »Na also«, sagt Erikson befriedigt, als sei die Fahrt die selbstverständlichste Sache der Welt gewesen, als habe man soeben die Alster bei etwas stürmischem Wind mit einem Paddelboot überquert. Jetzt ist es Kalle, der sich statt einer Antwort hinter seinen großen abstehenden Ohren kratzt.

Erikson übernimmt ohne weitere Verabredung auch an Land das Kommando und entwirft seinen Plan: »Mal herhören. Werden hier übernachten müssen. Andererseits ist verdammt Eile geboten. Das Wetter wird nicht lange so ruhig bleiben. Müssen also heute noch und morgen vormittag die ganze Insel durchsucht haben. Jeder tut dies für sich. Du, Querfeldt, du marschierst voraus. Ich nehme den steuerbordschen Teil, und du, Kalle, trabst nach Backbord hin. Jeder übernimmt die Inselfläche bis zum Grenzgebiet des anderen. Treffpunkt ist hier. Spätestens morgen mittag, wenn die Sonne am höchsten steht. Also los, verlieren wir keine Zeit.«

Als erster kam anderntags Kalle zurück, ihm folgte Erikson. Zu sagen brauchte keiner was. Sie haben nichts gefunden. Keine Spur von einem Depot. Keinen Hinweis, daß ein solches überhaupt existiert. Endlich sehen sie Querfeldt über den Felshang kriechen. Wie er sich ihnen nähert, mit hängenden Armen und mit schleppendem Gang, ist schon die befürchtete Antwort: »Nichts. Steine. Steine. Steine. Wie in der Bibel, Erikson... und wenig Brot. Nur daß die Vögel hier noch zahmer sind als unsere jetzt da drüben.«

Sie gehen noch einmal und noch einmal. Zwei Tage, drei Tage, eine Woche und mehr bleiben sie auf der Insel. Mittags am 9. August sind sie wieder einmal zusammen, um zu beraten. »Es gibt kein Depot«, das sagt einer. Und er sagt es für alle. Erikson hebt die linke Hand und macht mit ihr eine Bewegung zum Boot hin. Schweigend machen sie sich daran, das Fahrzeug klarzumachen.

»Bißchen kabblig die See. Und mehr Wind ist auch«, schimpft Kalle. Und er hat seinen angefeuchteten Daumen in die Luft gestreckt.

»Na, wenn schon. Brauchen gar nicht zurückzukommen mit solch einer Botschaft. Wäre auch nicht schlimm, wenn wir zu den Fischen gingen.«

»Quatsch, wir haben bloß nicht richtig und gründlich genug gesucht«, beharrt Querfeldt, der an Bord noch im Segelhandbuch nachgelesen haben will, daß seit dem Drama mit der *General Grant* auf den Inseln Vorratslager angelegt worden seien. »Das bestreitet ja auch keiner. Aber wahrscheinlich ist das immer noch nicht die größte Insel, auf der das Lager nun wirklich ist«, bestätigt ihm der Norweger.

Kalle sagt überhaupt nichts mehr. Er knabbert verbissen an seiner Oberlippe.

Ohne einen Unglücksfall und ohne nennenswerte Schwierigkeiten erreichen sie »ihre« Insel. Sie sehen schon von weitem, wie sich aus der sie erwartenden Gruppe der eine nach dem anderen löst und wie diese

Kameraden weggehen. Zurück in die Hoffnungslosigkeit eines Daseins, an dessen Ende nun ein elendiges Verrecken steht. Daniel McLaughlin, der die Landung des Bootes unterstützt und bis an den Bauch ins Wasser kroch, um das Fahrzeug über den Brandungsstrand zu zerren, hebt Erikson heraus: »Alter prächtiger Kerl. Tobe nicht. Habt getan, was ihr konntet. Komm, nimm erst mal 'ne Erfrischung...« McLaughlin winkt Williams herbei, der ein kleines Päckchen aus der Tasche holt. Es enthält drei Zigaretten. »Für jeden eine, Erikson. Aber allein rauchen.«

Erikson wehrt ab, schiebt die Hand mit den Zigaretten zurück und geht wie einer davon, dem ein Dom von Hoffnungen eingestürzt ist.

Abends hocken sie ums wärmende Feuer herum. Querfeldt gibt seinen Bericht. Erikson hat nicht viel zu erzählen.

»Vögel, Felsen, Gestrüpp und Moos, Seehunde und Wind. Wie hier, das war alles. Ein Platz für Totschläger und Zuchthäusler...«

Kalle hat die Nordseite erforscht. Er ist in die Scharten der Rocks hineingekrochen. Noch sind seine Hände blutig davon. »Ach so«, sagt Kalle noch, »das fand ich drüben.«

Er reicht dem Zweiten etwas Glitzerndes hin.

»Mensch, das ist doch Glas. Wo lag das denn?«

»Hoch oben auf dem Plateau.«

»Das ist kein Strandgut. Das stammt von Menschen, die auf dieser Insel waren.«

»Das dachte ich mir auch, denn eine Buddel kann von der See selbst bei größtem Sturm nicht bis da hinauf gespült werden. Ich fand aber weiter nichts. Ist vielleicht ein Überrest von Schicksalsbrüdern, die dort vergingen, so wie Schnee unter der Frühlingssonne schmilzt.«

»Aber dann hätte man von denen doch was finden müssen. Die konnten sich doch nicht ins Nichts auflösen, wie Wasser verdunstet oder versickert. Nein, da muß was zu finden sein. Und wenn es, wie ich vermute, keine Schiffbrüchigen waren, von denen die Scherben stammen, dann bleibt nur eine Erklärung: die Scherbe ist der Beweis, daß auf dieser Insel das Depot ist, weil Menschen dort waren, die es angelegt haben.« Der Kreis der um den Zweiten Herumhockenden und Herumstehenden nickt zustimmend. Einige murmeln: »Richtig... so nur kann es sein.«

Ein paar andere verweisen auf die Überlebenden der *General Grant*, so wenige es auch waren, die damals – etwas mehr als vierzig Jahre ist es her – davongekommen sind.

Und dann wandern die Augen zu Erikson, zu Kalle und zu Querfeldt hin. Der Zweite merkt einen stillen Vorwurf in einigen der Blicke: »Daß mir da keiner unsere drei Kameraden beschimpft, nicht gewissenhaft genug gewesen zu sein. Nicht jeden Tag scheint die Sonne.«

»Hm, hm«, brummt die Schar in die fusseligen Bärte, die der Wind leise bewegt.

»Also gut, dann fahre ich das nächste Mal selbst mit«, entscheidet der Zweite und will gehen.

Einmütige Ablehnung aller stellt sich spontan vor Daniel McLaughlin: »Nein, Zwoter, Sie nicht. Sie haben uns bisher aufrecht gehalten. Sie dürfen Ihr Leben nicht gefährden. Wenn schon, dann andere, aber niemals Sie.«

Und aller Augen heften sich wieder auf Erikson. Auf

den Mann mit der glücklichen Hand: »Erikson, da drüben muß Tabak sein. Du wirst ihn finden.«

»Eher lernt ein Igel das Skatspielen, als daß einer von uns da drüben was Rauchbares findet. Diese Saubande. Krakeln da was von Depots in die schlauen Bücher. Haben das Zeug sicher vorher verjubelt, aufgefressen oder beiseite gebracht, statt auf die Insel. Werden ein paar fröhliche Nächte dranhängen für die, die es auf die Insel schaffen sollten. Meldeten nachher ›Befehl ausgeführt. Lebensmitteldepot angelegt‹. Kein Schwanz wird die Burschen ja jemals kontrollieren. Ne, das ist erlogen und erstunken. Soll nur 'n Trost sein für uns Abtrünnige einer landfeinen Gesellschaft, denen wir die Güter über die Meere schaukeln...«

»Zum Teufel. Dann fahre ich. Schluß jetzt«, herrscht McLaughlin die bösartig murrende Gruppe an.

»Nur ich und Kalle und Querfeldt, Zweiter, damit Sie Ihren Kinderglauben nicht verlieren, daß man wirklich so anständig war, uns armen Schweinen Notdepots einzurichten, uns Seeleuten, die wir denen an Land nicht fein genug sind, weil wir nach Teer stinken und ledrige Pfoten haben. Sie, Zwoter, sind als Offizier gerade noch geduldet in dieser Clique, die immer so tut, als ob..., die in die Kirche rennt, um für das Christentum zu beten, und die dabei so unchristlich in ihren Taten ist...«

Daniel McLaughlin fühlt, wie sich eine drohende Mauer zwischen ihm und der Mannschaft aufrichtet, wie alte Gegensätze zwischen Brücke und denen »vor dem Mast« aufzubrechen drohen. Das Wasser kocht und brodelt schon im Topf der Auflehnung. Nachdenklich und über den Ausbruch des Norwegers nicht einmal betroffen, sieht sich Milford seine Männer an.

Es sind alles prächtige Burschen. Aber von einigen von ihnen geht jetzt etwas Ungewecktes aus, das heraus will. Sie haben zwar bewiesen, daß sie allesamt gutmütig und anständig sind. Aber darüber gibt sich der Zweite keinen Illusionen hin: Es ist nicht Sitte bei den meisten der Männer, ein ihnen einmal angetanes Unrecht vor einem irdischen Richter sühnen zu lassen.

Erikson hat sich umgedreht, ganz plötzlich, als sei es ihm in den Sinn gekommen, daß der Zweite einen solchen Ausbruch am allerwenigsten verdiene, daß er sich beherrschen müsse, um Schlimmeres zu verhüten.

McLaughlin ist ihm gefolgt: »Warum willst du nicht fahren?«

»Ich fahre ja, Zweiter. Aber ich warne Sie, den Leuten eine neue Enttäuschung heimzubringen. Das geht über deren Kräfte. Das ist es, gegen was ich mich nur wehre. Und... verzeihen Sie mir.«

»Schon gut, schon gut«, lächelt McLaughlin und legt seine Hand kameradschaftlich auf Eriksons Schulter. »Ich freue mich, daß du fährst, und ich verstehe auch deine Sorge, die du hast, wenn auch bei der zweiten Fahrt der Erfolg ausbleibt. Dann aber mußt du zu mir stehen, du, Querfeldt, und Kalle, denn dann ist der letzte Funke erloschen, uns selbst zu helfen, dann kann nur noch ein Zufall retten.«

»Ja, ich verspreche es Ihnen.«

»Und wenn ihr fahrt, dann nehmt Feuer mit.«

Man schreibt September, als sie fahren. Doch die Brandungssee geht zu hoch. Das Boot oder das, was sie als Boot bezeichnen, schlägt quer, kentert und wird, nachdem es die Männer verlassen haben, in der Brandung zertrümmert. Die Insassen kommen gut, wenn auch jämmerlich frierend, an Land. Sie leben, aber das Boot ist hin.

Die Niedergeschlagenheit breitet sich aus wie lähmendes Gift in einem Körper. Nur einer läßt den Kopf noch nicht hängen: Knudsen, der Dritte, ausgerechnet Knudsen: »Nun gut, bauen wir ein neues Boot. Kommt, packt an, zögert nicht, je eher um so besser. Nun aber laßt mich mal etwas dazu sagen.«

Sie lassen ihn, während sie das Material zusammentragen und seinen Anordnungen – er nennt sie bescheiden Empfehlungen und Vorschläge – folgen. Im Oktober ist das Boot fertig – und in der Tat, es scheint stabiler als das erste zu sein und ohnehin besser als das, was man für die zweite Reise aus dem bei der Rückkehrlandung angeknackten ersten Boot gemacht hatte.

McLaughlin hat Knudsen als Führer des Bootes vorgeschlagen, und dieser sagt nicht nein. Auch seine Bitte, es bei diesem Unternehmen doch einmal mit anderen Kameraden zu versuchen, findet bei allen, auch bei der ersten Bootsmannschaft, Gehör. Querfeldt setzt sich McLaughlin sogar energisch für diesen Gedanken ein: »Bedenken Sie, Zwoter, wir sind vielleicht etwas betriebsblind geworden. Andere Augen sehen mehr und anderes.«

»Einverstanden.«

Als Knudsen schließlich startet, sind Walters, Gratton und der junge Eyre bei ihm. Sie kommen gut frei und auch gut durch die sechs Seemeilen breite Straße. Doch bei dem Versuch, einen geeigneten Landeplatz auf der Nachbarinsel zu finden, wird das Boot von der Strömung und der hier stehenden Kreuzsee an Land gedrückt und von einer übergroßen Welle auf einen Felsen geschleudert. Die Glut, die sie wie ihre Vorgänger an Bord gehabt haben, ist erloschen, doch die Hoffnung auf ein wärmendes Feuer ist damit nicht gestorben. Sie haben zwei Zündhölzer und ein wenig Reibfläche mit, zwei aus dem kostbaren Schatz da drüben. Es dauert drei Tage, bis sie glauben, daß die Hölzer trocken genug sind. Die Hoffnung trog sie nicht, bereits das erste Holz brennt – und es entzündet allerlei Brennbares, das sie inzwischen zusammengetragen und aufgehäuft haben.

Der vierte Tag...

Sie durchstreifen das Buschwerk und das Gestrüpp auf der anderen Seite der Insel. Zusammengerechnet mag da eine Strecke von gut 15 sm zusammenkommen. Sie suchen nicht nur das Depot, sie tragen dabei auch gleich Brennmaterial für das Feuer zusammen.

Bei solcherart Tun schiebt Charles Eyre ein paar Steine zur Seite, um trockenes Moos oder Gras darunter vorzuzerren. Nanu, wer hat denn eigentlich die Steine so geordnet aufeinandergelegt..., durchzuckt es ihn. Die Natur war das doch nicht...?!

Ja, Himmel, was ist denn das da?

Blitzt doch wie Zinkblech.

Drehe ich denn durch?

Fange ich an, Gespenster zu sehen?

Das ist doch Blech!

Das ist ja ein Karton...!

Was er nicht zu hoffen wagt, wird Wahrheit: Er hat das Depot gefunden. Er ruft Knudsen, Walters und Gratton, die vorausgeeilt sind, um sich um das Feuer zu kümmern, zurück.

Zwanzig riesige Blechkästen zerren sie aus der höhlenähnlichen Vertiefung. Mit zitternden Händen reißen sie sie auf. In ihnen ist alles, was sie zum Leben brauchen.

Eßwaren, Rauchwaren, Schnaps, guter, starker Rum aus Jamaika; Streichhölzer, Lampen und warme Kleidung, Signalraketen und Blaufeuer, wie man sie auf See in Stunden der Not gebraucht, um sich in der Nacht bemerkbar zu machen. In einer der Kisten, die sie öffnen, finden sie einen Umschlag. Und in ihm ist eine zusammengefaltete Karte. Und diese zeigt den Liegeplatz eines großen, starken Bootes an, das in einer von Steinen versperrten unterirdischen Aushöhlung der Bucht ruhen soll.

Unter den Eßwaren herrschen übrigens Schiffszwieback und Fleisch in Dosen vor. Von Tee, Kaffee, Zucker oder Butter ist nichts zu finden, fast, daß man meinen möchte, das Depot sei beraubt oder nur unvollständig ausgerüstet worden. Dagegen wiederum spricht, daß auch ein Gewehr vorhanden ist. Wie dem auch sei:

Knudsen hat die Rumbuddel zur Hand genommen. Mit ein paar Handgriffen hat er den Korken heraus. Ohne Korkenzieher. Er hat sie nur ein paarmal gegen die Ballen seiner Hand geschlagen. Mit einem Plups schießt der Korken heraus. Eyre muß zuerst trinken, dann Walters, und dann zieht sich Knudsen einen daumenbreiten Schluck zu Gemüte. Und er hat einen breiten Daumen. Mit dem Handrücken wischt er sich die Tropfen aus dem Bartgestrüpp.

»Das ist 'n Feuer, was?« strahlt er, und seine Augen glühen vor innerer Freude, die der starke Schnaps noch mehr schürt.

»So, und nun 'ne Zigarette. Und dann wollen wir erst mal 'ne Rakete starten, damit unsere Kumpel da drüben merken, was anliegt.«

Zischend steigt die Rakete in die Luft. Und ihr sprühender, silbern-goldener Schein zündet drüben die Herzen an.

Drüben, auf der Insel der Enttäuschung, wie ihr offizieller Name lautet. Das haben sie eben aus der Karte entnommen. Ein Glück nur, daß sie ein gütiges Geschick davor bewahrte, auch noch diesen entmutigenden Namen vorher gewußt zu haben.

Noch am selben Abend machen sie sich auf die Suche nach dem Boot. Sie finden es unversehrt am vorbezeichneten Platz. Aber man wird warten müssen, ehe man es einsetzen kann, um die Kameraden zu holen. Die Kreuzsee, die das selbstgezimmerte Boot vorhin zuschanden schlug, war der Vorläufer eines der ersten schweren Frühjahrsstürme.

Zufall. Ja! Zufall.

Was aber wäre dieses Leben ohne Zufall?!

Übrigens, das dämpft die Freude über das gefundene Boot etwas: Weder im Boot selbst noch im Depot sind Riemen oder Segel zu finden. Ohne sie – oder zumindest ohne eines von beiden – ist man, was die Rückfahrt anbetrifft, ziemlich hilflos. Doch Knudsen weiß Rat. Sie fertigen einen segelähnlichen Ersatz aus Kleidungsstücken, Fläche genug, um die Windenergie in so viel das Boot bewegende Kraft umzusetzen, daß Hoffnung besteht, auch gegen die Strömung anzukommen.

In den nächstfolgenden Tagen ist nicht daran zu denken, die auf der »Insel der Enttäuschung« harrenden Kameraden mit dem Boot abzuholen. Der Wind weht in Sturmstärke aus Südsüdwest, und die See geht so hoch und so wild, daß es den drei Mann nie und nimmer gelungen wäre, gegen sie anzurudern.

»Na ja, sie werden sich an ihren zehn Fingern aus-

Die ›Glenesslin‹, eines von de Wolf's mächtigen Vollschiffen, lief am 1. Oktober 1913 auf die Rocks querab der Neahkahine Mountain in der Nähe von Tillamook Head, Columbia River.

Ein Hurrikan warf das Viermastvollschiff ›Frieda‹ (rechts) und das Vollschiff ›Grace Harwar‹ am 5. Juli 1916 im Golfhafen Mobile auf die Kaianlagen der Texas Oil Company.

rechnen können, daß wir bei diesem Dreckwetter nicht fahren können.«

»Wenn sie überhaupt ahnen, daß wir auch ein Boot gefunden haben.«

»Um so besser, denn mit unserem inzwischen draufgegangenen Eigenbau wäre an eine Seefahrt überhaupt nicht mehr zu denken.«

Den vier wird die Zeit nicht langweilig. Sie schaffen für sich und die Kameraden erst einmal ein vernünftiges und trockenes Lager. Das Erforderliche dafür finden sie in den schier unerschöpflichen Kisten, die außerdem noch Werkzeug enthalten.

»Die Verteilung der warmen Sachen und all der anderen Dinge überlassen wir besser unserem Zwoten«, schlägt Knudsen vor. »Wir werden die paar Tage auch noch so rundkommen. Es soll uns wenigstens in dieser Beziehung vorerst nicht besser gehen als den Kumpels da drüben.«

Gleich am nächsten Tag machen sie einen Versuch, zur Disappointment-Insel zurückzukehren. Das Wetter ist so schlecht und die See ist derart wild, daß das Boot beinahe verlorengeht. Es kostet einen harten, langen Kampf, zur Depot-Insel zurückzusegeln.

Am nächsten Tag flaut das Wetter endlich ein wenig ab. Es weht eine mäßige Brise. Sie bringen das Boot heraus und kommen gut durch die Brandung. Das Boot ist nicht so groß wie die üblichen Rettungskutter, dafür aber stabil. So rauschen sie davon und steuern unter geschickter Windausnutzung die Insel der Enttäuschung an, an deren Strand sich die Kameraden drängen.

»Himmel, wo habt ihr denn das Boot her?« schreit es ihnen schon entgegen. Fragen. Ausrufe. Fragen prasseln auf die drei hernieder, als der Kiel über den steinigen Grund knirscht und kräftige Hände von Land aus dafür sorgen, daß das Boot aus der Brandung herausgezerrt wird.

»Geschenkt bekommen«, grinst Knudsen, und er zeigt nach oben zum Himmel.

Staunen ist auch sonst auf der Seite der Zurückgebliebenen, denn die vier »Heimkehrer« sind beinahe nicht wiederzuerkennen. Sie haben sich die Haare geschnitten, die Bärte gestutzt oder abgenommen, und sie sind, was die Kleidung angeht, so gut wie Angehörige einer Antarktis-Expedition ausgerüstet. Die Freude ist groß, sie ist kaum zu beschreiben, und die Erkenntnis ist klar, so schnell wie möglich auf die »Depot«-Insel übersiedeln zu müssen. Das geschieht noch am gleichen Tage. Das Boot muß zweimal fahren, um alle Männer von der Insel auf das Depot-Eiland hinüberzubringen, denn drei Mann werden mindestens für die Bedienung der Segel und zum Pullen gebraucht. Knudsen, Eyre, Walters und Grotton sind nicht zu bewegen, diese Arbeit abzutreten: »Laßt es gut sein. Wir haben inzwischen was Anständiges zum Fressen gehabt. Wir sind kräftiger und daher auch schon wieder gesünder als ihr alle. Labt euch erst mal und kommt wieder richtig auf die Beine.«

Ohne einen Unfall werden alle Mann von der Insel geborgen. Keiner aber geht, ohne Abschied von dem Steinhaufen mit dem Kreuz zu nehmen, von dem Grabmal, das sie dem Deutschen Peters errichtet haben.

Und den Robben und Möwen winken sie auch zu, denen, welche die Menschen auf dieser Insel überlebten.

Als erste Handlung nimmt Daniel McLaughlin auf

der Depot-Insel die Verteilung warmer Sachen vor. Nicht alles paßt. Vor allem der Giftzwerg von Smut sieht spaßig wie eine Vogelscheuche aus, weil alles an ihm herumschlackert. Die Hosen sind ihm so lang, daß er sie viermal umschlagen muß. Und das Jackett wirkt wie ein Mantel.

Es sind nebenbei bemerkt gute Sachen. Warm und solide.

»Es geht auf den Winter zu, Männer. Wir wissen noch lange nicht, ob Hoffnung besteht, daß demnächst noch Schiffe diese Insel ansteuern oder hier vorbeikommen. Wir können auch nicht daran denken, daß ein paar Mann von uns mit dem Boot nach Neuseeland hinübersegeln. Ausgeschlossen bei den zu erwartenden Herbst- und Winterstürmen. Müssen also warten, wenn, wie gesagt, kein Schiff uns sichtet, bis die Wetterlage dafür günstiger wird. Das wird in fünf bis sechs Monaten sein. Und auf diese Zeit müssen wir uns wohl oder übel einrichten. Seid ihr damit einverstanden, daß wir die Rationen auf diese Zeit verteilen, und daß wir auch weiterhin als Hauptnahrung das nehmen, was uns die Insel bietet?«

Ein paar ducken sich unter dieser harten, aber nüchternen Erkenntnis. Es dauert geraume Zeit, bis die vom Schicksal so schwergeprüften Männer verdaut haben, was der Zweite in aller Unerbittlichkeit ausspricht. Die Stimmung wogt hin und her. Endlich findet Erikson das Wort: »In Ordnung, Zwoter.« Mehr sagt er nicht.

Und mehr war auch nicht zu sagen.

»Noch eins«, läßt sich noch einmal McLaughlin vernehmen, »morgen ist Sonntag. Ob er auf dem Kalender steht, wissen wir nicht. *Wir* jedenfalls feiern einen Sonntag.«

Und wie ein Champagnertropfen wirbelt der lütte Koch auf einen nahe gelegenen Steinhaufen hinauf.

»Das soll ein Wort sein, Freunde.«

Man hat Tassen, Teller, Schüsseln und Töpfe.

Man hat kleine Spirituskocher.

Man ist wieder Mensch.

Das Leben schmeckt wie Honig.

Und der zum Orkan anschwellende Sturm singt sein Lied dazu.

Am Sonntag, nach prächtigem Mittagsmahl und reichlichem Abendessen, dampfen die Grogs und beflügeln den Motor der Einbildung und der Phantasie, gerettet zu sein. Nach Wochen, nach Monaten – sie sind jetzt sieben Monate auf der Insel und acht Monate vom letzten Hafen unterwegs – erklingen wieder, endlich wieder die alten Shanties, jene Seemannslieder, die eigentlich Arbeitslieder sind. Lieder, in denen viel Sehnsucht nach der Heimat ist...

>»Das kann ja nich immer so bliewen,
Bald hebbt wie das Land wedder in Sicht...«

kräht der Vorsänger, und grollend, den Sturm und das Brandungsbeben übertönend, fällt der Chor ein:

>»Söß Monat up See rüm to drieben,
dat is Gottverdammi nich licht...«

Das Lied vom Koch singen sie, das vom »Swed'schen Hering to Altona«... das Lied vom Teer, vom Whisky und vom Rio Grande... und das von der Letzten Reise, die ein jeder Seemann machen muß.

Nach dem Festtag wird das Leben wieder eintönig.

Die Tage tropfen dahin. Fast ist's, als ob das Dasein noch schwerer wurde, da die Bestände des Depots sie noch mehr an ihre Verlassenheit erinnern.

Aber sie haben neuen Mut.

Sie sind wieder zu Kräften gekommen und fühlen sich stark genug, den Winter zu überdauern. Inzwischen hat man ein Papier im Depot gefunden, dem sie entnehmen, daß ein Schiff namens *Tutaneki* am 1. Februar die Insel anlief und daß das nächste in sechs Monaten erwartet werden darf. Danach muß es bereits im August oder September dagewesen sein.

Wenn nach dieser Rechnung auch die Hoffnung auf ein neues Schiff gering ist, so hat McLaughlin auch hier nicht darauf verzichtet, ein Rauchfeuer auf der Westseite der Insel Tag und Nacht zu unterhalten. Eines Nachts traut der Posten, es ist der junge Charles Eyre, seinen Augen nicht. Voraus, im Wirbel der See, sieht er soeben, dicht über der Kimm, ein Licht.

Noch einmal wird diese Erscheinung sichtbar.

Himmel... geht die Welt unter? Fallen die Sterne vom Himmel? Oder?

Der junge Leichtmatrose wirft trockenes Moos ins Feuer. Er zündet rasch ein Blaufeuer an...

Er starrt wie gebannt in die Nacht.

Narrten ihn seine Sinne wirklich nicht?

Nein, deutlich sieht er jetzt den fahlen, zuckenden Schein eines Blaufeuers herüberleuchten. Dazwischen zischen Raketen in die schwarze Nacht.

Eyre läuft, stürzt, rast, rennt durch das Dunkel zum Lager hin.

»Schiff... Schiff in Sicht...«, keucht er.

Der Zwote schießt eine Rakete ab.

Von See her antwortet man.

Neben dem Feuer erwarten sie den Morgen. Der kommt langsam mit einem bleiernen, stumpfen, abgetöteten Licht herauf. Voraus ist nichts.

»Kommen natürlich in Lee heran.«

Und in Lee, dort wo die Insel ein wenig buchtähnlich einbiegt, dort wo Erikson das erstemal landete, schiebt sich ein Schiff heran. Ein Boot löst sich von dem grauschwarzen Eisenkörper, ein Motorboot ist es, das nun in schneller Fahrt der Insel näher kommt.

Am Bug steht groß und deutlich lesbar *Hinemoa*.

Gerettet.

Gerettet am 16. Oktober 1907.

Nach acht Monaten langer Verbannung.

Mit den 15 Überlebenden der *Dundonald* läuft die *Hinemoa*, die ein neuseeländisches Expeditionsschiff ist, im Hafen von Invercargill auf Neuseeland ein.

Der Pier ist schwarz von Menschen, denn der Kapitän der *Hinemoa* hatte vor dem Einlaufen noch eine Nachricht abgesetzt. Und von Land her läuten gerade die Abendglocken, als Daniel McLaughlin, gefolgt von seinen wildbärtigen Gefährten, über die Gangway an Land stapft.

Ein gleiches, in einigen Fällen noch viel schrecklicheres Schicksal war, wie bereits angedeutet, anderen Seglern beschieden. Erinnert sei nur an die *Minerva*, die am 10. Mai 1864 an den Aucklands strandete. Über das Los der Besatzung wissen wir, daß nur vier Mann überlebten. Sie wurden im März 1865, also erst zehn Monate nach dem Wrackwerden ihres Schiffes, entdeckt und geborgen.

Wenig später ging die *Invercauld* verloren, und wieder ein wenig später, in der Nacht vom 13. zum 14. Mai

1866, schlug dem Passagiersegler *General Grant* die letzte Stunde.

Das 1200 ts große Schiff war am 4. Mai aus Melbourne ausgelaufen. An Bord befanden sich außer der auf einem Passagierschiff ohnehin zahlenmäßig stärkeren Besatzung nur zwölf Passagiere der damals »saloons« genannten Luxuskammern und dreiunddreißig Fahrgäste der I. und II. Klasse, außerdem, als Frachtgut, Goldstaub im Werte von 10000 englischen Pfund. Eine in Sichtweite der Aucklands eintretende Windstille war schuld – und auch das ist ein symptomatisches Beispiel für diese besondere Art von Gefahren für Segelschiffe –, daß die *General Grant* schließlich von der hier immer hochgehenden Dünung vierkant gegen die senkrecht aufsteigenden Felsen der Hauptinsel der Aucklands[1] geschoben wurde. Bei dem Aufprall zerbrach indessen lediglich der Klüverbaum. Mehr geschah dem Segler nicht. Er wurde vielmehr von der Strömung herumgedrückt und vom Kliff wieder abgezogen. Nur wenig später krachte die *General Grant*, nunmehr mit dem Heck zuerst, gegen einen gut eine halbe Seemeile entfernten anderen Felsvorsprung. Dabei gingen der Besanbaum und, was noch viel schlimmer war, das Ruderblatt verloren. Das Ruderrad drehte wie wild, und die Spaken bohrten sich dem Rudergasten in die Rippen. Durch die Wucht des Aufpralls und in Verbindung mit einer mächtigen See schwoite das Schiff auf dem Rücken dieser gewaltigen Dünungssee herum und wurde mit dem Bug zuerst in eine von der Brandung ausgewaschene, über 200 m tiefe Felsenhöhle hineingepreßt. Dabei passierte es, daß erst der Vortopp und dann der Großtopp die Felsendecke der Höhle streiften. Der Vortopp brach völlig in sich zusammen. Hier krachten Stengen, Rahen, das stehende und laufende Gut mitsamt den Blöcken und Taljen an Deck, während vom Großtopp nur die Bramstange mit dem dazugehörigen Gut von oben kamen. Damit nicht genug: die gewaltsame Kollision der beiden Masten mit der Höhlendecke hatte weiter zur Folge, daß sich einige mächtige Felsbrocken lösten. Sie stürzten auf das Vorschiff und durchschlugen das Deck der Back. Die Hoffnung, daß der Rücklauf einer der nachfolgenden Dünungsseen die *General Grant* aus ihrer Lage befreien könnte, erfüllte sich nicht. So wurde sie im Rhythmus von Dünungsseen und Brandung die ganze Nacht über in dieser schrecklichen Höhle von einer Wand an die andere geworfen. Nicht nur das: der obere Teil des noch stehengebliebenen Großtopps wurde jedesmal, wenn eine größere Welle das Schiff in der Höhle höher anhob, gegen die Felsendecke gewuchtet. Und da der Mast aus gutem Material war, brach er dabei nicht in sich zusammen, die Aufprallkräfte suchten sich einen anderen Weg: sie lockerten den Mast am Schiffsboden, und sie trieben ihn – so nach Lubbock – durch den Boden hindurch. Die *General Grant* begann zu sinken. In dieser Lage brachte man die Boote zu Wasser – oder versuchte es zumindest. Nahezu alle Boote kenterten sofort. Nur zehn Mann der Insassen kamen davon, unter diesen die Stewardeß, die sich aus den tödlichen Wirbeln der Brandung auf einen höher gelegenen Felsen vor der Höhle retten konnte. Wie, wußte sie auch später nicht zu sagen.

Unter denen, die später vermißt wurden, war auch Captain Loughlin. Man sah ihn zuletzt am Steuerbordrettungsboot in Höhe des Kreuztopps beschäftigt.

Zehn Minuten später versank die *General Grant* und mit ihr ihr Kapitän.

Die zehn Überlebenden machten noch Schlimmeres durch als die Männer von der *Dundonald*. Für sie gab es kein Depot, nicht einmal die Hoffnung auf ein solches Vorratslager. 18 Monate oder – genauer, plastischer – über 500 lange Tage und über 500 lange Nächte kamen und gingen, ehe die zehn von der unter Captain Gilroy segelnden *Amherst* aus Bluff Harbour gerettet wurden. Seit jenem Tage war der Strandungsplatz das Ziel so mancher Expedition einzelner oder ganzer Gruppen. Anfangs fand man zwar noch Wrackstücke, keiner der Taucher aber auch nur eine Spur von Gold.

Die genannten Segler waren und blieben übrigens nicht die einzigen Opfer der Aucklands. Unter den Windjammern sind als Beispiele noch diese zu nennen: die *Derrey Castle*, die *Compadre*, die *Spirit of the Dawn*, die *Daphne*, die *Kakanui* und die französische Bark *Anjou*, die am 22. Januar 1905 strandete und total verlorenging.

2. Das Fünfmastvollschiff »Preußen« und die Fünfmastbark »Potosi«

Im Hamburger Hafen,
am 31. Oktober 1910, der ein Montag war.

Am Ausrüstungskai für die großen Frachtsegelschiffe dieser Ära wachsen aus dem im oberen Drittel schwarz gepöhnten, übers Heck und die Gallion sich langstreckenden Rumpf fünf kahle, aber auf den Rahen bereits segelbeschlagene Masten in den azurnen Herbsthimmel hinein. Alle fünf sind vollgeriggt. Und der im unteren Teil 900 Millimeter dicke, in der Mitte der fünf plazierte Großmast befindet sich mit seinem Flaggenknopf als oberstem Abschluß 68 Meter über dem Kiel. Welch eine imponierende Höhe. Sie überragt alle umliegenden Hafenbauten, alle Schiffe, alle Schiffsmasten, nur der fünfte und letzte ist deutlich kleiner. Auffallend sind für den Fachmann und Shiplover die doppelten Bramrahen und die gleichfalls doppelten Marsrahen dieses Square-Riggers, der nicht nur das einzige Fünfmastvollschiff der Welt repräsentiert, der auch gleichzeitig das größte reine Segelschiff der Welt ist, denn er verfügt über keine Hilfsmaschine; er ist ausschließlich auf Wind als Segelkraft angewiesen.

Jede Menge stützender Stage und Pardunen, rahbewegender Brassen mit unterschiedlich großen, gelbgestrichenen Blöcken, rahaufwärtsbewegender Fallen mit ihren verwirrenden Blocksystemen, steile Wanten mit federnden Webeleinen, rahsichernde Toppnanten,

Geitaue und Gordinge für die Segelmanöver... Jeder Tampen, jeder Block, jedes Teil schlechthin hat seinen eigenen Namen, auch verbal herauszufinden aus scheinbarem Gomorrha beim Anblick der Fünfmastenallee über dem tief im schmuddeligen Hafenwasser liegenden Schiffsrumpf am Ausrüstungskai.

Begonnen hatte der Weg zu diesem Weltsuperlativ um die Zeit der Jahrhundertwende.

Die Segelschiffreederei F. Laeisz unter der weißen Flagge mit den roten Buchstaben FL in der Tuchmitte wollte nicht aufgeben. Schon gar nicht nach den fast minuziös zu nennenden Reiseerfolgen der 1895 in Dienst gekommenen Fünfmastbark *Potosi*. FL wollte jetzt, 1900, in der akuten Agonie-Phase der Tiefwassersegler, vielmehr mit einem weiteren, noch größeren Großseglerneubau in ihrer P-Liner-Flotte gegen die Dampferkonkurrenz antreten. Nach den Überlegungen des FL-Managements, besetzt mit fachlichen Autoritäten, könnte und müßte ein extrem wind- und seeschlagstarker Schwerwettersegler allein durch den kostenfreien Wind als Antriebskraft auf langen Routen ökonomischer sein als ein etwa gleichgroßer, ja sogar noch größerer Dampfer, um so mehr, da ein Segelschiff solchen »Smokeewern« ja auch von der Laderaumkapazität her überlegen ist.

Dabei ist man bei FL realistisch genug, die sich fast gewaltsam drängende Zukunft der dampfmaschinenbetriebenen Schiffe nicht zu übersehen. »Dennoch«, so FL, »noch – und auch noch in der nächsten Zeit – wird es Routen und Frachtgüter geben, über die ausgesprochene Schwerwettersegler nach wie vor Gewinne einfahren werden.«

Doch der Gewinn ist bei FL fast sekundär. Primär für

den vorausschauenden Segelschiff-Reeder ist die Erkenntnis: »Das Segelschiff muß auch in Zukunft erhalten bleiben. Es ist und bleibt die klassische und die beste Ausbildungsplattform für jedwede Seemannschaft. Diese wird und muß auch in Hunderten von Jahren den Unbilden und Gefahren der See weiterhin trotzen. Und der Begriff Verantwortung für Schiff, Besatzung und auch für das eigene Ego wird auch dann oberstes Gesetz bleiben...«

Hundert Jahre später werden das die langjährigen Kommandanten der *Gorch Fock* ebenso bekräftigen, wie es die Kommandanten und Kapitäne der anderen Rahsegler, die noch als Ausbildungsschiffe dienen (unter diesen die ehemalige *Kommodore Johnsen* als *Sedow* oder die *Padua* als letzterbauter Frachtrahsegler der FL, die nun *Krusenstern* heißt), bei der SAIL 86 bestätigten. Auch die Superseemacht USA hat das eingesehen und will neben dem Coastguardsegler *Eagle* (der ehemaligen deutschen Bark *Horst Wessel*) nun auch für Navy ein Ausbildungs-Segelschiff bauen lassen.

A propos die oben erwähnten Routen: Eine dieser Langstrecken führt von Europa zur Westküste Südamerikas. Dabei bietet sich als kürzester und sozusagen direkter Weg die Route mit der Kap-Horn-Umsegelung durch das berüchtigte Weltozeanrevier mit seinen permanenten Weststürmen an. Der andere Weg führt ums Kap der Guten Hoffnung, die Roaring Forties entlang, zur Westküste in Chile, tiefer im Süden an Australien vorbei. Dieser Weg ist aber länger und daher zeitraubender, also unökonomischer. Dampfer könnten natürlich die Route eins wählen und dabei die Magalhãesstraße wählen, um das böse Kap-Horn-Revier zu meiden[2a]. Abgesehen von der mühsam langen atlantischen

Anreisestrecke bis zum untersten Bereich von Südamerika wird diese Straße, so wildromantisch sie ist, von Nautikern gar nicht geschätzt. Strömungen, das starke Ebbe- und Flutgefälle und Unterwasserhindernisse sind navigatorische Schikanen. So überlassen die Dampferkapitäne und deren Reedereien insbesondere die Chile-Peru-Fahrt den Segelschiffen und damit ein verifiziertes Frachtgeschäft[2b].

Durch den gesteigerten Bedarf an Chilesalpeter, der in immer größeren Mengen als Düngemittel benötigt wird, entwickelte sich jedenfalls um die Jahrhundertwende vornehmlich in Deutschland und in Großbritannien noch einmal eine rege Neubautätigkeit an großen Tiefwasserseglern. Der Schiffsraum, der für die Verschiffung von Salpeter an der Westküste benötigt wurde, war zeitweilig sogar ausgesprochen knapp.

Dieser für die Segelschiffahrt günstige Umstand führte zu einer erheblichen Erhöhung der Frachtraten von den Salpeterhäfen zu den Haupteinfuhrhäfen in Europa. Das wird daraus deutlich erkennbar, daß die Frachtsätze im Jahre 1894 von 21 sh (= Schilling) bis 27 sh auf 27.9 bis 39 sh im Jahre 1900 angestiegen waren.

Doch lange hielten sich diese Traumraten nicht. Der nun vermehrte Bau von Großsegelschiffen und das danach vermehrte Angebot an freien Ladekapazitäten in der Welttonnage der Segelschiffe hatte zur Folge, daß die Frachtraten schon im Jahre 1901 wieder auf 21 bis 29/6 sh zurückfielen. Das war das Jahr, in dem der größte deutsche Rahsegler ohne Hilfsmaschinen gebaut werden soll, mehr noch: das zur Zeit größte Fünfmastvollschiff der Welt.

Bei den erheblichen Baukosten für ein derart großes

Schiff müssen sich die Planungen und Überlegungen eines vorsichtig kalkulierenden Reeders natürlich nicht nur auf die beim Bau gegebene aktuelle Wirtschaftslage, sondern auch über einen Zeitraum von etwa gut zwei Jahrzehnten hinweg erstrecken. Es braucht viel Mut, viel kaufmännischen Unternehmungsgeist, kombiniert mit erfahrungsträchtigem Fingerspitzengefühl, aber auch einen wachen Blick für politische Krisen und Entwicklungen. Vor allem, was den Salpeter als Frachtgut betrifft. Der Chilesalpeter – dessen Lager 600 km lang und 2 m mächtig sind – ist (derzeit noch bis zur technischen Herstellung) der einzige Rohstoff auf der Welt zur Darstellung der Salpetersäure. Chile-Salpeter dient aber nicht nur als Düngemittel, er bildet fast den zur Zeit einzigen Rohstoff für Schieß- und Sprengstoffe.

Die Reederei F. Laeisz als in Frage kommender Auftraggeber traut dem Frieden nicht, daß Chile-Salpeter vor allem als Düngemittel interessiert; für gewisse andere Zwecke sei er wenigstens ebensogut geeignet.

Jedenfalls unterhält die FL eine regelmäßige Linie nach Chile. Durch ihr bisher konsequentes Festhalten am Segelschiffprinzip ist FL zur Verkörperung der deutschen Segelschiffahrt schlechthin geworden. Im Gegensatz zu FL waren die meisten anderen Tiefwassersegler dieser Zeit bereits ohne ein festes Programm. Die meisten waren als Tramps in wilder Fahrt auf allen Meeren der Welt beschäftigt.[2c]

Carl Laeisz hatte sich jedenfalls im Zuge der Entwicklung der Reederei schließlich besonders auf die Einfuhr von Chile-Salpeter verlegt. Und er hat im Hinblick auf Chiles Salpeter-Monopol das seegeographisch-schiffahrtstechnische Anreiseproblem zu den Salpeterhäfen an der südamerikanischen Westküste bewußt mit einkalkuliert und hier sein eigenes Monopol aufgebaut.

Seit dem Erwerb der nur 200 BRT großen Brigg *Carl*, die 1839 auf der Werft J. Meyer in Lübeck entstand und als erstes Schiff der Reederei FL nur bis Brasilien fuhr, wehte die FL-Kontorflagge bis zur Stunde, da 1901 nun ein Fünfmastvollschiff für Westküstenfahrt im Gespräch ist, auf 62 Seglern mit ruhmreichen Vergangenheiten, und zwar

- einem Schoner,
- sieben Briggs,
- 41 Barken,
- sieben Vollschiffen,
- fünf Viermastbarken und
- einer Fünfmastbark.

Herauszuheben wären aus der Masse der Flotte neben den Briggs und Barken namentlich die Vollschiffe
Palmyra (* 1889, Stahl, 1797 BRT),
Pampa (* 1891, Stahl, 1777 BRT),
Parchim (* 1889, Stahl, 1808 BRT),
Pera (* 1890, Stahl, 1758 BRT),
Pirna (* 1894, Stahl, 1789 BRT),
Pluto (* 1862, Stahl, 1159 BRT) und
Polynesia (* 1874, Eisen, 1070 BRT);
ferner die modernen Viermastbarken, ausgelegt als Schwerwetterschiffe, die
Perkeo (* 1901, Stahl, 3765 BRT),
Persimmon (* 1891, Stahl, 3100 BRT),
Pisagua (* 1892, Stahl, 2852 BRT),
Pitlochry (* 1894, Stahl, 3088 BRT) und die
Placilla (* 1892, Stahl, 2845 BRT).
Weitere sind in Planung.
Dazu kommt der nächste Schritt zum Fünfmaster, zu

einem erstmals über 4000 BRT großen P-Liner, der *Potosi* (* 1895, Stahl, 4026 BRT).

Monat um Monat, Jahr für Jahr, jagten diese seit der Bark *Pudel* »P-Liner« genannten Segler um das verfemte Kap Horn, die großen unter den Square-Riggern, die Vier- und insbesondere die Fünfmastbark *Potosi* mit einer erstaunenswerten Regelmäßigkeit.

Diese guten und meist schnellen Reisen machten die »Hamburger Peer«, wie die Schiffe von den Jantjes und Schauerleuten an der deutschen Wasserkante genannt wurden, in den Häfen der runden Welt bekannt. Die seeerfahrenen Briten haben die FL-Segler in der ihnen eigenen Fairness respektvoll als »The Flying P-Liners« apostrophiert. Das ist so gut wie der Orden Pour le mérite oder, britisch gewertet, das »Victory Cross«.

Die Erfolge der Reederei FL beruhten, außer den persönlichen Verdiensten der Herren Laeisz, insbesondere auch darauf, daß das Unternehmen bei der Auswahl ihrer Nautiker, vor allem der Kapitäne, eine ausgesprochen glückliche Hand bewies und dadurch immer über einen Stamm hervorragender Kapitäne verfügte, bei deren Beförderung ausschließlich die erwiesenen Fähigkeiten ausschlaggebend waren. Sie lagen ferner auch darin begründet, daß FL bestrebt war, immer größere, immer schnellere und vor allem immer bessere, immer standhaftere Tiefwassersegler zu entwerfen, das heißt für ständiges hartes Segeln auch in Schlechtwetterzonen geeignete Schwerwetterschiffe bauen zu lassen. Jetzt nur noch auf deutschen Werften, unter denen die Werft Tecklenborg in Geestemünde eine Spitzenstellung einnimmt. An Zeit und Qualität.

So kann denn der Reeder Carl Laeisz im Jahre 1892 seine von außerordentlichem Selbstbewußtsein zeugende Dienstanweisung mit den zielbewußten und stolzen Worten beginnen lassen: »Meine Schiffe können und sollen schnelle Reisen machen; daraus folgt, daß auch alles, was hierzu an Bord notwendig ist, also Riggen, Segel, Tauwerk etc., vollständig und immer in bestem Zustand sein muß...!«

»Mit dem Jahr 1892 begann, so schreibt Hans Georg Prager[2d] in seiner Studie über FL, »ein ganz neues Kapitel. Bei Joh. C. Tecklenborg, Geestemünde, lief die *Placilla* vom Stapel – die erste Viermastbark[2e] jenes Typs, der sich geradezu sprichwörtlich mit der Vorstellung von einem Windjammer deckt.« Der australische Segelschiffkapitän Alan Villiers, einer der großen Autoren der internationalen Seeliteratur, sagt darüber in seinem Buch »Auf blauen Tiefen«:

»Doch erst das Auftreten der Viermastbark war es, was der Reederei Laeisz die großen Impulse zum Aufstieg gab: Als die Größe der Schiffe zunahm, ihnen statt der seit Jahrhunderten üblichen drei nunmehr vier Masten zu geben. Ein Schiff mit einer Wasserlinie von rund 100 Metern brauchte unverhältnismäßig hohe Masten und überlange Rahen, wenn es mit (nur) drei Masten getakelt wurde, und die Beanspruchung wurde enorm groß. Solche Schiffe wurden zu leicht entmastet. Eine Takelage von drei Masten mit Rahen und einem Schonermast verlieh ihnen gutes Gleichgewicht, machte sie handlicher und gab ihnen bessere Manövriereigenschaften.

Anfangs experimentierten einige Reeder (zum Beispiel die Reederei Rickmers) mit viermastigen Vollschiffen, die also an allen vier Masten Rahen fuhren... Aber bald wurde den Führern dieser Schiffe klar, daß die Rahen des vierten Mastes wenig Wirkung hatten.

Ein Schiff war viel leichter zu regieren, wenn der vierte Mast Schratsegel (also ein Gaffelsegel, den sogenannten Besan) wie bei Schoonern führte, und es war genauso schnell – oder doch fast ebenso schnell.

Bei schlechtem Wetter war es üblich, die Segel am achteren Mast zuerst zu reduzieren, weil diese Segel das Schiff in den Wind schießen lassen konnten...« Das war der wesentlichste Grund, daß FL sich vom Viermastvollschifftyp distanzierte, insbesondere, weil er sich bei Kap-Horn-Umsegelungen nicht bewährte.

Auf der Werft J. C. Tecklenborg, Geestemünde, wurde die Bauaufsicht über die *Placilla*, die erste aus Stahl erbaute deutsche Viermastbark, dem Top-Kapitän der Reederei Laeisz, Robert Hilgendorf, übertragen. Üblicherweise übernahm der Pommer dann auch den Neubau auf der Jungfernreise. Von der Wertungsposition Lizard brauchte die neue Viermastbark rund Kap Horn bis Valparaiso 58 Tage. Nur achtundfünfzig Tage! Diese kurze Zeit war eine echte Sensation. Der Autor dieses Buches hat sie in seinem Buch *Windjammer*[3] zusammen mit 40 Schiffen für alle Tiefwassersegler aufgelistet, die zwischen 1892 bis 1895 die Westküste erreichte und zwar nach Valparaiso ab Lizard unter 70 und nach Iquique unter 75 Tagen. Nummer eins war und blieb die *Placilla*, die die Auslese weiter krönte. Den zweiten Platz nahmen mit 61 Tagen ein: das stählerne Vollschiff *Pampa* (* 1891 bei der Werft A. G. Neptun, Rostock), die Bark *Plus* (* 1885 aus Eisen bei Blohm & Voss, Hamburg), noch einmal die *Placilla* und die Bark *Protrimpos* (* 1887 aus Stahl bei B & V, Hamburg).

Kapitän Fred Schmidt, der später mit 80 Mann Besatzung im Hurrikan Carrie umkam, offensichtlich, weil der meteorologischen Lage und Navigation nicht die notwendige Aufmerksamkeit geschenkt worden war,[4] äußerte sich über die neuen Viermastbarken im Laeisz-Buch von Hans Georg Prager: »Stählern reckten sich die Masten auf diesen Schwerwetterschiffen bis zum Flaggenknopf, stählerne Rahen breiteten Segel von bisher nie möglich gehaltener Fläche aus. Wo andere Schiffe Hanf- und Manilatauwerk führten, gelangte hier Stahldraht zur Verwendung. Und sie (diese Viermaster) nutzten auch ihre stählerne Takelage. Wenn andere Schiffe ihre Obermarssegel festmachten, rauschten sie mit über prallen Obermarssegeln gesetzten Bramsegeln im Topp vorbei...«[5]:

Mit beiden Brams – mit Unter- und Oberbramsegel an jedem Mast. Wenn »andere die Obermarssegel festmachten«, dann hatte Rasmus zum Sturm aufgedreht; mit Windstärken neun und zehn. Die Masten der neuen P-Liner hielten solch massiertem Druck auf die Rahen und die Rahsegel bis hinaus in die obersten »Etagen« aus. Sie waren auf allen neuen Schwerwetterseglern vom Kiel bis zur Unterbramrah aus Stahlrohr gefertigt; aus bestem Stahl, den die deutsche Industrie liefern konnte. Die Reederei hatte aus dem Fall der 1863 aus Eisen erbauten Bark *Pirat* gelernt, hatte diese doch 1911 während eines Sturms im Englischen Kanal die Fockmars- und Bramstengen verloren, hölzerne Stengen, die dem Druck nicht gewachsen waren. In Zusammenarbeit mit den deutschen Werften Blohm & Voss, Hamburg, und Jos. C. Tecklenborg, Geestemünde, wurden stählerne Masten entwickelt und seither auch ausschließlich eingebaut.

FL hat, wenn es um die Sicherheit und »Kampfstärke« seiner Schiffe ging, auch sonst nicht gespart. Die Stärken der verwandten Werkstoffe gingen immer über die üblichen Dimensionen hinaus. Den besten Beweis dafür liefert die Statistik des Bureau Veritas, das je Jahr rund 3% an Segelschiffen als verloren meldet, während der Prozentsatz bei Laeisz mit 0,9% angegeben wird. Zudem ist kein einziger Fünf- oder Viermaster unter FL-Flagge im Sturm entmastet worden oder gar im Sturm durch Entmastung verlorengegangen.

In Zusammenarbeit mit seinen Kapitänen legte FL noch weitere Verbesserungsvorschläge auf die Konstruktionstische der Werften, sehr zum Nutzen für die Schiffe an sich, aber auch für die Besatzung; dort ging es um das Schiff und seine Standfestigkeit, um seine Sicherheit, und die traf ja auch für die Besatzung zu; dort aber kamen noch Arbeitserleichterungen und eine wesentlich verbesserte Unterbringung hinzu.

Am auffälligsten waren die Veränderungen beim in der Schiffsmitte gelegenen Hochdeck; Drei-Inselschiff wurde dieser Großsegler genannt. Laufstege verbinden das Hochdeck, das als Komandobrücke fungiert und auf dem Kartenhaus und Ruderstand aufgebaut sind, mit der gleichhoch erhöhten Back und der Poop mit ihrem Notruder. Wer von den Seeleuten auf die Back oder Poop mußte, brauchte sich nun bei schwerer See nicht mehr durch die unaufhörlich überkommende See über das Hauptdeck oder das Wetterdeck voranzukämpfen, nicht selten durch regelrechte grüne See hindurch...

In dem langen Mittelaufbau des Hochdecks sind die Wohnräume untergebracht, für die Offiziere, die Funktionäre wie etwa Koch, Zimmermann und Segelmacher und neuerdings auch die »Wachkammern« für die verschiedenen Mannschaftsdienstgrade. Diese Männer leben nicht mehr aus der Seekiste. Sie haben einen eigenen Spind, sie haben eine eigene Koje. Bei Laeisz sind auf den Neubauten seit 1892 die in die kollisionsgefährdete Back hineingepreßten primitiven Mannschaftslogis nur noch ein böser Traum.

Beim Thema »Der Mensch an Bord der Segelschiffe« überließ die Reederei FL nichts dem Zufall. So, wie bei den Werkstoffen für den Schiffbau und der Art der Konstruktion das Beste gerade gut genug war, so achtete FL auch auf eine sorgfältige Personalauslese. Das nahm schon bei den Schiffsjungen seinen Anfang, über die es in den von Carl Laeisz ausgearbeiteten »Instructionen« heißt: »Schiffsjungen werden nur angenommen, wenn ich selbst sie angenommen habe; ich nehme nur am Wasser großgewordene Söhne von Seefahrern; solche kann mir der Capitän empfehlen.«

Es verwundert nicht, daß bei der Reederei FL auch das Thema Menschenführung, das in der heutigen Zeit bei der Marine und der Handelsschiffahrt einen so hohen Stellenwert hat, in den »Instructionen«, auf Erfahrungen aufbauend, einen breiten Raum einnimmt. Hier heißt es unter anderem: »Angesichts der heutigen sozialdemokratischen Neigung unter der Mannschaft hat der Capitän sich großer Vorsicht in der Behandlung der Leute zu befleißigen und besonders auch darauf zu halten, daß die Steuerleute hierin vernünftig handeln. Die Disciplin an Bord muß unter allen Umständen aufrechterhalten werden, aber mit Takt und Ruhe geht das besser als mit Gewalt.«

Nicht unbedingt zur Menschenführung zählten die insbesondere auf FL-Schiffen bevorzugten Arbeitserleichterungen, denn hinter solchen Rationalisierungen stand nicht ausschließlich der Gedanke an Erleichterung und Bequemlichkeit oder an die Minderung der

Gefahren an Bord, sondern an die Leistungssteigerung des einzelnen Besatzungsmitgliedes: Die zum Teil tonnenschweren Rahen brauchten nicht mehr durch unterschiedlich starke Blocksysteme von den Seeleuten von Deck aus mit einem »Hol weg« mit der Hand bewegt werden. Der britische Captain Jarvis hat die Jarvis-Brasswinden erfunden, welche die umständlichen alten Taljen ersetzten und leicht zu bedienen waren. Die beim Betrieb der kräftezehrenden Fallen, über die die Obermars-, die Oberbram- oder die Royalrahen vor dem Segelsetzen vorgeheißt werden mußten – eine furchtbare Arbeit trotz der die Gewichte verteilenden Taljen – besorgten jetzt Kurbelwinden. Wie einfach. Einfach gelöst waren auch die doppeltwirkenden Capstans anstelle der Reelingschootwinden. Genug der Beispiele.

Um diese Zeit befaßte sich Carl Laeisz nach der gelungenen Fünfmastbark *Potosi*, die er 1895 von Joh. C. Tecklenborg, Geestemünde, bauen ließ, nun auch – mehr oder weniger insgeheim – mit einem Fünfmastvollschiff. Als Carl Laeisz im März 1901 starb und, da die erbberechtigten beiden Enkel noch unmündige Knaben waren, nunmehr ein Mitarbeiter-Triumvirat, die erfahrenen Prokuristen Paul Gansauge, J. Reisse und H. Struck das Interregnum übernahm, fand man in Carl Laeisz' Schreibtisch den Bauplan für das erste und auch größte Fünfmastvollschiff der Welt. Es darf zweifelsohne als Ergebnis der Erfahrungen mit der *Potosi* und den sich gegen die Dampfschiffahrt nicht minder bewährten Schwergutschiffen unter den Viermastbarken gewertet werden.

Das Triumvirat der Reederei FL entschloß sich, der Geestemünder Werft J. C. Tecklenborg auch diesen

Neubau anzuvertrauen. Dort war damit vor allem der Schiffbauingenieur Georg W. Clausen gefordert, ein genialer Könner mit seinem vielseitigen, gewachsenen Wissen. Mit 16 Jahren hatte er bei Tecklenborg als Zimmermannslehrling begonnen; er avancierte bis zum Schiffbaudirektor. Viele Ehrenämter und ein Dr. h. c. waren am Ende der Lohn seiner Arbeit. Von 1865 bis 1869 hatte er in Großbritannien, der Industrienation Nummer Eins, den Eisenschiffbau studiert und praktiziert, und zwar bei der berühmten Schiffswerft Caird & Co. im schottischen Greenock. Später hatte er, bei dem sich Zähigkeit, Scharfsinn sowie die Hand eines Künstlers mit einer ausgesucht technischen Begabung vereinten, in Deutschland mit eisernen und später stählernen Vollschiffen und Barken aller Typen Spitzenleistungen vollbracht. Darunter ragte die bereits erwähnte 3854 NRT/4027 BRT große Fünfmastbark *Potosi* für FL heraus, wohl angeregt durch die für die renommierte französische Segelschiffreederei A. D. Bordes, Dunkerque, bei Henderson, Partick, *Glasgow, erbaute Fünfmastbark *France I* (mit 3624 NRT/3784 BRT). Diese *France I* (es wird 1911 noch eine *France II*, allerdings mit einer Hilfsdampfmaschine, geben) wie auch die *Potosi* waren, was die Antriebstechnik betraf, noch reine Segelschiffe. Unter den wenigen Fünfmastseglern werden nach wie vor die fünf anderen Superlative auch als Tiefwassersegler bezeichnet, zu Unrecht, da diese Schiffe über einen zusätzlichen Schiffsantrieb verfügten, über eine Dampfmaschine oder, später, Dieselmotoren. Unter diesen fünfmastigen Auxiliarseglern ist auch das größte Rahsegelschiff der letzten und modernsten Generation, die 4696 NRT/5548 BRT große R. C. Rickmers, hervorzuheben. Sie wurde 1906 bei der

Rickmers AG in Bremerhaven für die Rickmers Reismühlen, Reederei und Schiffsbau AG erbaut. Als Hilfsantrieb hatte dieses Schiff eine Dreifach-Expansionsmaschine und daher auch als Besonderheit für ein Segelschiff einen verhältnismäßig großen Schornstein zwischen dem Achtermast und dem Besanmast.

Als der Rumpf des noch von Carl Laeisz geplanten Fünfmastvollschiffes am 7. Mai 1902 bei Joh. C. Tecklenborg in Geestemünde von Stapel läuft, werden die zahlreichen Gäste und Zuschauer nicht überrascht, daß das erste und einzige Fünfmastvollschiff der Welt auf den Namen *Preußen* getauft wird. Preußen ist zeitgemäß. Preußen ist standesgemäß. Preußen ist Verpflichtung in einer Zeit, da das deutsche Kaiserreich auch auf See in die Rangliste der Weltmächte sich einzureihen bemüht ist, von einem Kaiser, der gleichzeitig auch König von Preußen ist. In der Vereinigung friderizianischer Tradition mit dem Fortschrittsglauben seiner Zeit – Aufgeschlossenheit für Wissenschaft und Technik – ist er der Repräsentant einer äußerlich glanzvollen Epoche der Deutschen Geschichte, der »Wilhelminischen Zeit«, über deren Bedeutung sich Historiker und Politiker einmal genauso heftig streiten werden wie über seine umstrittene Vorliebe für Waffenglanz und Flottenbau. Ob des Kaisers Drang nach Weltseegeltung gegenüber den (obendrein verwandten) Albion-Chefs zu rechtfertigen und er in seiner Eigenschaft als Herrscher über ein kulturell, zivilisatorisch und technisch-wissenschaftlich gehobenes 60-Millionenvolk klug beraten worden war, ist für die oft diametrale Bewertung der unterschiedlich analysierenden und interpretierenden Historiker nach wie vor so schwierig wie für die Mathematiker die Quadratur des Kreises.

Als die *Preußen* aufgeriggt und eingerichtet ist, stellt sie sich als das Ergebnis enger Zusammenarbeit des Schiffbaudirektors Georg W. Claussen mit dem vom Hause Laeisz mit der Baubeaufsichtigung beauftragten Kapitän Boje Petersen vor. Mit Entwurf und Bau hatte der Schiffbauer Claussen seine größte und schönste Aufgabe in vollendeter Weise gelöst. Dabei wurden keine Kosten gescheut, um den Großsegler in der Bauausführung wie auch in seinem Aussehen zum Spitzenprodukt seiner Art zu machen.

Allein die Größenmaße der *Preußen* lassen auch Fachleute dieser Zeit erstaunen. Das Fünfmastvollschiff ist vermessen mit:

    Brutto-Register-Tons   =   5080,81
    Netto-Register-Tons   =   4765,05
    Tragfähigkeit (in ts)   =   8000,00

Ein Laie vermag sich kaum eine rechte Vorstellung von den Größenverhältnissen, der Bauart und der Einrichtung dieses gewaltigen Schiffes zu machen. Die Segelschiffahrt, die jahrhundertelang den Handel auf den Weltmeeren beherrschte, hat ihrem übermächtig gewordenen Rivalen mit dem rastlos pochenden Maschinenherzen nicht einfach kampflos das Feld geräumt. Von dem Dampferbau wurden vielmehr neben den Konstruktionsmethoden immer größerer Schiffe vor allen Dingen Stahl als Hauptwerkstoff übernommen. So ist dann der Schiffskörper der *Preußen*, wie bei allen großen Segelschiffen, die um die Jahrhundertwende entstanden, aus bestem weichen Stahl hergestellt. Es handelte sich dabei um ein ungemein stabiles Material, das nach dem Siemens-Martin-Verfahren gewonnen wird. (Es mußte, so forderten es die Klassifikationsgesellschaften, eine Zugfestigkeit von 41 bis 50 kg/mm^2 bei 20 v. H. Dehnung haben.)

Die Schiffslinien wurden so ausgelegt, daß das Schiff neben der angestrebten großen Ladefähigkeit zugleich auch eine gute Segelfähigkeit besaß und sich außerdem mit einer möglichst geringen Besatzung manövrieren ließ. Besonderer Wert wurde natürlich auch auf die Sicherheit gelegt. Die mit der Reederei Laeisz vereinbarten Stärken der einzelnen Verbände übersteigen teilweise beträchtlich die Vorschriften für die höchste Klasse des GL (= Germanischen Lloyd), unter dessen Spezialaufsicht die *Preußen* gebaut worden ist.

Die Abmessungen des Schiffes lassen die für ihre Zeit nach Segelschiffsmaßstäben außergewöhnliche Größe klar erkennen. Bei einer mittschiffs über der Außenhaut gemessenen größten Breite von 16,40 m betrug die Länge des gewaltigen Schiffskörpers über Heck und Gallion 133,50 m und in der Wasserlinie noch immer 121,90 m. Das Schiff hatte eine Tragfähigkeit von 8000 ts und beladen voll einen Tiefgang von 8,23 m. (Mit Rücksicht auf die Tiefenverhältnisse des Elbfahrwassers zwischen Hamburg und Cuxhaven war es nicht möglich, der *Preußen* im Interesse einer höheren Ladefähigkeit einen größeren Tiefgang zu geben.) Mittschiffs ergab sich von der Oberkante Kiel bis zur Oberkante Deck eine Tiefe von 10,25 m. Das entsprach der Höhe eines zweistöckigen Hauses. Die Wasserverdrängung des beladenen Schiffes bemaß sich auf 11 550 Tonnen.

Auch der Stahlschiffbau beginnt mit dem Legen des Kiels. Dieser ist sozusagen das Rückgrat der gesamten Spantenkonstruktion. Bei der *Preußen* war der Kiel ein Balkenkiel. Dieser bildet mit einer querschiffs darüber liegenden Bodenverstärkung, den Bodenwrangen, und einem Trägerkielschwein, das heißt einer Verstärkung des Kiels über den Bodenwrangen, sowie zwei Seitenkielschweinen einen besonders starken Längsverband. Der Kiel endet vorn und achtern in den Steven. Der schwere Vorsteven, unter schweren Dampfhämmern mit einem Fallgewicht bis zu 2000 kg geschmiedet, weist vom Kiel bis zur Wasserlinie die imponierende Stärke von 30,6 Zentimetern auf. Der Achtersteven ist aus Stahlguß gefertigt. Er besitzt die erforderlichen Einrichtungen zur Aufnahme eines Balanceruders, das bei der *Preußen* bevorzugt wurde.

Wenn es erlaubt ist, den Kiel eines Schiffes als Rückgrad zu bezeichnen, so liegt der Vergleich nahe, die Spanten als Gerippe zu betrachten. Von ihrer Formgebung hängt neben der Länge und Tiefe eines Schiffes seine Größe und Tragfähigkeit sowie auch seine Geschwindigkeit ab. Die Zahl der Spanten ist enorm: bei der *Preußen* betrug sie 187. Sie waren in einem Abstand von 66 Zentimetern aufgestellt.

Kräftige Raumbalken, die aus U-Stählen gebildet sind und für die ebenso wie für die Decksbalken des Oberdecks ein Profil von 34 Zentimetern Tiefe gewählt wurden, geben dem Schiffsrumpf eine außergewöhnliche Festigkeit. Von Interesse ist hier vielleicht, daß die 34 Zentimeter die größte Dimension sind, die von den damaligen Stahlwerken hergestellt werden konnte.

Da es sich, den Vorstellungen des Reeders folgend und wegen der Konkurrenz zu den Dampfern, bei der *Preußen* um ein schnellsegelndes und damit um ein besonders starken Belastungen ausgesetztes Schiff handeln sollte, sind im Vor- und Achterschiff von vornherein zusätzliche Raum- und Pieksbalken eingebaut worden. Zwei Decks durchzogen das Schiff in seiner ganzen Länge. Sie waren, wie die der Aufbauten, ebenfalls aus Stahl gefertigt. Das Oberdeck und die Decks der Aufbauten waren außerdem noch mit Oregonpine beziehungsweise Pitchpine belegt. Das ist der Handelsname südlich gewachsener amerikanischer Kiefern mit schmalem Splint und einem harzreichen Kern, das wegen des festen und harten Kernholzes besonders auch für Schiffe geeignet ist.

Wie alle anderen Großsegler besaß die *Preußen* nur ein sogenanntes Kollisionsschott. Es wurde vorn auf Spant 172 eingebaut und reichte hier bis zum Oberdeck. Dieses Schott sollte das Schiff vor einem Wegsakken schützen, wenn bei einer Kollision Vorschiff und Steven so stark beschädigt würden, daß Wasser in den Rumpf eindringen könnte.

Hinter jedem der fünf Masten waren Versteifungsschotte angeordnet, die allerdings nur der Verstärkung des Querverbandes dienen und den enormen Zug der Takellage an den Schiffseiten aufnehmen sollen. Sie besitzen große Öffnungen zum Durchbringen der Ladung.

Zu den technischen Finessen zählte auch ein Doppelboden mit 550 Tonnen Fassungsvermögen. Er war zwischen den Spanten 68 und 106 angeordnet, und er konnte – durch ein Querschott in zwei Abteilungen getrennt – 450 Tonnen Wasserballast und 100 Tonnen Kesselspeisewasser aufnehmen. Diese sinnvolle Einrichtung ermöglichte es, das Schiff, wenn unbeladen, ohne zusätzlichen Ballast im Hafen zu verholen, ohne daß dabei die Gefahr des Kenterns in Rechnung gestellt werden muß. Ist ein Segelschiff dafür eingerichtet, Wasserballast zu fahren, so sind natürlich auch Einrichtungen notwendig, um den Doppelboden in kurzer Zeit lenzen zu können. Zu diesem Zweck wird hinter dem Großmast und dem Laeiszmast je ein Pumpenschacht eingebaut. Die Dampfballastpumpe hinter dem Großmast wird durch zwei doppelt wirkende Lenzpumpen für Handbetrieb ergänzt. Eine davon ist hinter der Dampfballastpumpe, die andere hinter dem Laeiszmast auf dem Hauptdeck plaziert. Die Pumpen sind mit einem ausgedehnten Rohrsystem verbunden, so daß es wahlweise möglich ist, alle Räume zu lenzen, den Doppelboden zu füllen beziehungsweise zu leeren oder auch die tägliche Trinkwasserration aus den 70 Kubikmeter fassenden Trinkwassertanks entnehmen zu können.

Zur Aufnahme der Fracht diente ein durch Ventilatoren ausreichend belüfteter, großer durchgehender Laderaum, der wieder in ein Unterdeck und ein Zwischendeck unterteilt war. Er war dem Frachtraum eines Dampfers nicht nur gleichwertig, sondern, da er weder durch Maschinen und Kesselräume noch durch Bunkerräume räumlich begrenzt wurde, relativ zur Schiffsgröße auch erheblich größer. Zugänglich war er durch fünf Ladeluken im Haupt- und im Zwischendeck. Die Luken ermöglichten es, die Ladung bequem in das Schiff einzubringen.

Von der Größe des Laderaums der *Preußen* erhält man einen Begriff, wenn man sich vergegenwärtigt, daß etwa 18 Güterzüge zu je 30 Waggons mit einer Ladefähigkeit von je 15 Tonnen ihrer Kapazität entsprachen. Diese 18 Güterzüge mit ihren zusammen 520 Waggons und 7800 t Ladung würden, aneinandergereiht, die stattliche Länge von 6,5 Kilometer ergeben.

In der Vorpiek lag auf dem Zwischendeck das Kabelgatt. Darunter befand sich die 75 Tonnen fassende Kohlenlast. Hinter dem Kollisionsschott war der Kettenkasten. Die Achterpiek wurde ebenfalls nicht als Laderaum genutzt. Ihre Räume dienten der Unterbringung von Vorräten wie Lebensmitteln und dergleichen.

Seitlich gesehen, erkennt man deutlich, daß die *Preußen* ein Schiff von dem bei der Reederei Laeisz so bewährten modernen Dreiinseltyp war. Trotz ihrer zweckmäßigen und auf große Ladefähigkeit abgestellten Bauweise zeigt der Rumpf dennoch in voller Ausprägung jene vollendete Ästhetik, wie sie – bis auf spätere Ausnahmen bei den Dampfschiffen, insbesondere den Passagierlinern in der Transatlantik- und der heutigen Kreuzfahrt – nur einem Segelschiff unter vollem Tuch eigen ist.

Drei große Aufbauten, und zwar eine 11,18 m lange Back, ein von Bord zu Bord reichendes Brückenhaus von 28,34 m Länge sowie eine 9,44 m lange Poop erheben sich über dem Oberdeck und unterbrechen den kräftigen Sprung des Schiffes.

Das rahgetakelte Segelschiff ist und bleibt eines der vollkommensten technischen Bauwerke, die jemals von Menschenhand geschaffen wurden, wenn auch diese stählernen Riesensegler des 20. Jahrhunderts nicht mehr die anmutigen, grazilen Linien der früher aus Holz erbauten Schiffe aufweisen. Um so mehr muß die Fertigkeit und die hochentwickelte Handwerkskunst der Schiffbauer dieser Zeit bewundert werden. Aus den harten Materialien, die ihnen die Neuzeit mit Stahlplatten und Winkeleisen in die Hand gab, haben sie dennoch die Eleganz der schwingenden Linien der stählernen Großsegler geschaffen.

So, wie der Rumpf der *Preußen* außergewöhnlich fest und stark gebaut war, hat man auch die gesamte Takelage widerstandsfähig, vollkommen reiß- und bruchfest und damit absolut zuverlässig gestaltet. Sie stellte in ihrer Geschlossenheit und Verbindung von Zweckmäßigkeit und Schönheit die Summe der Erfahrungen und des Wissens zahlreicher Generationen von Seeleuten und Schiffbauern dar.

Die Seitenansicht des Schiffes wird von den fünf gewaltigen Masten mit doppelten Mars- und Bramrahen sowie Royals in allen Toppen beherrscht. Alle Masten wurden ebenso wie die 19 Meter langen Bramstengen aus Stahlblechen zusammengenietet und innen noch durch Winkeleisen verstärkt.

Wie gigantisch die Ausmaße dieser Masten waren, lassen die folgenden Abmessungen erkennen:

Äußerer Durchmesser	cm	m	
in Höhe des Oberdecks	92 mit	14	Blechstärke
in Höhe des Marses	75 mit	11,5	Blechstärke
in Höhe d. Bram-Eselshauptes	46 mit	7,5	Blechstärke

Der Flaggenknopf des Mittelmastes mit seinen 68 Metern über dem Kiel konnte es dabei mit manchem Kirchturm aufnehmen.

Der 20,6 m lange Klüverbaum (er besaß in der Bettung über dem Steven den beachtlichen Durchmesser von 92 cm) und sämtliche Rahen des Schiffes waren ebenfalls aus genieteten Stahlblechen hergestellt. Die Unterrahen waren bei einem Durchmesser von 63,5 cm in der Mitte 31,20 m lang.

Die Royals, die »Königlichen« als die obersten und »kleinsten« Rahen, hatten bei 33 cm Durchmesser am Rack, der eisernen Gabel oder Trommel, mit der die

Rah am Mast gleitend und schwenkbar befestigt wird, noch immer die beachtliche Länge von sechs Metern. dazwischen rangierten mit einer Länge von 25,30 m die Großobermarsrah und von 19.20 m die Großuntermarsrah.

An den Nocken wiesen sämtliche Rahen den halben Durchmesser auf, den sie in der Mitte besitzen. Die heißbaren Rahen hatten anstelle der bisher üblich gewesenen Racks Schuhe aus Stahlguß, welche in Schienen gleiten, die auf die Masten oder Stengen aufgenietet sind. Sie verfügten schon über dieselbe Einrichtung, wie man sie heute bei der Bermudatakelung moderner Hochseejachten findet. Verzinkter Stahldraht hoher Festigkeit bildete das Material für das stehende Gut, das durchweg auf Schrauben gesetzt war. Für das laufende Gut waren ebenfalls überwiegend biegsamer Stahldraht, daneben Hanf- oder Manilatauwerk verwendet worden. Es erreichte eine Gesamtlänge von 17 300 Meter; die Trossen und das Reservegut kamen auf 3050 Meter. Das stehende Gut besaß die beachtliche Länge von 10 800 Meter.

In die Takelage eingearbeitet waren außerdem 700 Meter Ketten und runf 1260 Blöcke. Die Zahl der Takelageschrauben schließlich: 248 Stück.

»A fullrigged ship is a royal Queen«, so heißt es in dem Text eines Shanties, in dem die Schönheit des Vollschiffes im Vergleich zu anderen Takelungsarten besungen wird. Wenn von der Schönheit eines Segelschiffes die Rede ist, so verbindet sich damit zumeist und in erster Linie die Vorstellung von dem unvergleichlichen Bild seiner Takelage und seiner gesetzten Segel.

Wer könnte auch jemals den Eindruck vergessen,

Der Fünfmasttopsegelschoner ›Adolf Vinnen‹ ging 1923 in Ballast bei Kap Lizard verloren.

Das britische 1877 erbaute Vollschiff ›Hereward‹ wurde im Mai 1898 in der Maroubra Bay, acht Seemeilen vor Sydney Head, von einem Sturm an Land geworfen.

Das Vollschiff › Firth of Cromarty ‹ strandete 1888 unterhalb der Kreidefelsen der englischen Kanalküste.

den ein Großsegler unter vollem Tuch auf See vermittelt, wenn Segel auf Segel sich über die Kimm erhebt, und wenn diese schließlich gleich Pyramiden von Leinwand gegen den Himmel aufragen, wenn das Schiff als eine einzigartige Verkörperung von vorwärtsstrebender Kraft und Schönheit in vollkommener Harmonie mit der See und dem Wind durch das Wasser furcht?

Der Segelplan der *Preußen* war kraftvoll. Er stand in einem ausgewogenen Verhältnis zur Größe und zur Stabilität des Schiffes. Die Gesamtsegelfläche betrug 6806 Quadratmeter. Sie war auf 43 Segel verteilt, von denen allein 30 Rahsegel sind.

Welche Kraft die Urgewalt des Windes zu entwickeln vermag, wenn sie so sinnvoll wie bei den modernen großen Ozeanseglern ausgenutzt wird, zeigt der Vergleich, daß für sie eine Maschinenkraft von ca. 6000 PSi erforderlich gewesen wäre, um die voll beladene *Preußen* mit der Höchstgeschwindigkeit, die sie zeitweilig auf ihren Reisen erreichte, durch das Wasser pflügen zu lassen.

Über die Reisen und Rekorde der großen Segelschiffe ist viel geschrieben worden; die Quellen und Aufzeichnungen hierüber bieten eine schier unerschöpfliche Fülle interessanten Materials. Spärlicher fließen schon die Quellen, wenn man es unternimmt, die Einrichtungen und Einzelheiten der Bauausführung eines »old timer« zu erkunden. Es ist aber gerade die Inneneinrichtung eines Schiffes, die neben dem Wissen um seine Leistungen als Seefahrzeug ein Bild vermittelt und dem Ganzen erst richtiges Leben einhaucht. Unternehmen wir deshalb einen Rundgang über das Deck und durch die Räume dieses Schiffes:

Die Back ist durch zwei Leitern vom Hauptdeck aus zugänglich. Sie trägt neben den üblichen Vorrichtungen in der Mitte ein starkes Gangspill, mit dem die Anker durch Handkraft gehievt werden können. Es kann jedoch auch durch einen Längsschaft und eine Kuppelung mit dem auf dem Hauptdeck unter der Back liegenden Dampfankerspill verbunden werden. Ein schwenkbarer Ankerkran ermöglicht es, die schweren Buganker, die das enorme Gewicht von je 3850 kg aufweisen, an Deck zu nehmen oder über die Seite zu heben. Im freien mittleren Raum unter der Back steht das Dampfankerspill für die 65 mm starken Ankerketten. Das Schiff besitzt insgesamt 560 m Ankerketten im Gesamtgewicht von etwa 66 t.

Längst sind die Zeiten vorbei, in denen die Mannschaft der Segler unter der Back, das heißt vor dem Mast, wohnen muß. Die Back der *Preußen* enthält keinerlei Wohnräume mehr, sondern in zwei Seitenhäusern nur einen Wasch- und Baderaum, Toiletten für die Mannschaft sowie eine Anzahl von Gelassen für die Unterbringung von Farben, Geräten und anderen Gegenständen. An der hinteren Kante der Back liegen an jeder Seite zwei schmale Kammern. Sie sind nach oben zu in die Lampentürme für die Positionslampen ausgebildet. Die eigentlichen Positionslampen befinden sich innerhalb dieser Türme, wo sie auch bei schwerem Wetter getrimmt werden können, ohne daß dabei jemand über Bord gewaschen würde. Außerdem sind die Lampen selbst auf diese Weise vor Beschädigungen durch überkommende Seen geschützt, wenn das Schiff die Nase wegsteckt. Durch eine vor dem Dampfankerspill liegende Luke kann man in das Kabelgatt und die darunterliegenden Bunker gelangen.

Auf dem zwischen Back und Brückenhaus liegenden Deck befinden sich zwei Luken, die in den Laderaum führen. Hinter dem Fockmast ist ein stählernes Deckshaus errichtet. Es nimmt die an Bord vorhandenen zwei stehenden Hilfskessel von je 3,05 m Höhe und 1,83 m Durchmesser auf. Die Kessel haben eine Heizfläche von 16 qm. Sie erzeugen den erforderlichen Dampf für die Dampfballastpumpe, die Ankerlichtmaschine und die zum Löschen und Laden vorgesehenen vier Dampfwinden, die bei den Luken aufgestellt sind.

Die Unterkünfte liegen im Bereich des Brückenhauses, das von Bord zu Bord reicht und so typisch ist für die Segler der dritten Generation vom Dreiinseltyp. Diese Unterkünfte sind trocken, weil alle Zugänge in das Brückenhaus von Deck aus durch hohe Süll geschützt sind und gegebenenfalls ganz geschlossen und verschalkt werden können, wenn es die Wetterlage erfordern sollte. In diesem Fall ist es möglich, durch ein breites Skylight auf das Deck des Brückenhauses zu steigen.

Das Steuern dieses Großseglers vom Brückenhaus aus hat erhebliche Vorteile. Das Mittschiffshaus gibt dem Schiff an seinem weichsten Punkt nicht nur eine zusätzliche größere Tiefe. Es ist auch bei schwerem Wetter eine wesentlich sicherere und trockenere Plattform, von der aus die Führung des Schiffes unter weit besserer Kontrolle steht, als dies von der ungleich mehr gefährdeten achterlich gelegenen Poop aus der Fall sein kann.

Auf dem Deck zwischen dem Mittschiffsbrückenhaus und der Poop befinden sich die vier Boote des Schiffes. Zwei von ihnen lagern in Bootsgalgen, während zwei eiserne Francispatent-Rettungsboote klar zum Ausschwingen in Davits hängen.

Die verhältnismäßig kurze Poop beherbergt die Zimmermannswerkstatt, eine zweite Segelkammer sowie ein Logis für Schiffsjungen. Außerdem ist hier der Handsteuerapparat untergebracht, der benutzt werden soll, wenn das Dampfruder ausfällt.

Über den doppelten Handrädern ist das Deck durchschnitten. Der Ausschnitt wird von einer Kappe überdacht, die vorn durch Glasfenster geschlossen ist. Diese Einrichtung ist sinnvoll und aus einer langen seemännischen Erfahrung heraus geboren. Sie soll den Rudersmann vor schweren Seen schützen, die über die Poop brechen können, und es ihm gleichzeitig ermöglichen, beim Steuern des Schiffes die Segel zu beobachten.

Die großen Segler ließen sich, wenn sie vor starkem Wind und hoher See liefen, bekanntermaßen allgemein schlecht steuern. Und manches starke Schiff, das mit dem hinter ihm in endloser Prozession anstürmenden Wellengiganten, vor allem jenen in hohen südlichen Breiten, um die Wette und oft genug auch um sein Leben lief, ist verlorengegangen, weil der Rudergänger über Bord gewaschen wurde und das Schiff quer zur See zu liegen kam. Und kenterte.

Hier bewähren sich auch die neuartigen Laufstege, die Poop, Brückenhaus und Back verbinden und den Seemann nicht mehr auf das Hauptdeck zwingen – und oft in eine aufbrüllende, grüne, schaumüberdeckte und wild hin- und herreißende See.

Im Lauf seines relativ kurzen Lebens hat das Fünfmastvollschiff dreiundzwanzigmal das Kap von Ost nach West umkämpft, in dieser Richtung fast immer gegen Sturmtiefs mit Windstärken von 10 bis 11 und Orkanwinden mit 11 und mehr. Sturm, Sturm, Orkan und wieder Sturm; im Südwinter bringt hier fast jeder dritte Tag ein extremes Minimum. Und mit den gewaltigen Sturmfeldern, die von Ost nach West ziehen – unbehindert durch bergiges Land, steile Felsküsten oder Inselgruppen – jagen sich gleich wandernden Bergrükken schreckliche Wellenberge in breiter Front, oft mit einer Dünungshöhe im Durchmesser von 200 bis 300 m. Da stelle man sich vor, im Tal eines solchen Karwenzmann zu schwimmen, achtern und vorn die ansteigenden, drohenden Berge, streifig gemustert wie Skipisten für wendige Slalomfahrer. Welche Gefühle werden den Mann am Ruder überkommen, sollte er sich dabei einmal umsehen – was er laut ungeschriebenem Gesetz altbefahrener Cape Horner ja nicht soll und auch schon im eigenen Interesse nicht dürfte. Und zwischen den Tiefs der plötzliche Windstärkenabstieg, von vier auf drei, von drei auf zwei, nicht selten bis auf eins, ja bis auf null. Diese »Stillen« sind für die turmhochgroßen Square-Rigger viel gefährlicher, viel bösartiger als eine Elfbeaufort-Böe, denn dem in der schweren, langlaufenden See ächzenden Windjammer fehlt jetzt »der Stütz«, eben die titanenhafte Sturmfaust, die den Schiffsrumpf mit seinen Rahen und den der Windstärke angepaßten Segeln in die See preßt und das aus der Fahrt kommende Schiff so an barocken, steuertechnisch nicht mehr zu beeinflussenden Bewegungen hindert, Bewegungen, die der Seemann, je nach Lage des Rumpfes in der See, Schlingern oder Krängen nennt. Ohne diesen »Stütz« ist manches Schiff in der hohen, herumtollenden See gekentert, spurlos verlorengegangen im Kap-Horn-Revier.

Die letzte West-Ost-Umrundung der *Preußen* nahm 11,1 Tage in Anspruch. Das ist ein gutes, schon fast sehr gutes Ergebnis. 11,1 Tage sind zudem der vom

Deutschen Hydrographischen Institut (= DHI) errechnete Mittelwert.

Am 3. Januar 1911 begann die *Preußen* die Heimreise von ihrer 13. Westküstenreise nach Tantal. Sie verlief, abgesehen von einigen handfesten Stürmen vor dem südwestamerikanischen Küstenbereich (am 15. zum Beispiel lt. Journal: »Obermarssegel fest, Reffen die Fock. Sturm in orkanartigen Böen. Schwere Seen über Deck und Luken«) ohne ernste Probleme. Am 17. Juni näherte sich das Fünfmastvollschiff dem 50°-zu-50°-Revier, das es, nun mit den »braven« Westwinden im Rücken, zügig durchackerte. Bis auf den 21., bis auf diesen Schock einer gespenstischen nächtlichen Begegnung: Es geschah auf der Wache, die nach Mitternacht begann und von 00.00 Uhr bis 04.00 Uhr lief. Während dieses Wachtörns, bei dem sie gleich nach acht Glasen an Backbord Land erkennen konnten, einwandrei übereinstimmend mit dem in der Seekarte im Kartenhaus eingetragenen, vorbestimmten Kurs, sahen sie ihn, den schwarzen, langgestreckten Schatten auf der nachtdunklen See: ein treibendes Wrack, ein Rumpf ohne Masten, von denen nur noch die Stümpfe standen, wie man zu sehen glaubte, aber noch nicht erkennen konnte.

Der namenlose Torso torkelte in der See, die seit Tagen in Stärke acht lief, auf und nieder, hin und her, willen- und seelenloser Spielball der Wellen. Da drüben rührte sich nichts. Auch nicht auf die Blinkanrufe der *Preußen* mit der Morselampe.

Eine solche Begegnung läßt alle Gespräche verstummen. Jeder hängt seinen eigenen Gedanken nach.

Am 21. Juni, 11.00 h p. m., wird Diego Ramirez gepeilt, in m/w SOzO.

Am 22. Juni, 02 h 15 min. a. m., kann Diego Ramirez, Nord Rock in m/w Süd gepeilt werden.

Am gleichen Tage, von 04.00 h bis 8.00 h a. m., peilt Kap Horn dwars an Backbord. Dieses legendäre Felsenkap mit seiner tödlichen Brandung, sichtbar an der hell leuchtenden Nacht zwischen der hochlaufenden See und dem Urgestein, interpretiert jeder auf seine Art, je nach Stimmung, Temperament und Vorstellungskraft. Der eine denkt an eine göttliche Fügung, dieses menschenfeindliche Kap sehen und erleben zu dürfen, der andere versichert sich der überirdischen Gnade, wieder ein anderer reiht vor seinem geistigen Auge Segelschiffe auf, die hier gestrandet und von der See an den Felsen des Kaps zerschlagen worden sind, ein weiterer betet, daß der Herr ihn verschonen möge, noch einmal so nahe an das mörderische Kap heranzukommen, während wieder einem der wachegehenden Seeleute die Distanz noch zu lang ist, weil er mehr an Einzelheiten sehen möchte. Das im Vertrauen auf die navigatorischen Fähigkeiten seines Kapitäns, den sie auch auf der deutschen *Preußen* »master next God« nennen.

Um 12.00 mittags trägt der wachhabende Offizier die Position der *Preußen* ins Journal ein. Sie lautet 56°27' Süd / 66°35' West.

In der Zeit von Mitternacht bis 04.00 h passieren dann ein weiteres Ereignis, erst ein Vollschiff und wenig später, direkt nacheinander, zwei Viermastbarken. Alle drei wollen ums Kap, alle drei sind mit Sicherheit für Chile bestimmt. Wie trostreich, in dieser turbulenten Einöde so einsam gar nicht zu sein.

Die nächsten Tage bringen keine Schwierigkeiten, wohl aber ein paar heimtückische Drohungen: Eisberge. Riesige Tafeleisberge. Stumme Zeugen überirdischer Kräfte.

Am 25. Juni gegen ein Uhr sind es gleich zwei an Steuerbord. Abstand zwölf Seemeilen. Am Nachmittag des 26. wieder ein solches Monster, nüchtern gemeldet vom Ausguck mit »Eisberg an Steuerbord« und nüchtern bestätigt mit einem »OK«. Danke sagt hier keiner, wohl weil Pflicht keines Dankes bedarf, immerhin ist es hier an Bord eines tief abgeladenen Square-Riggers ein Dienst ums Überleben.

Am 26. vier Stunden nach dem ersten Tafeleisberg wieder einer. Und in der Nacht vom 26. zum 27. Juli werden dann noch zwei Eisberge und zwei riesige Eisschollen beobachtet – und selbstverständlich auch ins Journal eingetragen.

Das allerdings waren und blieben auf dieser Reise die letzten kühlen Grüße aus der Antarktis. Bei Tage und dazu noch bei Sonnenschein erstrahlten die beschienenen Flächen in einem transparenten Blaugrün, hier und dort sogar hatten sie den Glanz und das Feuer eines Smaragds, dort das Grün der Pistazien, und anderswo wirkt eine ganze Fläche wie ein geschliffener hellblauer Aquamarin.

Aber wie viele Kap Horn-Fahrer sind schon diesen kühlen Schönheiten zum Opfer gefallen, trotz aller Vorsicht, welche die routinierten Tiefwasserseglerkapitäne hier walten lassen? Manche haben die Gefahr in der Nase. Sie riechen sie nachgerade. Denn die Luft des äußeren Rings um solche Tafeleisberge riecht kalt und wird, wenn das Schiff näher kommt, immer kälter.

Am 1. August 1910 peilt die *Preußen* Bishop Rocks dwars.

Am 17. endlich wird Lizard Feuer dwars notiert. 13 sm Abstand und bei trübem Wetter »Alle Segel bei«.

Als die *Preußen* am 18. August Dover passiert, läßt der Kapitän über den Funker die Position nach Hamburg melden. Hamburg, das heißt genau: FL, An der Trostbrücke.

Am 19. heißt es im Journal: 12.00 h a. m. 53°54' N / 6°41' W; Wind südwestlich. Stärke 5 bis 6 02.00 h p. m. Norderney-Feuerschiff dwars. Steuerten nach Peilungen. Passierten Cuxhaven.

Der 29. August 1910: *Preußen*-Ankunft Hamburg.

In Hamburg entlöscht, jedoch keine Angaben. Wurde bereits alles vertraulich behandelt – wegen der drohenden politischen Wetterwolken?

Aber die Reisedauer ist für diese 13. (Westküsten)- Reise auf Tag und Stunde festgehalten.

Ausreise: Cuxhaven–Taltal = 71 Tage (eine gute Reise)

Lizzard–Taltal = 68 Tage (sehr guter Törn)

50° zu 50° Süd = 7,4 Tage (eine Rekordreise um die Horn)

Heimreise: Taltal–Lizard = 75 Tage

Taltal–Cuxhaven = 77 Tage

Kapitän der 13. Reise der *Preußen* war wie im Jahr 1909 der Holsteiner Heinrich Nissen. In seinem Reisebericht vermerkte er ausdrücklich, daß er die Staateninsel östlich umsegelt habe, während ihm die Durchsegelung der Le Maire-Straße vorher mehrfach geglückt war und damit eine navigatorische Meisterleistung, die eigentlich nur mit besonderer Gunst Fortunas möglich war. Wenn es indessen richtig ist (laut Moltke), daß Glück auf die Dauer nur der Tüchtige hat, dann war Heinrich Nissen auch besonders tüchtig zu nennen.

In Hamburg verholt die *Preußen* nach dem Löschen der Ladung an den Ausrüstungskai. Hier wird sie beladen. Hier werden am Schiff auch die Restarbeiten zur Überholung für einen neuen, langen Seetörn gemacht...

Welche Ladung sie aber aufnehmen werden, das verrät Kapitän Nissen einem Besucher, Uwe Schuller, von der Deutschen Dampfschiffahrts-Gesellschaft »Kosmos« in Hamburg. Im gepflegten, spiegelscheibenblanken Salon des *Preußen*-Kapitäns fällt das Stichwort: Klaviere an Bord!

Den Kosmos-Mann reißt es aus dem bequemen Sessel hoch: »Dann stimmt es also doch, was sich die Quitjes da in den Landbüros ausgedacht haben?«

»Wir haben keine gewöhnlichen Klaviere geladen, wir haben über 100 Steinway-Flügel für Valparaiso an Bord.«

Uwe Schuller hebt beide Hände hoch als Zeichen seiner Erschütterung.

»Das ist ja noch viel schlimmer, als mir über die Küstenklatschwelle zugetragen wurde. Mann, Nissen, Flügel, das sind doch die teuersten und kostbarsten Musikinstrumente, die ich kenne. Und so was soll mit einem Windjammer reisen...? Denken Sie an die ›gepflegten‹ Pamperos vor Argentinien, die schon manches Schiff zertrümmert haben, und dann an die unberechenbaren Norder vor Chile. Von der Hölle vor Kap Horn will ich gar nicht erst reden. Wasser am Deck. Tonnenweise grüne See. Die auch die Luken überschwemmt – und die womöglich vom Seeschlag aufgebrochen werden... Keines dieser elitären Instrumente wird einen solchen Wassereinbruch ohne Schäden überstehen. Never mind, mich geht's ja nichts an.«

»Nein, das geht Sie nun wirklich nichts an«, lächelt Heinrich Nissen verbindlich, »auch dann nicht, wenn Sie an ihre modernen Kosmos-Liner denken, die ja auch in unseren Fahrtgebieten Dampf durch ihre Schornsteine jagen.«

»Nehmen Sie zum Beispiel Chile oder andere Länder an der amerikanischen Ostküste. Das sind ladetechnisch schwierige Häfen und ihren oft ablandigen Winden.«

»Gut gekontert. Die nicht selten ablandigen Winde erschweren und verzögern manchmal ein Anlaufen der Reede sogar erheblich.«

»Eben auch aus diesem Grunde würde ich einen Dampfer wählen, vor allem wegen der wesentlich wassersichereren Unterbringung der Fracht. Ein Dampfschiff kann auch das Kap-Horn-Revier meiden, weil sich ihm die Magalhäesstraße anbietet. Die ist zwar ein bißchen gefährlich, kann einen guten Seemann und Nautiker aber nicht beunruhigen. Zum anderen übernimmt so ein Dampfer beileibe nicht so viel Wasser wie ein tief abgeladener Tiefwassersegler. Und last not least kann ein solcher, von Ihnen verachteter Smoke-Ewer auch bei ablandigem Wind seinen Zielhafen oder dessen Reede zu jeder erlaubten Tageszeit ansteuern und anlaufen. Ich denke da zum Beispiel an unsere schmucke, fast neue *Negada*[6]. Die böte Platz genug für mehr als 100 Steinway-Flügel. Die erlebt nur hin und wieder mal Wasser an Deck, ein paar Spritzer. Allenfalls. Hier finden Sie auch bei schwerem Wetter total trockene Laderäume, abgesehen von den schmucken Kammern für die Passagiere.«

»Daß die Segler-Reisen um Kap Horn länger dauern als eine Reise durch die Magellan-Straße, ist nicht zu bestreiten. Ökonomisch hebt sich das aber mit den wesentlich geringeren Betriebskosten auf, denn wir haben praktisch keine. Daß ein Dampfer die Gefahr überkommender Seen ausmanövrieren kann und auch sonst kaum Wasser an Deck nimmt, bestätige ich Ihnen gern. Das indessen scheint mir auch ein sekundäres Problem, wie ich Ihnen noch zeigen werde. Dennoch sind trotz ihrer überzeugenden Einwände Klaviere und Flügel auf einem Segelschiff besser, das heißt schonender aufgehoben. Das wird Ihnen gern jeder Klavierbauer bestätigen, wenn er einmal mit solch einem poltrigen Smog-Ewer gefahren ist.«

»Lassen Sie mich detaillieren: Was mich und damit auch die Pianofabrikanten bei einem Dampfer stört, soviel Stellraum er auch haben mag: Auf einem Dampfer arbeiten Dampfmaschinen, deren schwere Kolben auf- und niederwuchten und dadurch praktisch den ganzen Schiffsrumpf vibrieren lassen, je nach Größe der Anlage, je nach PS-Zahl. Aber auch die Schiffsschraube wirkt sich auf das Achterschiff in Form von mechanischen Schwingungen aus.[7] Auf einem frachttragenden Segelschiff sind solche Probleme unbekannt. Ein Frachtsegler gleitet sanft durch die See. Auch im Sturm bleiben die Bewegungen der See in der Statik des Schiffskörpers mild, auch wenn sich das Schiff selbst gar nicht mehr lammfromm verhält. Auf einem Tiefwassersegler gibt es keine harten Stöße, auch nicht, wenn die See über Deck und Luken hinwegbrandet. Die sanfte, erschütterungsfreie Lagerung ist für Klaviertransporte nachgerade das non plus ultra. Das haben die Steinway-Leute schon lange erkannt.«

»Bleibt immer noch mein Einwand, bei Schwerwetter könnte Seewasser durch zerstörte oder undicht gewordene Luken ins Schiff und damit in die Pianos eindringen.«

»Dann kommen Sie mal mit«, sagt Kapitän Nissen freundlich, fast mit einem Anflug entschuldigenden Lächelns. Er führt seinen Gast an die erste Luke auf dem Schiff, an der seine Männer gerade die letzten Handgriffe zu deren Sicherung anlegen. »Diese und andere Luken können, das werden Sie vielleicht zugeben, jeden, auch einen harten Seeschlag spielend ab. Und sie bleiben auch dann dicht, wenn grüne See tage- und nächtelang im Rhythmus der Dünung an Deck steigt und hin und her wäscht.«

Uwe Schuller geht um die Luke herum, prüft mit harter Hand die sach- und fachgerechte Verschalkung und sagt schließlich: »Respekt, Kapitän Nissen, die sollten und müßten auch vor der Horn dichthalten. Saubere, gediegene Arbeit.«

Sehr viel später, im Jahre 1960, ist über das Thema Großsegler-Luken bei Kapitän Hans Blöss in dessen Buch »Glanz und Schicksal der *Potosi* und der *Preußen* nachzulesen:

Die Lukenhöhe über Deck an Bord der Segler war sehr gering gehalten, sie lag unter der Höhe der Nagelbank. Bei schwerem Wetter, wenn Brechseen über Deck stürzten und sich das Großdeck mit Seewasser füllte, waren die Luken des Seglers beständig vom Wasser überspült. Trotz des oft stundenlangen, wachelangen, ja sogar tagelangen Überspülens dieser Luken durfte kein Seewasser in den Raum gelangen.

Aus meiner Fahrenszeit erinnere ich, daß ein Lukenschalken (= Lukenschließen) nach Übernahme der Ladung eine ganz besondere Arbeit war, es wurde mit mehr Sorgfalt ausgeführt. Dieses Lukenschalken stand für mich unter einem kommenden Erleben, ich sah, der Segler lag beladen sehr tief im Wasser, ich wußte aus eigenen Anschauungen, daß diese Luken auf der nun folgenden Reise unbedingt überspült werden würden, denn Wind wollte und mußte der Segler, um voranzukommen, haben, und mit der Zunahme des Windes war auch eine Zunahme des Seeganges verbunden.

Nachdem die Scheerstöcke in die Luke eingelegt, die Lukendeckel angelegt (waren), begannen wir, sämtliche Nähte und Spalten, wo immer sie sich zeigten, mit Werg abzudichten, so daß keine Ritze mehr auf dieser großen Lukenfläche erkannt werden konnte. Ein Kamerad überwachte bei diesem Tun spaßhaft, doch wegen der zu erwartenden Ereignisse durchaus ernst, den anderen.

War das Abdichten beendet, wurde es dem Vorgesetzten gemeldet. Es war eine Selbstverständlichkeit, daß diese Arbeit erst von höchster Stelle (also durch den Kapitän) begutachtet werden mußte, bevor mit dem Überlegen der Lukenpersennige begonnen werden konnte.

Erst dann (also nach der Prüfung durch den Kapitän) wurden eine Persenning 3. Güte über die Luke gezogen, ganz straff geholt, die Ecken dieses Persennings mit dem Segelhandschuh und der Segeltuchnadel so stramm wie möglich zusammengenäht. Dann folgten Persennige 1. und 2. und obenauf eine Persinning der 4. Güte. Nach dieser Arbeit wurden die Schalklatten eingelegt, und der Zimmermann beendete fachmännisch mit seinem Hammer und den Lukenkeilen diese Arbeit.

Eine Luke, derart verschalkt, konnte das härteste Wasser überstehen, nur eine Gefahr blieb stets, die des Lukeneinschlagens.«[8]

Nachdem sich der Vertreter der Kosmos-Dampfschiffahrtsgesellschaft verabschiedet hat, macht der Kapitän noch einmal einen Rundgang auf der sich »seeklar machenden« *Preußen* und spricht mit den Offizieren und den Verantwortlichen für die verschiedenen Zuständigkeitsbereiche. Da ist der »Sailmoker« gerufene Segelmacher, der im Kopf hat, welche Reserven an Segeltuch an Bord sind, auch, daß genügend Vorrat an leichten Passatsegeln in der Segelkoje ruht; da ist weiter der Zimmermann und der für die Verpflegung verantwortliche Offizier und mit diesem der Smut. Deren Bericht bestätigt, daß die *Preußen* für 100 Seetage mit Proviant ausgerüstet ist.

»Und Sie haben den noch vorhandenen Proviant überprüft und ausgetauscht, wo's notwendig scheint?« will der Kapitän wissen, dem an gutem und reichlichem Proviant sehr gelegen ist. Er ist erfahren genug, daß die Verpflegungsbelange in den obersten Reihen der Erfordernisse stehen, die einen guten Kapitän nicht nur auszeichnen, sondern ihm auch eine willige Crew garantieren.

Das Trinkwasser ist erneuert und voll aufgefüllt. Alle Instrumente und sonstigen Ausrüstungsbestandteile, Signalflaggen wie nautischen Hilfsmittel sind in o. k. Das Chronometer ist überprüft, ebenso der Kompaß, Log und Logge sind tadellos, ebenso das Seebarometer und die Thermometer. Spiegelsextanten haben die Offiziere meist in Eigenbesitz – und jeder hält darauf, das Gerät zu hegen und zu pflegen. Nicht zu vergessen sei (und das ist wichtig für das spätere Schicksal des Schiffes), daß die Lampen für die gesetzlich vorgeschriebene Lichterführung von Fachleuten der Deutschen Seewarte überprüft worden, in Ordnung befunden und die Ergebnisse registriert worden sind.[9] Auch das Nebelhorn und die Rettungsboote sind überprüft worden und ebenfalls in Ordnung. Die Seekarten für die in Frage kommenden Seegebiete sind anhand der von der Seewarte herausgegebenen

»Nachrichten für Seefahrer« korrigiert, wo Korrekturen notwendig sind. Und für die Medizinkiste kam eigens ein Arzt an Bord, warf weg, was überfällig war und ergänzte und beriet.

Befrachtet ist das Fünfmastvollschiff *Preußen* mit 8000 Tonnen »gemischter« Ladung, die in der späteren Feststellung des Seeamtes mit »Stückgütern« deklariert wird. Aus Stabilitätsgründen sind die hallenähnlichen unteren Laderäume bis an die Raumbalken mit Koks und Zement vollgepackt worden, während im Zwischendeck die verschiedensten Güter gestapelt wurden, so: Zucker in Säcken, Ziegelsteine oder Eisenbahnmaterial. Unter dieser Ladung befinden sich auch die hundert Steinway and sons-Flügel aus den Hamburger Produktionsstätten.

Endlich hat der Erste Offizier die *Preußen* für die 36. und 37. Reise um Kap Horn »seeklar« gemeldet. »Seeklar« heißt auch außer den bereits aufgezählten Fakten, daß alle Segel untergeschlagen d. h. auf den Rahen aufgebracht und festgezurrt sind – und daß die Besatzung vollzählig ist. An Bord sind 48 Mann einschließlich Kapitän. Offiziere und Funktionäre (das sind der Segelmacher, der Zimmermann, Koch und Stewart). Bei dem nautischen und seemännischen Personal handelt es sich durchweg um segelschifferfahrene Seeleute, die Schiffsjungen ausgenommen, vor deren Anmusterung erst die Reederei, dann aber auch und vor allem die Schiffsführung einen Filter geschaltet hatte: Die Reederei bevorzugt als Nachwuchs gern Küstenbewohner, die Schiffsführung will sichergehen, daß der Nachwuchs den konsequenten Pflichten eines Segelschiffsmannes wie auch den oft tage- und nächtelangen Strapazen gewachsen ist, den physischen Belastungen ebenso wie den psychischen. Schließlich haben die Schiffsjungen gute Vorbilder an Bord. Seeleute, die stark, geduldig, ausdauernd und zäh sind. Seeleute, die Entbehrungen und Strapazen kennen. Furcht vor der unberechenbaren See ist ihnen nicht geläufig, auch nicht beim Arbeiten im Rigg, wo auf der Rah schwankende Fußpferde unter der Rah den Füßen und das dünne Jackstag auf der Rah den Händen nur einen sparsamen, selbstsichernden Halt bieten – alles nach der Devise: Eine Hand für das Schiff, eine Hand für dich. Wenn aber beim Festmachen die Sturmfaust das aufgegeilte Segeltuch wie einen Ballon aufbläht und urplötzlich hochdrückt, ja, dann müssen beide Hände zupacken. Und das in zwanzig oder dreißig Meter Höhe.

Diese Seeleute wissen jedenfalls, was sie draußen erwartet, alle: die Masse der Crew aus Erfahrung, die neuen Schiffsjungen aus den dünnen, nüchternen Berichten derer, die bereits dabei waren.

An Bord sind auf dieser Reise außerdem noch zwei Passagiere. Sie genießen den Vorzug, im holzgetäfelten Salon des Kapitäns zu dinieren.

Am Montag, dem 31. Oktober 1910, schert auf die Minute genau ein stiernackiger großer Schlepper längsseit. Er wirkt trotz seiner bulligen, kraftvollen Erscheinung gegenüber dem schwarz gepöhnten, über 124 m langen Rumpf der *Preußen* ameisenhaft klein, aber gedrungen. Es ist soweit: »Leinen los! Vorn und achtern.«

Die Schlepptrosse spannt sich unter der Zugkraft des »Kleinen«, und anfangs mühsam, dann, als er in Schwung ist, zieht er fast leichtfüßig das Fünfmastvollschiff durch das schmuddelige Hafenwasser. Trotz der Emsigkeit, mit der die Besatzung jetzt beim Auslaufen und Aufklaren gefordert wird, bleibt den Männern noch Zeit für die obligatorischen Abschiedsgrüße an die vertraute Hansestadt an der Elbe, wo sich nicht nur Angehörige der *Preußen*-Besatzung, sondern viele Hamburger zum letzten Gruß für eine gute Reise ums böse Kap Horn eingefunden haben. Daß die *Preußen* um Glock elf Uhr losmachen wird, das hatte sich im Hafen wie auch in der Stadt sehr schnell herumgesprochen. Vorüber ziehen die Gebäude am Vorsetzen mit ihren Kontoren und Fachhandelsgeschäften für die Seefahrt, vorbei wandert das Johannisbollwerk und hinter diesem das imposante Denkmal vom Fürsten Bismarck, oben am Hang, den Landungsbrücken gegenüber. Dann das Seemannshaus, die Seefahrtschule, der die Besatzung besondere Grüße schickt – sind unter ihnen ja nicht wenige, die später nach den obligatorischen Seefahrzeiten »vor dem Mast« ihre A5- und A6-Patente erwerben wollen. Überall winken Zuschauer, wünschen der Besatzung des lautlos und in majestätischer Ruhe vorbeiziehenden Fünfmastvollschiffes »goode Ris un goden Wind«. Prompt kommt die Antwort von den Seeleuten: »Three cheers for Old Hamburg«, und wenig später: »Three cheers for Sankt Pauli«, der sündigsten Meile der Welt.

An Land ziehen der Fischereihafen, Blankenese und der Süllberg mit seinen schmucken, ineinandergeschachtelten Kapitänshäusern vorüber.

An Backbord schwelgt hinter dem Deich das Alte Land, die Bäume in herbstlich bunter Hochzeitsfeier, 32 km lang, ist es die fruchtbarste und schönste aller Elbmarschen. Einer auf der *Preußen* ist hier zu Hause: »Holländische Einwanderer haben dieses Land im 12. und 13. Jahrhundert besiedelt und eingedeicht.«

Hier und dort ragen die Reetdächer der Fachwerkhäuser über den sattgrünen Wall der Eindeichung hinweg, die das Land vor der Flut schützen soll. Wedel an Steuerbord, Stade an Backbord und zu beiden Seiten die weiten fruchtbaren Marschen, auch sie durch die Deiche abgeschirmt.

Schließlich an Steuerbord Brunsbüttel, einst ein Kirchspiel und auch jetzt noch keine Stadt, aber von Bedeutung als Einmündung des Kaiser-Wilhelm-Kanals, der später einmal Nord-Ostsee-Kanal heißen wird.

Cuxhaven kommt in Sicht, und damit kündigt sich das Ende der 135 Kilometer langen Fahrt auf der Elbe an. Schon vor der Jahrhundertwende wurde Cuxhaven ein »sicherer und wohlgelegener Hafen an der Mündung des kleinen Flusses Wetterung in die Elbe« genannt und sein Leuchtturm eine »Zierde des Ortes«. Vom kleinen Marktflecken Kuxhaven im Amt Ritzbüttel mit Seebad, Lotsenstation, Fischereihafen und Paquetbootstation nach Yarmouth hat sich die Stadt Cuxhaven zum zweitgrößten deutschen Fischereihafen und zu einem stark frequentierten Nordseeheilbad gemausert. Jeder Seemann kennt die Alte Liebe in »Kuxendorf« und das Semaphor mit seinen wetterweisenden Armen – und die Kugelbake. Sie ist das Wiedersehens-Symbol für die Heimkehrer und Abschieds-Symbol für die Ausreisen über See.

Kuddel Rabenalt in sein Tagebuch: »Wir verlassen die vertraute, gute alte Elbe und schütteln Abschiedstrübsal und Erinnerungen ab. Die Luft riecht wieder nach Salz. Der Wind fühlt sich sauber an, wie ein frisch gewechseltes, frisch gewaschenes Hemd. Vor uns die Nordsee. Über diese graugrüne See hinaus die weltweiten Ozeane.

Wir atmen auf, als der Lotse von Bord geht. Mit einem Händedruck von Kapitän Nissen. ›Tschüss ok, Kaptein, un goden Wind un keenen Dwarslöper in de Inglisch Schännel‹. Kapitän Heinrich Nissen hebt freundlich beide Hände als letzten Gruß, vor sich hin knurrt er, leise genug, daß es der die Lotsentreppe absteigende Lotse nicht hört: ›Spökenkieker‹.«

Und er ahnt nicht, daß der Lotse mit seiner seemännisch-obskuren Warnung das Schicksal der *Preußen* beschwor. Zufall? Seherische Ahnung?
Inzwischen hatte der 2160 BRT große Hochseeschlepper *President Leeuw* beim Feuerschiff *Elbe IV* den Fünfmaster auf den Haken genommen, um ihn bis zum Kanal zu schleppen. Eine solche Erleichterung der oft zeitraubenden Segelfahrt von der Elbemündung bis zum Ostausgang des Englischen Kanals ist nach statistischen Berechnungen der Reederei FL unter dem Strich bei länger anhaltenden ungünstigen Winden trotz der nicht geringen Schlepperkosten ökonomischer. Die *President Leeuw* muß sich indessen gewaltig anstrengen, um die bis an die Lademarke tief abgeladene *Preußen* bei den vorherrschenden westlichen Winden zügig in Fahrt zu halten. Die Nacht über bleibt Heinrich Nissen auf dem mittleren Hochdeck. Für kurze Zeitspannen ruht er sich auf dem Ledersofa im Kartenhaus aus. Er ist es gewohnt, während dieser Ruhepausen tief und fest zu schlafen, aber bei der geringsten Veränderung jedoch sofort hellwach zu sein, etwa, wenn das Schiff durch eine Böe hart überlegen oder seinen Kurs ändern würde. Hin und wieder tritt er auf das Deck hinaus, wartet geduldig, bis sich die Augen an das nächtliche Dunkel gewöhnt haben, und blinzelt zu den Sternen hinauf, die durch die Wolkenlücken leuchten und das

Beobachten der Zugrichtung der Wolken erleichtern. Der Blick auf den Kompaß ist Routine, wenn auch die *President Leeuw* noch schleppt; aber das schließt für einen erfahrenen Seemann eine Gegenkontrolle nicht aus, im Gegenteil.

Diese Frage stellt sich in diesem Zusammenhang:

Wer ist eigentlich dieser Heinrich Nissen, der doch bei der Reederei im höchsten Ansehen stehen muß, wenn sie ihm das größte Segelschiff, mehr noch, den größten Rahsegler der Welt anvertraut hat...?

Heinrich Nissens Wiege[10] stand in Ostholstein, genauer: in dem der Insel Fehmarn gegenüberliegenden Hafenstädtchen Heiligenhafen. Hier, wo seit Jahrhunderten Schiffahrt und Fischerei das Leben in diesem anno 1305 mit den Stadtrechten ausgestatteten Gemeinwesen bestimmen und pulsieren lassen, wurde der spätere Squareriggerkapitän am 25. Oktober 1862 geboren. Sein Vater war selbst Kapitän eines eigenen, wenn auch handelsüblich kleinen Seglers. Schon in früher Jugend nahm er seinen Jungen Heinrich zu sich an Bord und machte ihn mit der See und den seemännischen Praktiken vertraut. Die vorgeschriebene Seefahrtszeit erwarb sich Heinrich Nissen auf in Rostock und später auf in Hamburg beheimateten Segelschiffen. Die Navigationsschule absolvierte er in Flensburg. Hier bestand er auch sein Kapitänsexamen. Mit Auszeichnung, versteht sich, wenn man seinen späteren Lebensweg als Großseglerkapitän wertet.

Sein Name war inzwischen auf der »Küstenklatschwelle« auch im Kontor von FL ins Gespräch gekommen. Und da die Manager an der Hamburger Trostbrücke nicht nur »beste Schiffe«, sondern auch »beste Nautiker« verlangten, wollte man diesen Holsteiner aus Heiligenhafen näher kennenlernen. Die Folge war, daß Heinrich Nissen ab 1892 als Erster Offizier auf Bark *Plus* einstieg, einem von Blohm & Voss 1825 für die Reederei F. Laeisz gebauten letzten Eisenschiff vor dem Übergang zum Stahl als Schiffbauwerkstoff. Auf diesem 1268 BRT großen Tiefwassersegler machte er bis 1894 Dienst. Zuvor, während der Jahre 1890 bis 1891, war er Erster Offizier auf dem Vollschiff *Pallas* der Reederei Amsinck, Hamburg, gewesen. Nach der ersten Westküstenreise stellte ihm Kapitän Kähler sein »Bestes Zeugnis« aus.

Während der Jahre 1895 bis 1897 war er Erster Offizier auf der ersten Laeiszschen Viermastbark *Placilla* unter Kapitän Otto Schmidt; auch hier heißt es: »Bestes Zeugnis«. Danach war er Erster auf dem stählernen FL-Vollschiff *Parchim*, das Kapitän Jacobi führte. Und der bekräftigte noch die bisherigen Noten: »Zeugnis außerordentlich rühmend.«

Ende 1898 wurde Heinrich Nissen, nunmehr 36jährig, erstmals ein Schiff als Kapitän anvertraut. Er übernahm nach einer bemerkenswert langen, mühsamen und harten Prüf- und Bewertungsstrecke durch die Reederei die 1808 BRT/1714 NRT große *Parchim* und damit den ersten für FL bei Joh. C. Tecklenborg in Geestemünde erbauten Laeisz-Segler, ein in seiner Konstruktion sehr gelobtes Vollschiff, das in der Westküstenfahrt eingesetzt wurde. Hinter dem neuen »Master next God« lagen lange Jahre als Erster Offizier auf Barken, Viermastbarken und Vollschiffen, also eine gewißlich lange Zeit in der Kap Horn-Fahrt unter dem 10 + 4 Wachsystem. Hier konnte Heinrich Nissen, der stets als eine äußerst vitale, vorwärts »strebende Kraft« geschildert wurde, viele wertvolle Erfahrungen sammeln können. Mit der *Parchim* segelte er zum Beispiel in Ballast von London nach Sydney/Australien und weiter nach dem etwas nördlich gelegenen New Castle N. S.W., wo er eine Ladung Kohlen für die Westküste Chiles an Bord nahm. Von dort segelte er, nunmehr tief beladen mit kostbarem chilenischem Salpeter[11], zurück nach Europa, aber nicht nach Deutschland, sondern in das für einen Großsegler segeltechnisch schwierige Mittelmeer. Auf dem Wege zum Zielhafen Cette, dem zweitgrößten französischen Mittelmeerhafen, dessen Anreiseweg über den Golf von Lion führt, wird die *Parchim* von einem der an dieser coté üblichen, aber berüchtigten, weil urplötzlich nach starker Brise ausbrechenden Stürme überrascht – »überfallen« ist wohl das bessere Bild.

Im Journal vermerkte Heinrich Nissen:

»8. Dezember 1899 8 bis 9 h:
  Barometer steigt sehr schnell. Stand 756 m/m.
  Dann artet die Brise plötzlich mit heftigen Böen zum Sturme aus. Stärke 10/11.
  Unter-Bramsegel, Groß-Segel, Ober-Marssegel größtenteils zerrissen.
  Sturm in Stärken 10 und mehr anhaltend.
  Fortwährende orkanartige Böen einfallend bis Stärke 12. Die ganze Atmosphäre ist ein einziger Seewassergischt, der bis hinauf zu den Royalstengen reicht.
  Schiff arbeitet und nimmt beständig gewaltige Brecher über. Da die See kurz- und hochläuft, obwohl alles in seetüchtigem Zustande, werden uns doch verschiedene Gegenstände von den überkommenden Brechern zerschlagen. Verschiedene, gut festgemachte Segel wehen aus den Beschlag-Zeisigen heraus...«

Kapitän Nissen nimmt das katastrophale Wetter gelassen hin, weniger schon der Segelmacher. Er ringt die

Hände und ist ebenso verzweifelt wie wütend: »Alles gute Segel, alles schöne Segel.« Er spielt sich auf, als seien es seine eigenen. Jetzt ist der Mann, als er den ganzen Schaden begreift, richtig flammender Zorn, als er sich an der Nagelbank festkrallt. Aufruhr umringt das Schiff, auf dem sie gar nicht mehr dazu kamen, die Segel aufzugaien und festzumachen, so plötzlich hieb die Sturmfaust auf die *Parchim* und die umgebende See ein. Immer, wenn ein Segel aus den Lieken fliegt, meint man, daß Granaten in der Nähe zerplatzen. Und Wasser brandet nach wie vor an Deck, manchmal bis zur Relingshöhe, herrlich klares, grünblau schimmerndes, aber streifig zerquirltes Mittelmeerwasser, von dem an Deck arbeitende Seeleute beinahe bis zur Brusthöhe umflutet werden, wenn sie nicht rechtzeitig auf die Nagelbank oder hier oder dort ins Want springen.

Am 10. am dritten Tag, flaut der Mistral ab. Doch noch ehe er sich ganz beruhigt hat, gibt Nissen bereits den Befehl, neue Segel unterzuschlagen.

Und ins Jurnal kommt: »Am 10. schlagen wir neue Segel unter A6. Mittag abflauend.« Wer diese nüchterne Eintragung liest, ahnt nichts von den Sorgen, die auch den Kapitän wie wilde See überflutet hatten.

Doch kommt bekanntermaßen ein Unglück nie allein. »AM 17. Dezember«, so ist im Journal nachzulesen, »beim Einlaufen in Cette mit dem Schiff den Grund berührt und festgesessen. Am 18. Dezember mit Hilfe von vier Schleppern um 10.00 h a. m. wieder flottgekommen.« Um 2 h p. m. war die *Parchim* im Hafen von Cette endlich fest. Dieser 17. Dezember ist für die *Parchim* und ihre Besatzung ein besonderer Tag. Kapitän Nissen verkündet das Ereignis: Das Schiff hatte auf dieser Reise zwischen dem 29. Januar und dem 17. Dezember 1899 die Erde umsegelt. Und um ein Haar wäre vorzeitig ein Ende gewesen, wenn Kapitän Nissen das Schiff nicht noch vor der Explosion des anschwellenden Sturmes nordwestlich der Insel Mallorca »in den Wind« gelegt und damit die Gefahr des Kenterns des »bis zur Halskrause« beladenen Squareriggers verhindert hätte.

Im Kontor von FL in Hamburg an der Trostbrücke hatte man den Bericht des Kapitäns über die Vorgänge auf dem Wege nach dem Zielhafen Cette zur Kenntnis genommen, aber nicht als Mißgeschick der Schiffsleitung unterstellt. Man war sich dessen sicher, daß ein so erfahrener Segelschiffnautiker getan hatte, was in seinen Kräften stand, um die *Parchim* vor einer Katastrophe zu bewahren.

Bei FL genießt Heinrich Nissen inzwischen so viel Vertrauen, daß man ihm erstmals eine der großen Viermastbarken übergibt, wie sie jetzt in dem Kampf gegen die dampfmaschinenbetriebene Konkurrenz auf die Ozeane geschickt werden. Er wird nach J. Früdden und C. Bahlke der dritte Kapitän auf dem 1892 bei Tecklenborg in Geestemünde erbauten, 2906 BRT[12] großen, viermastgeriggten Dreiinselschiff *Pisagua*. Auf der aus Stahl gefertigten Viermastbark sind die Untermasten und Marsstengen jetzt aus einem Stück. Sie hat, auch das ist auffallend, doppelte Mars- und doppelte Bramsegel unter den Royals, während der vierte Mast, der Besanmast, ein Pfahlmast mit einer Gaffel ist.

Die *Pisagua* ist im Hinblick auf die bei jeder Kap-Horn-Umrundung zu erwartende starke Beanspruchung ein bemerkenswert starkes Schiff – und ein gutes dazu.

Nissens Reise führt ausgehend über Port Pirie in Australien zur Westküste Chiles, wo er zunächst in den kleinen Hafen Taltal zur Teilbeladung mit Salpeter anläuft und zur Restbeladung dann den hoch im Norden Chiles gelegenen Hafen Iquique. Iquique ist gleichzeitig Hauptstadt der Provinz Tarapacá. Mit seinen 42 440 Einwohnern (um 1900) ist Iquique der Mittelpunkt des Salpeterhandels, den zum Beispiel 1892 außer einigen Dampfschiffen noch 311 Segelschiffe aufsuchten, davon 54 deutsche.

Die Heimreise um Kap Horn nach Hamburg als Zielhafen, wo Nissen Ende Januar 1902 einkommt, verläuft ohne Probleme. Diese Erdumsegelung nahm nur neun Monate in Anspruch, eine gute Zeit, wenn man die zeitraubenden Verladungstechniken berücksichtigt.[13]

Von der *Pisagua* wechselt Heinrich Nissen sofort nach Ende der Salpeterreise auf die zur Zeit größte Einheit der Laeisz-Segelflotte über: die 1894 bei Stephen + Sohn in Dundee für FL erbaute, 3111 BRT große[14a] *Pitlochry*. (Die Viermastbark wurde noch während des Baues von der Reederei F. Laisz übernommen und dann von drei der berühmtesten Kapitäne in der Square-Rigger-Welt gesegelt, nämlich von Robert Hilgendorf, Heinrich Nissen und Roberth [Roberto] Miethe.) Heinrich Nissen verließ schon am 30. Januar 1902 mit der in Cuxhaven vertäuten *Pitlochry* die Heimat. Vor Taltal angekommen, wurde er angewiesen, nach Iquique zu segeln. Er verließ den chilenischen Hafen mit einer kompletten Salpeterladung mit Kurs Cuxhaven, wo er nach 81 Tagen ankam.

Bemerkenswert bei dieser Reise war die relativ kurze Zeit der Kap-Horn-Umsegelung beim Ausreisetörn. Mit nur 10,5 Tagen wurde sie den schnellen Kap-Horn-Umrundungen zugeordnet. Nicht ohne Hintergrund, denn Heinrich Nissen wagte die wegen meist widriger und selten vorausberechenbarer Winde und Meeresströmungen von den meisten Kapitänen wenig geschätzte und daher gern ausgeklammert. Fahrt durch die nur 25 bis 30 Kilometer breite Le Maire-Straße; sie verläuft zwischen der Südostspitze Feuerlands und der östlich davon liegenden Isla de los Estados.[15] Mit der britisch erbauten *Pitlochry* machte Heinrich Nissen noch eine weitere Reise Hamburg–Valparaiso–Iquique. Zur Ausreise benötigte er bis Valparaiso 68 Tage bei einer Kap-Horn-Umrundung von nur neun Tagen. Die Heimreise mit der mit Salpeter voll abgeladenen Viermastbark schaffte er in der sehr guten Zeit von 72 Tagen.

»Mit solch glanzvollen Reisen«, schreibt dazu Kapitän Blöss, »erwarb sich Kapitän Nissen den Zutritt zur Kapitänsstellung auf den Fünfmastern *Potosi* und *Preußen*.«

Seine erste Reise auf der 1895 erbauten, 4027 BRT großen *Potosi* war die 13. Reise der Fünfmastbark. Sie begann am 10. April 1903 und verdient besondere Beachtung, weil Heinrich Nissen mit dem riesigen Fünfmaster auch eine Durchsegelung der Le Maire-Straße gelang (die er mit der *Potosi* dann noch viermal schaffte).

Ohne solche meteorologisch und navigatorisch gründlich durchdachten und berechneten Fahrten durch die entfernungs- und zeittraffende Meerenge ist seine spätere Berufung zum Kapitän des größten Rahsegelschiffes der Welt schwerlich denkbar, wenn auch bei dieser Meerenge immer etwas Glück dazu gehörte, vor allem, was Winde und Strömungen angeht. Auf der ersten *Potosi*-Reise des Kapitäns Heinrich Nissen hatte man am 28. Mai, also nach 48 Tagen Seefahrt, nach dem Mittagsbesteck die Position 49°38′ Süd und 64°22′ West erreicht. Noch am gleichen Tage, um 2 h p. m. überquerte die Fünfmastbark den 50. Südbreitengrad und damit das »Startloch der klassischen

Rennstrecke« der rahbesegelten Westküstenfahrer um »die Horn«.

Am Tage des Beginns der Kap-Horn-Umrundung stand die *Potosi* etwa 135 sm von der Küste des südamerikanischen Festlands ab, und zwar in Höhe von Santa Cruz. Am 29. Mai, nur einen Tag später, ersegelte die Fünfmastbark mit dem Standort 52°34' Süd, 65°09' West die Höhe der 80 sm entfernten Magellan-Straße.

Ins Journal kam der nüchterne, für die Besatzung jedoch alles bedeutende Satz: »Jetzt wird die Straße von Le Maire angesteuert.«

Das ohne Ausrufungszeichen und ohne Kommentar.

Vielleicht interessieren die navigatorischen Angaben zu dieser Durchsegelung doch den einen oder anderen Leser, wenn dieser einen einigermaßen brauchbaren Atlas mit einer guten Karte von Südamerika heranzieht:

Der 29. Mai: 0 h – 4 h p. m. Der Wind weht in Stärke 4 aus NW. Der Seegang hat ebenfalls nur die Stärke 4, und zwar in Richtung West. Das Barometer zeigt 766,8 m/m an. Gutes Windjammer-Wetter, bestes Wetter für einen Durchbruch. Die *Potosi* steuert S 6° W und dann S 6° O-Kurs und durchsegelt während der Wache 20 + 11 sm = 31 sm Gesamtdistanz. Von 4 h – 8 h p. m. kommt die Fünfmastbark auf gleichen Kurs bei nunmehr raunendem Nordwest-Wind in Stärken 5 bis 6 43 sm voran. Der Seegang ist während dieser Zeit mit Stärke 4 gleichgeblieben, allerdings hat sich die Richtung auf NW verschoben. Das Barometer zeigt mit 766,2 m/m praktisch keine Veränderung.

Von 8 h bis 12 h p. m. werden bei S 12° Ost-Kurs die Distanzen 35 und 15 sm bei Nordwestwind in Stärke 6 eingetragen, der Seegang bei NW mit 4 bis 5 und der Barometerstand mit 764,3 m/m.

Im Journal heißt es vielsagend: »Jetzt peilen wir St. Diego West.«

Diese Position ist die östliche Landmarke von Feuerland. Weiter wird ins Journal dazu eingetragen, in dem leider Angaben über die Besegelung fehlen:

»Segeln in die Straße ein. Kurs wird korrigiert. Steuern südwestwärts.«

Nach der Wache von 0h – 4 h a. m. am 30 Mai notiert der Wachhabende Steuermann ins Journal:

»Kurs S 44° W, Distanz 6 sm; Kurs S 32° W, 16 sm; Wind WNW 6, Seegang 5 NW, Barometer 762,7 m/m.«

Kapitän H. Nissen ins Journal:

»Mit diesen Ergebnissen ist die Le Maire-Straße durchsegelt. Jetzt kommt freier Seeraum.«

Noch während der Hundewache von 0 h–4 h a. m. werden auf S 32° W-Kurs 27 sm durchsegelt. Das ergibt für die Wachzeit dieser vier Stunden der Durchsegelung mit 6 + 16 + 27 sm eine Gesamtdistanz von 49 sm, woraus sich der Durchschnitt von 12,5 sm/h errechnen läßt. Das ist eine phänomenale Zeit. Doch wird der Kurs für die 4 h bis 8 h a. m.-Wache auf S 30° W geändert. Die Distanz wird für diese Wache mit 35 sm bei von 7 auf 6 abflauenden NW-Wind eingetragen, der Seegang bei SSW-Dünung mit 4 – 5 – 3, und der Barometerstand zeigt mit 760,4 m/m eine leicht fallende Tendenz.

Das Mittagsbesteck hatte nunmehr als Standort 56°53′ Süd, 67°12′ West ausgewiesen. Der Standort beim Mittagsbesteck lag südlich von Kap Horn, jener am 31. Mai bereits südwestlich davon auf 57°31′ Süd, 70,24 West; also bereits frei von den Diego-Ramirez-Inseln. Am 1. Juni holt die *Potosi* mit 57°38′ S, 74°57′ West noch weiter nach Südwesten zu dem vorantarktischen Seeraum im Südpazifik aus, von hier ab aber wird Nord gemacht. Am 2. Juni zeigt es das Besteck mit 55°21′ S, 75°30′ West, und am 8. Juni schafft Heinrich Nissen den 50°-Süd im Pazifik mit dem Mittagsbesteck 12 h: 50°28′ S 82°54′ W. Interessant wäre es, hierbei die ihm zur Verfügung stehenden Winde einzuarbeiten, um das Vorankommen der *Potosi* zu belegen. Die Kap-Horn-Umsegelung hat somit 11,2 Tage benötigt, ein relativ gutes Ergebnis, wenn auch die Le Maire-Straßen-Durchsegelung eine kürzere Zeit hätte erwarten lassen und die zum Teil ungünstigen Winde im pazifischen Raum nicht behindert hätten.

Am 27. Juni, nach einer Nacht mit sogar im Journal vermerktem Meeresleuchten, bringt der offizielle Schleppdampfer geheißene chilenische Schlepper *Cavancha* die *Potosi* auf die Außenreede von Iquique, »woselbst wir 10 h a. m. ankerten«. Beladen mit 136 000 Qtls Nitrate tritt die *Potosi* am 4. Juli die Heimreise nach Hamburg an, wo sie nach harten südwinterlichen Strapazen für die Besatzung zum 4. September 1903 nach 62 Tagen einkommt. Um 5 h p. m. fallen die Anker in Altenbruch.

Aufgelistet ergeben sich für die *Potosi* für die erste Reise unter Kapitän Heinrich Nissen die nachstehenden, aussagestarken Daten:

Ausreise:

Cuxhaven–Iquique = 71 Tage

Lizard–Iquique = 66 Tage

50° Süd bis 50° Süd = 11,2 Tage (mit Le Maire-Straßen-Weg)

Heimreise:

Iquique–Lizard = 58 Tage

Iquique–Cuxhaven = 62 Tage

Die 14. *Potosi*-Reise ist H. Nissens 2. Reise mit der Fünfmastbark, bei der er wegen der in Erkenntnis der zu erwartenden kritischen Wetterlage von der bereits eingeleiteten Ansteuerung von Staten Island von einer Durchsegelung der Le Maire-Straße Abstand nimmt. Er kommt problemlos nach Valparaiso, löscht die für diesen Platz bestimmte Ladung und versegelt laut Order nach Caleta Buena, wo er am 1. Februar 1904 vor Anker geht. Auf fünfzehn Faden Wassertiefe, wie ausdrücklich vermerkt.

Die eifrigen Stevadores beladen die *Potosi* mit 135 951 Qtls Nitrate. »Gut gemeint«, kontert Kapitän Nissen nach wie üblich sorgfältiger und sachkundiger Überprüfung und läßt 849 Qtls sehr zum Verdruß der erschöpften chilenischen Spezialstauer kategorisch und ohne Kommentar wieder auspacken und mit den Hulks an Land schaffen. Ein Mehr an Ladung ließe Stabilitätsprobleme erwarten. Diese müssen natürlich nicht, sie können aber eintreten. Doch »Safety at first« ist Heinrich Nissens oberste Maxime. Seine Praktiken und Entscheidungen am und für das Schiff basieren auf einer »sensorischen« Wahrscheinlichkeitsrechnung: Die Formeln dafür hat er in den Fingerspitzen und nicht etwa auf Millimeterpapier. Das an einem Beispiel bewiesen zu sehen, ist im Hinblick auf das spätere Schicksal des von Nissen im Anschluß an die *Potosi* geführten Fünfmastvollschiffes *Preußen* von Bedeutung.

Auf der bereits am 12. Februar 1904 an einem herrlichen Südsommertag aus Coleta Buena angetretenen Heimreise (»11 h 40 a. m. gingen im Tau des Schleppers *Graviator* in See. 12 h 40 min am Schlepper los und entlassen, setzen alle Segel«) sichten sie – eine navigatorische Rarität – am 2. März in Nord zu West Kap Horn.

Sie runden es, und peilen es 6 h 30 a. m. in recht weisend NWzW im Abstand von 15 sm, nachdem sie vorher schon, begleitet von schwerelos segelnden Albatrossen am 1. März die noch südlicher gelegenen Inseln Diego Ramirez gepeilt hatten. Am 5. März erreichen sie den 50° Südbreitengrad, passieren die Linie, geraten in den Mallungen in starke Regenfälle, die zum FKK-Bad an Oberdeck einladen, und müssen sich danach mit »unsteten Passatwinden« herumplagen.

Dann aber, am 25. April, sichtet der Ausguck das lang ersehnte Lizard-Feuer, das die Brücke in NNO 3/0 O peilt. Die bislang einsame Seelandschaft belebt sich. Laut Journal heißt es: »Start Point wird am 26. passiert.« Und am 27. April wird die von der Signal-Station Prawle Point nach Hamburg ins Kontor gemeldete *Potosi* um 5 h p. m., querab vom Sovereign Feuerschiff vom Schlepper *Nordsee* auf den Haken genommen... »Dungeness in 2/sm Abstand... 8 h 15 min p. m. Lotse an Bord... 9 h 50 min p. m. passieren Dover... 10 h 45 min p. m. South Foreland dwars... 11 h 55 min p. m. East Goodwin Feuerschiff dwars, 2 sm Abstand; der 28. April: regnerisches Wetter, steuern hinter dem Schleppdampfer... 9 h a. m. Schlepper *Ocean* wurde mit angenommen... 2 h 40 min p.m. gingen bei Norderhof Bake mit Steuerbord-Anker und 50 Faden Kette in zehn Faden Wassertiefe zu Anker... 8 h p. m. stürmischer Wind, später flauer; am 29. 1 h a. m. (und es war keiner an Bord, der schlief, auch jene Jantjes nicht, die nicht benötigt wurden) gingen im Tau der Schlepper *Nordsee* und *Ocean* die Maas aufwärts... 5 h 30 min a. m. erreichten Rotterdam.« Auf dem Rotterdamschen Waterweg.

Noch schläft die Stadt, aber im Hafen ist es an verschiedenen Plätzen lebendig. Dort, wo die *Potosi* festmachen soll, sind, schemenhaft im fahlen Morgenlicht, einige Gestalten zu erkennen. Durch den Kieker gesehen, warten dort neben den Agenten der Reederei, den Festmachern, auch von der Reederei verständigte Angehörige der Besatzung. »Wenn mich nicht alles täuscht...«, ruft der mit dem Fernglas in der Hand in die taufrische Morgenluft, »ist die eine Lady die verehrte Frau Voss.« Und L. J. Voss ist der Erste Offizier an Bord der *Potosi*, der jetzt, kurz vor dem Festmachen der Fünfmastbark, diese erfreuliche Nachricht hört, aber nur mit halbem Ohr vernimmt. »Ach ja, meine Frau... Ist sie also doch gekommen, wie bei der Ausreise abgesprochen«, durchfährt es ihn wie eine warme Welle, während die Freude im gleichen Augenblick von den Sorgen des Anlegemanövers überfahren wird: »Sind die Vorleinen und die Achterleinen klar, und die Spring?«

Alles ist klar. Alles läuft klar. Bis die Fünfmastbark fest vertäut am Kai liegt. Noch am selben Tag wird damit begonnen, die Ladung zu löschen. Es sind genau 6093,33 tons Salpeter. Wie gut und richtig, daß Heinrich Nissen die zuviel geladenen 849 Qtl wieder von Bord schaffen ließ.

Wer verheiratet ist, wird wie ein Sieger nach gewonnener Schlacht begrüßt und umgarnt. Wer es nicht ist, braucht auch nicht zu darben. *Potosi*-Seeleute haben auf dem Schidamschen Deik den Ruf, nicht kleinlich zu sein.

Nach der zweiten *Potosi*-Reise macht Heinrich Nissen noch sechs weitere Westküsten-Reisen (wobei er noch viermal die Le Maire-Straße bezwang).

Jede Reise eine Pyramide an Mühen und harter Arbeit. Jede Reise eine Schlacht mit Rasmus und der grünen oder der blauen See.

Jede Reise ein Abenteuer, eine Pilgerfahrt in die Einsamkeit, aber auch ein Erlebnis der urewigen Kraft und Endlosigkeit des Meeres, das der Menschen Feind und Freund zugleich ist.

Interessant bei den insgesamt 28 *Potosi*-Reisen unter verschiedenen Kapitänen unter deutscher Flagge ist ihre Regelmäßigkeit. Um vier Tage variieren die Ausreisen wie auch die Heimfahrten.

Ihr weiteres Schicksal: Während des Krieges lag die *Potosi* in Valparaiso, wo sie unter Kapitän R. Miethe interniert wurde. 1917 kaufte die Reederei F. A. Vinnen das Schiff an, das Anfang Oktober 1920 laut Kriegsentschädigungsgesetz der französichen Regierung übergeben werden mußte, aber von den Franzosen als Segler nicht genutzt wurde. Zunächst erwarb dann die Floating Dock Co., Buenos Aires, die *Potosi*, die die Fünfmastbark aber wirtschaftlich nicht nutzen konnte und an die Reederei Gonzales, Soffia & Cia, Valparaiso, verkauften.

In *Flora* umbenannt, segelte sie auf ihrer alten Route Chile–Hamburg mit Salpeter als Ladung. Die Reise an die Elbe dauerte indessen 110 Tage. Entlöscht übernahm die *Flora* in Cardiff am Bristol-Kanal 5000 Tonnen Patent Fuel genannte Briketts und 8000 Tonnen Welsh Coal, eine wegen der Gefahr einer Selbstentzündung weniger geschätzte Ladung.

Nach dem Auslaufen hörte man lange nichts von dem Segler, da er ja auch keine FT an Bord hatte. Am 15. September 1925 wurde die Nachricht verbreitet, daß die *Flora* von »Feuer im Schiff« bedroht und auf die Reede Commodor Rivadavia an der argentinischen Küste gebracht worden sei. Es gelang nicht, das Feuer in der Kohlenladung zu löschen. Der Versuch, sie mit einem Küstendampfer auf Strand zu setzen, mißlang. Dreimal brach die Schlepptrosse. Der Dampfer gab auf. Aber in der dritten Nacht besorgte der inzwischen gedrehte Wind in Stärken 3 bis 4 das gewünschte Manöver, nachdem beherzte Seeleute an den noch nicht brennenden Masten die Segel vorgeschotet hatten. Das Schiff lief nun prompt auf den harten Sandgrund der Küste auf.

Kapitän Hans Blöss: »Die Grundstöße (der heftigen Dünung) versuchten alles, um den herrlichen Segler zu zerstören. Aber *Flora* widerstand diesen Kraftproben und hatte, wie sich später herausstellte, keine Risse in den Bodenplatten davongetragen. Keine Nieten sprangen. Kein Seewasser drang ins Schiffsinnere ein.«

Später legte sich die *Flora* nach Steuerbord über. Fast die gesamte Takelage, der Vortop ausgenommen, ging dabei über Stag und fiel außenbords. Mit der Morgenbrise wurde das Feuer neu entfacht. Nach 4 h p. m. stand das ganze Schiff von der Back bis zur Poop in Flammen.

Kapitän Blöss: »Während der nächsten drei Tage lag der brennende Segler auf der Strandungsstelle. Boote und Motorlanschen umfuhren das Schiff, das zwar tödlich verwundet war, aber nicht sterben wollte.«

Es war eine Riesenüberraschung, als beim Sonnenaufgang des vierten Tages von dem Schiff nichts mehr zu sehen war. Keine Spur von Masten. Keine Spur von anderen Schiffsteilen. Kein Anzeichen dafür, daß die *Flora* Ex *Potosi* auseinandergebrochen oder im Mahlsand eingesickert sein könnte. Die *Flora* war einfach fort.

Das schöne Schiff wollte nicht an der Küste von Argentinien enden.

Es war wieder in die hohe See zurückgegangen.
Zurück in sein Element.
Zurück auf den Ozean, der seine wahre Heimat war.

Bis heute ist es ein Rätsel geblieben, wie sich die Ex-*Potosi* von der Ankerkette und dem Anker befreit hat. Es ist anzunehmen, daß beim Ausrauschen der Kette der Kielschäkel brach und die ganze Kette ausrauschte, ohne daß die mit dem »Ankerfallenlassen« beauftragten Männer dies bemerkt haben. Als sich in der Nacht vom dritten zum vierten Tag eine heftige Landbrise aufmachte, muß sich die fast mastlose Bark mit der steigenden Flut vom Grund gelöst haben und auf die See hinaus getrieben worden sein. Hier wurde der havarierte Großsegler am 19. Oktober 1925 auf dem alten Track etwa 25 sm von der Küste entfernt durch den 1893 von Stapel gelaufenen argentinischen Torpedoboot-Zerstörer *Patria* durch Geschützfeuer (2: 12 cm L/40, 4:6 cm, 2:4,7 cm) versenkt.

Wenden wir uns noch einmal Kapitän Nissen zu, der im deutschen wie auch im internationalen Schrifttum fast immer im Schatten seines aus Pommern stammenden Master-next-God-Kollegen Robert Hilgendorf rangiert. Das ist schon insofern nicht gerecht, als R. Hilgendorf neben acht weiteren FL-Seglern mit der *Potosi* nur einen der beiden Laeiszschen Fünfmaster als Kapitän gefahren ist, Heinrich Nissen dagegen zwei, das heißt neben der *Potosi* auch noch die *Preußen*. Zumindest sind beide Kapitäne gleichwertig einzustufen, auch was die wissenschaftlich betriebene meteorologische Navigation und die Fülle an Erfahrungen betrifft. Ein Grund für die unterschiedliche Einstufung könnte in der ergiebigeren Public-Relation-Tätigkeit R. Hilgendorfs zu sehen sein. Seine Reiseberichte und Kommentare waren so spannend wie informativ.

A. Robert Hilgendorf machte auf der *Potosi* zehn Reisen:

Ausreise	50°–50°	Heimreise
73	10,16	78
71	8,8	82
64	10,1	84
74	11,0	79
68	13,3	73
67	11,7	81
71	9,8	78
68	8,5	77
77	10,75	76
66	8,5	86
699	102.61	794

B. Heinrich Nissen hat als Kapitän der *Potosi* acht Reisen nachzuweisen:

Ausreise	50°–50°	Heimreise
71	11,2	62
71	13,2	78
73	11,5	89
64	9,5	87
75	12,8	89
68	10,4	78
82	8,5	90
79	12,0	66
583	89.1	639

Daraus errechnet sich folgender Durchschnitt (A = Hilgendorf/B = Nissen): Für die Ausreise von A: 69,9 und B: 73 Tagen, für die 50° Süd- bis 50° Südbreiten-Kap Horn-Umrundung für A: 10,26 und B: 11,1 und für die Heimreise A: 79,4 und B: 79,9.

Bei der Bewertung ist zu berücksichtigen, daß die Aus-/Heimreise-Strecken unterschiedlich lang waren:

A machte 4 (relativ kurze) Valparaiso-Reisen, 6 Reisen nach dem 770 sm weiteren Norden (Iquique),
B machte 5 Reisen nach Valparaiso, 1 Reise nach dem 190 sm weiteren Coquimbo und 2 nach 770 ssm weiteren Iquique.

Schließlich ist R. Hilgendorf mit der *Potosi* nicht ein einziges Mal durch die Le Maire-Straße gesegelt; H. Nissen dagegen bei der 13., 16., 17., 18. und 19. Westküstenreise. Deckungsgleich sind beide »Konkurrenten« bei dem 50°–50°-Törn mit nur je einmal 8,5 Tagen. Während die kürzeste der Ausreisen mit je zweimal 71 Tagen deckungsgleich sind, darf H. Nissen mit nur 62 Tagen einen mit Abstand besten Zeitrekord verbuchen.

Einschränkend möchte der Verfasser nicht den Eindruck einer Rivalität aufkommen lassen. Für beide Kapitäne war die sich in kurzer Reise – (wie auch Lade- und Lösch-)Zeit ausweisende ökonomische Leistung und keine Rekordsucht das Primäre, denn an erster Stelle stand die Aufgabe, das Schiff und seine Besatzung nach bestem Wissen und Können vor Schäden oder gar Verlust zu bewahren.

Kein Zweifel jedenfalls, daß Kapitän Heinrich Nissen für die Reederei der Mann war, ihm das größte und zugleich schönste Schiff der FL-Flotte anzuvertrauen, einen Tiefwassersegler von ungeheurem Wert und einer oft noch wertvolleren Ladung an Bord. Für die FL war klar: Heinrich Nissen war unter den Tiefwassersegler-kapitänen einer der Großen – und einer mit viel »fortune«. Indessen wußte man auch: Es gibt keine Regel ohne Ausnahme.

Am 4. November 1910 steht die von der *President Leeuw* geschleppte *Preußen* im Morgengrauen erst auf der Linie zwischen Harwich und Rotterdam. Der starke Schlepper muß sich mächtig anstrengen, um das vollbeladene Fünfmastvollschiff bei den vorherrschenden ungünstigen Winden zügig in Fahrt zu halten. Diese langsame Ausreise durch die Nordsee stellt die Schiffsführung, stets auf schnelle Reisen bedacht, auf eine harte Geduldsprobe. Immerhin nähert sich der Schleppzug nun dem Englischen Kanal und damit der am meisten befahrenen Seewasserstraße der Welt. Hier sind zu jeder Tageszeit Hunderte von Schiffen aller Nationen unterwegs. Viele Dampfer – aber noch immer auch schnelle Segler.

Am Sonnabend, dem 5. November 1910, wird abends um 21.30 Uhr das Royal Sovereign Feuerschiff passiert. Laut Journal: Abstand 2 sm bei W 1/4 S-Kurs mißweisend. Eine frische NW-Brise hat sich aufgemacht. Kapitän Nissen nimmt die Chance, den Schlepper zu entlasten, sofort wahr und weist den Wachhabenden an: »Lassen Sie alle unteren und oberen Mars-Segel setzen.« »O. k., Herr Kapitän«, bestätigt der 2 WO, Hermann Töpper; er wiederholt den Befehl, um jedes Mißverständnis auszuschließen, und er alarmiert zusammen mit dem 3. WO Chr. H. Wilhelm Luder, die Seeleute, denen jeder Handgriff geläufig ist, um die Segel schnellstmöglich zu setzen. Der Schleppzug läuft nach dem Setzen der Segel in der Tat gar nicht so wenig schneller. Die Patentlogge zeigt neun Knoten an. Kaum ein Dampfer ist schneller. Damit rückt der Zeitpunkt näher, um die Schleppfahrt zu beenden. Bereits um 22.00 Uhr wird die *President Leeuw* nach einer 500 Seemeilen langen Schleppfahrt entlassen. Sie holt die losgeworfene Trosse, dreht auf der dunklen See mit Hartruderlage ab und geht mit hell aufquirlendem Schraubenwasser hinter dem Heck auf Gegenkurs. Der Schlepper zieht an dem im diffusen Nachtlicht schemenhaft wirkenden Windjammer vorbei und wünscht ihm und seiner Besatzung mit drei voll und satt dröhnenden Tönen aus der Dampfpfeife die obligatorische »Gute Reise«. Der Schlepperkapitän winkt mit den Armen, der Kapitän auf der Fünfmastbark legt die rechte Hand an die Mütze. Zu einem gewinkten Gegengruß hat er nicht die rechte Stimmung. Die *Preußen* kommt auch ohne Schlepper gut voran, aber die Luft scheint diesig zu werden. Vorsorglich läßt Kapitän Nissen alle Segel mit Ausnahme der Bagien und des Besans setzen, womit man trotz aller Anstrengung erst gegen Mitternacht fertig wird.

Was Kapitän Nissen mit dem diesigen Wetter erwartete, trifft prompt ein: Der Wind flaut ab. Trotz der fast total gesetzten Segel macht die *Preußen* nur noch vier Knoten Fahrt durch das Wasser.

Obwohl das Feuer von Beachy Head, das in fünf Seemeilen Entfernung an Steuerbordseite die Schiffahrt – also auch die *Preußen* – warnt, bei mehr und mehr abnehmender Sichtigkeit noch immer ganz gut erkennbar ist, läßt Kapitän Nissen die vorgeschriebenen Signale mit dem Nebelhorn geben. Auch das Seeamt in Hamburg wird am 14. März 1911 ausdrücklich feststellen, daß dies »... bei der herrschenden Sichtigkeit der Luft noch nicht notwendig gewesen wäre«.

Urplötzlich kann sich – und dafür hat der Seemann und Nautiker Heinrich Nissen Erfahrungen genug gewonnen – aus dem Dunst eine dichte Nebeldecke bilden. So heult denn in Abständen von einer Minute prophylaktisch das Nebelhorn auf. Es zeigt an, daß hier ein Segelschiff mit Steuerbordhalsen fährt. Unruhe kriecht durch das Schiff, weiß man doch nie, sollte es dicker und dichter werden, wie sich der mögliche »Gegner« verhält. In der Nähe von Kapitän Nissen halten sich auf dem Hochdeck der wachhabende II. Offizier Töpper und der Bootsmann Beck auf – Töpper dienstlich, weil er die Wache hat, der Bootsmann, ohne gerufen worden zu sein. Jeder für sich beobachtet den recht voraus bis querab liegenden Fahrwasserbereich. Jedes Licht wird kontrolliert, um eine eventuell drohende Gefahrensituation aus der fremden Lichterführung rechtzeitig zu analysieren.

In dieser Situation kommt Nissen ein Gespräch wieder in den Sinn, das er mit dem als Passagier nach Chile reisenden Malerprofessor Rave vor einigen Stunden geführt hatte, als sie beide, kurz nach Einbruch der Dunkelheit, auf dem Hochdeck zusammenstanden. Der Maler hatte die Frage gestellt, ob denn bei einem Segelschiff die Positionslaternen allein genügen würden, um absolute Sicherheit vor einer Kollision zu garantieren; erst recht, wenn, wie es doch oft genug vorkommen dürfte, nur eine der beiden farbigen Positionslampen zu sehen sei.

Heinrich Nissen hatte Antwort aus langer Erfahrung: »Normalerweise hat sich die internationale Lichterführung für die Nächte auf See bewährt. Das weisen ja auch die Verkehrsstatistiken aus.«

»Lassen Sie Statistiken aus dem Spiel, verehrter Herr

Kapitän. Sie wissen doch, es gibt drei Arten von Lügen, die gewöhnliche Lüge, die gemeine Lüge und die Statistik. Aber lassen wir solche sophistischen Wortspiele. Fest steht doch, daß es bei allen positiven Auflistungen auch – und gar nicht so wenige – negative Zahlenkolonnen im Sinne von Kollisionen gab bzw. gibt.«

»Das wird nicht bestritten. Nehmen wir die Gefahr einer falschen Einschätzung der Lage und der Geschwindigkeit des ›Gegnerschiffes‹ bei Nacht. Eine totale Sicherheit ist ein Wunschtraum.«

»Und – ich möchte niemandem, hier an Bord schon gar nicht, zu nahe treten –, hinzuzuaddieren sind doch noch die menschlichen Versager.«

»Richtig, nicht selten sind übermäßige Belastungen im Bordbetrieb die Ursache für, sagen wir einmal, Ermüdung und damit entschuldbare Fehler oder Nachlässigkeit.«

»Richtig, aber die wird es geben, solange es Menschen gibt.«

»Um eben diesen Risikofaktor so gering wie nur irgend möglich zu halten, lieber Professor, sehen wir uns, das heißt die Reederei Laeisz und die Schiffsführungen, jeden neuen Mann genau an, ob er physisch bis an die Grenzen und notfalls auch darüber hinaus belastbar ist, ob seine geistige Regsamkeit stark genug ist und ob seine Reaktionsfähigkeit nach harten, sich über Tage und Nächte hinziehenden Segelmanövern in hochlaufender Sturmsee nicht nachläßt oder erlahmt – und das in oft nasser Kleidung und bei der ›Horn-Umrundung‹ nicht selten bei Temperaturen um den Nullpunkt.«

»Wofür Sie, Kapitän Nissen, wohl das beste Beispiel sind«, beendete Rave die Diskussion.

Doch Kapitän Nissen fügte noch nachdenklich

hinzu: »Immerhin sollte man in einschlägigen Kreisen Probleme der nächtlichen Kennungen durch eine Lichterführung auf internationaler Ebene aufgreifen. Sie stehen mit Ihrer Skepsis ja nicht allein da, auch Nautiker bewegen ähnliche Sorgen.«

Auf dem Hochdeck der *Preußen* entdeckt jetzt der »Zwote« kurz nach Mitternacht sechs Strich an Steuerbord zuerst das eine und gleich das zweite Topplicht eines Dampfers. Kapitän Nissen, umgehend alarmiert, stellt fest: »Der ist höchstens zwei Seemeilen von uns entfernt.« Das hintere, höhere weiße Topplicht steht dabei rechts von dem vorderen. Danach hat der Entgegenkommer also einen Kurs, der vor der *Preußen* vorbeiführen muß – oder müßte.

Minuten später schält sich das für nur kürzere Distanzen ausgelegte rote Backbord-Positionslicht aus dem Dunst heraus. Die Soll-Distanzen für eine Sichtung der weißen Topplaternen wie auch der roten bzw. grünen Positionslampen sind gesetzlich vorgeschrieben, doch der sprühnebelhafte Dunst erschwert die Sichtung und die Abstandsschätzung.

Kapitän Nissen schickt den Matrosen Rasmussen auf die Back: »Sehen Sie schnell nach, ob bei uns das grüne Licht gut und klar brennt.«

Rasmussen eilt mit langen Schritten über den Laufsteg und prüft nach der grünen Lampe die rote gleich mit: »Grüne und rote Lampe sind o. k.«

Plötzlich, für die Nautiker unerwartet, verschwindet das leicht vibrierende rote Licht des Entgegenkommers, bei dem es sich, der Lichterführung nach, um einen Dampfer handelt. Statt Rot kommt – noch immer an Steuerbord – das grüne Positionslicht des Entgegenkommenden in Sicht. Das beruhigt die Gemüter. Jeder

Seemann kennt die Maxime: »Rot an Rot und Grün an Grün, kannst du getrost des Weges ziehn.«

Kapitän Nissen schließt aus dem neuen Manöver und dem jetzt anliegenden Kurs, daß der Dampfer die Absicht hat, unter Backbordruder hinter der *Preußen* herumzulaufen. Nach der Seestraßenordnung hat ein Dampfer jedem Segler aus dem Wege zu gehen, weil ein Segler immer windabhängig und daher manövrierbehindert ist, während einem Dampfer Wind- oder Strömungsrichtungen keine Probleme machen.

Da zudem nach den Ausweichregeln immer nur ein Schiff handeln darf und das andere Kurs und Geschwindigkeit beibehalten muß, läuft die *Preußen* ohne eine Kurskorrektur weiter. Auf dem Fünfmastvollschiff tropfen die Sekunden dahin. Die Schiffsführung und so mancher Sailor an Bord hat bereits bittere Erfahrungen mit den selbstherrlichen, neumodischen Dampfern gemacht. Oft wollen diese Smoke-Ewer einem demonstrieren, wer und was sie sind, vor allem, daß sie auf allen Meeren, vor allen Küsten, bei Tage und in finsterer Nacht immer kursbeweglich sind. Und so selten ist es im stark frequentierten Nordatlantik nicht, daß ein »Musikdampferkapitän« auf einem dieser renommiersüchtigen schnellen Liner seinen Passagieren einen Großsegler aus nächster Nähe vorführen will.

Kapitän Nissen quälen in diesen entscheidenden Sekunden bohrende Fragen: »Soll ich nicht doch eine Kurskorrektur vornehmen, um damit mehr Zwischenraum zu dem Fremden zu gewinnen?« – »Ist es nicht höchste Zeit dazu, denn auch das schnellste Manöver im Rigg und zu den Brassen kostet viel mehr Zeit als bei einem Dampfer, der nur sein Ruder zu legen braucht, um mit ps-starkem Schraubenschub den Kurs zu ändern.« – »Oder ist es noch zu früh, etwas gegen die Regel zu unternehmen und womöglich erst recht einen Zusammenstoß zu provozieren?«

Völlig unerwartet verblaßt und verschwindet das Grün. Rot wird wieder sichtbar. »Sind die da drüben noch gescheit?« macht einer seinen Sorgen Luft. Kapitän Nissen indessen schweigt. Er steht breitbeinig auf dem Hochdeck, vor dem Gesetz zum Abwarten verurteilt.

Natürlich würde er aus diesem Notstand heraus dennoch handeln, wenn er damit mit Sicherheit eine Kollision verhüten kann. Aber diese Kameraden da drüben scheinen völlig durch den Wind zu sein. Vielleicht sind sie erschrocken über die unerwartete gespenstische Größe des Squareriggers, vielleicht sind sie müde und erschöpft vom letzten Hafenbetrieb... Vielleicht, vielleicht, vielleicht.

Von dem Dampfer war mit dem Wiedersichtbarwerden des roten Positionslichtes ein Steuerbordrudersignal zu hören. Kapitän Nissen antwortet, um den Dampfer auf die Gefahr aufmerksam zu machen, in immer kürzeren Abständen mit Nebelhorn-Signalen, deren heiserer Ton wahrlich nur schwer zu überhören ist. Heinrich Nissen wird klar:

Eine Kollision ist unvermeidlich. Sie steht kurz bevor.

Was er noch versuchen kann – und das alles vollzieht sich jetzt wie ein zu schnell ablaufender Film –, ist, den Zusammenprall wenigstens abzuschwächen.

»Ruder hart backbord«, lautet sein Befehl.

Die beiden Leichtmatrosen am fast mannshohen Ruderrad packen die griffigen Enden der Speichen und drehen, schnaufend vor Anstrengung. Einmal rundherum und fast noch ein zweites Mal. Das Ruderblatt unter dem ausladenden Heck des Seglers dreht nach Backbord, um so das Schiff von dem »Gegner« wegzudrücken.

Die *Preußen* beginnt unter der Hartruderlage gerade anzudrehen, als sich auch schon der Dampfer wie eine dunkle Wand auf den Rumpf der *Preußen* zuschiebt.

Ein gewaltiges Getöse, metallenes Poltern, ein Knirschen, Reißen und Krachen begleitet den heftigen Ruck, der durch den Rumpf zittert und die Seeleute der *Preußen* fast von den Füßen reißt.

Der starke, stählerne Klüverbaum mit seiner Klüvernock und seinem Stampfstag darunter stößt über das vordere Dampferoberdeck hinweg und knickt erst mit gehörigem Lärm den vorderen Mast wie ein Streichholz, reißt dann den Schornstein ab. Der Klüverbaum selbst bricht in Höhe der Galionsfigur.

Danach trifft der Steven des Fünfmasters auf die Backbordseite des Dampfers, gleitet an ihr entlang und zertrümmert Davits und Rettungsboote in den Davits. Dieser Zusammenprall ist trotz der »Abbremsung« durch den Klüverbaum noch heftig genug, daß die Vernietungen zerspringen und sich am Steven Platten lösen.

Das dadurch entstehende Loch ist 15 Fuß hoch, und da es sich bis unter die Wasserlinie hinzieht, kommt es im Vorschiff zu einem Wassereinbruch. Bald steht die Vorpiek ganz unter Wasser. Immerhin – inzwischen ist der 6. November angebrochen – kommen beide Schiffe ohne fremde Hilfe wieder frei. Die *Preußen* dreht bei. Kapitän Nissen läßt alle Segel bis auf die Unter- und Obermarssegel wegnehmen und auf den Rahen »einpacken«.

Inzwischen ist der Zimmermann in Aktion getreten. Er meldet der Schiffsführung, was er festgestellt hat und was, gemessen an dem Spektakel bei der Kollision, beruhigend auf die ganze Besatzung wirkt: »Die Peilung hat ergeben, daß das Schiff dicht geblieben ist. Nur die Vorpiek ist abgesoffen. Total.«

Pause auch auf dem Kollisionsgegner.

Der Dampfer dümpelt in einigem Abstand mit gestoppter Maschine im grauschwarzen Wasser des Englischen Kanals. Nach etwa zwanzig Minuten kommt er mit langsamer, behutsamer Fahrt und gehörigem Sicherheitsabstand bei der *Preußen* längsseit. Zunächst tauscht man die Namen aus. Endlich erfährt man auf der *Preußen*, daß es sich bei dem Fremden um das in Newhaven beheimatete Doppelschrauben-Turbinenschiff *Brighton* handelt. Das Schiff ist bei der London Brighton & South Coast Railway Company bereedert. Der Kapitän heißt Albert Edward Hemmings, der den unfreiwilligen Aufenthalt für beide Schiffe bedauert, ohne sich dabei in der Schuldfrage zu äußern oder gar festzulegen. Die zu 1129/301 Rg. Tons vermessene *Brighton* sei, so berichtet er, mit einer Stückgutladung und 91 Passagieren unterwegs von Newhaven nach Dieppe.

Daß die *Preußen* auf der Anreise zur Westküste Chiles stand, als sie gerammt und zum Beidrehen gezwungen wurde, löst bei dem Britenkapitän erneut ein herzliches Bedauern und kollegiale Hochachtung aus. Ob er in irgendeiner Form helfen könne, will er wissen. Aber Heinrich Nissen verneint und versichert, mit Bordmitteln allein klarzukommen, soweit es den Wassereinbruch angehe. »Eine Gefahr für Schiff und Besatzung besteht nicht. Bitte lassen Sie mich wissen, ob wir Ihnen, Ihrem Schiff oder sonstwie helfen können?«

Captain Hemmings hat gottlob keine Schäden, die fremde Hilfe notwendig machen. Und ernsthaft Verletzte habe es auch nicht gegeben. Weder unter den Passagieren noch bei der Besatzung. »Die paar Schrammen hat mein Second Mate mit Heftpflaster verklebt. Sonst ist alles o. k.«, versichert der Brite, auf dessen Schiff sich eine Handvoll Männer bemüht, die Trümmer vom vorderen Mast und vom vorderen Schornstein wie auch bei den Rettungsbooten wegzuräumen.

Der Bootsmann der *Preußen* grinst, als er meint, daß wohl das schlechte Gewissen »da drüben« alle vorher offenkundig müden Geister geweckt und die Kräfte zum Zupacken beflügelt habe.

Bevor man sich trennt, meldet Kapitän Nissen noch einen Wunsch an, »daß man, so bald wie möglich, einen Schlepper schicken möge.«

»Aber das ist doch selbstverständlich«, versichert der Kapitän der *Brighton*, ehe er den Maschinentelegrafen auf der Brücke auf »Langsam voraus« legt.

Über das Wie und Warum hatte keiner ein Wort verloren... Die *Brighton* war um 11 h 3 min p. m., also kurz vor Mitternacht, aus dem südlich von London gelegenen Newhaven mit der Bestimmung nach dem 67 sm entfernten Dieppe ausgelaufen. Auf der Brücke waren der Kapitän Albert Edward Hemmings und der 2. Offizier Morton. Wegen des leicht häsigen Wetters wurden Nebelsignale gegeben. Es wurde mit »reduzierter voller Kraft« gelaufen, worunter man auf der *Brighton*-Brücke 17 kn verstand. Um 11 h 55 min p. m. befand man sich 8 bis 9 sm von Newhaven. Die *Brighton* lag auf diesem Kurs an, als der Kapitän plötzlich ein grünes Licht ungefähr 2 Strich an Backbordbug voraus sichtete und den Steuermann Morton darauf aufmerk-

Auf der Reise von Caleta Buena nach Falmouth kam die norwegische Bark ›Gunvor‹ in der Nacht vom 25./26. April 1912 beim Einlaufen bei Black Head-Riff fest: Totalverlust.

Der kleine, sonst aber seetüchtige Topsegelschoner ›Marie Celine‹, ging 1901 in der Gerrans Bay verloren. Er wurde von der Springflut hoch auf die felsige Küste hinaufgestemmt.

sam machte. Dieser rief von sich aus den Ausguckmann auf der Back an, weil der dieses Licht nicht ausgesungen hatte. Er habe nichts gesehen, verteidigte sich der Seemann, »aber jetzt sehe ich es auch«. Last not least versuchte er seine Unaufmerksamkeit mit dem höheren Standpunkt der Herren auf der Brücke zu erklären, was Kapitän Hemmings nun erst recht in Harnisch brachte: »Du hast schlicht und einfach gepennt.«

Da ihm das Licht zu nahe erschien, um ein Passieren unter Backbordruder oder ein rechtzeitiges Stoppen zu ermöglichen, befahl Hemmings: »Ruder hart Steuerbord, Steuerbord-Maschine voll zurück.«

Mit diesem Brachial-Manöver hoffte er, vor dem Fremden vorbei- und so klarzukommen. Doch Sekunden später werden der ungewöhnlich große Klüverbaum und alle Vorsegel eines riesigen, nur schattenhaft erkennbaren Großseglers sichtbar. »Der trifft uns mittschiffs«, wird Hemmings klar. »Um Himmels willen... die Passagiere.« Die Gedanken überschlagen sich. Hemmings ist ein routinierter Nautiker. In Bruchteilen von Sekunden entscheidet er: »Ruder hart Backbord. Steuerbordmaschine wieder voll voraus.«

Der Klüverbaum des Segelriesen glitt, dank des geistesgegenwärtigen Manövers des *Brighton*-Kapitäns, an der Backbordseite des Dampfers entlang, »in dem die *Preußen*«, so später das Hamburger Seeamt, »Schaden an Schanzkleid, Platten, Davits und Böten anrichtete.« Warum der vordere Schornstein, der Großmast und der beschädigte hintere Schornstein keine Erwähnung fanden, ist nicht mehr zu klären, beweist aber die häufig zu beobachtende Unterschiedlichkeit von Zeugenaussagen.

Zurück zur *Preußen*, der über die Vermittlung der in

Newhaven eingekommen *Brighton* inzwischen der Schlepper *Alert* zur Hilfeleistung geschickt worden ist. An Bord des Fünfmastvollschiffes hat man, so gut es ging, mit Bordmitteln das Vorgeschirr aufgeklart und unter Marssegeln einen westlichen Kurs eingenommen. Die Schiffsführung hat Portmouth als Nothafen vorgesehen. Noch einmal hat Kapitän Nissen die Pumpen peilen lassen. Daß das Schiff bis auf die voll unter Wasser stehende Vorpiek dicht geblieben ist, spricht für den soliden Schiffbau der Werft. Schließlich ist ein stählerner Schiffskörper von den Abmessungen der *Preußen* mit ihren 8000 ts Ladefähigkeit nicht einfach zu stoppen, wenn er mit dem Zug der Segel und dem Windpreß dahinter erst einmal in Fahrt gekommen ist. Kommt es dann aber zu einem Zusammenstoß und einem damit verbundenen Crash-Stop, muß schon einiges zu Bruch gehen. Aber nicht zu Unrecht rühmte man an der Weser die gute Arbeit der Tecklenborgschen Werft mit dem Reim:

»Kaptein sei unbesorgt,
Din Schip ist baut bi Tecklenborg!«

Auf kaum einem anderen Schiff hätte das Kollisionsschott dem ungeheuren Wasserdruck standgehalten; so aber bewahrte die Tecklenborg-Werft die *Preußen* vor schweren Schäden, vielleicht rettete sie den Fünfmaster sogar – zunächst, muß hinzugefügt werden.

Doch Unglück und Mißgeschick reißen nicht ab. Als am östlichen Horizont in zartrosa Farben aus den noch grauen Fluten des Englischen Kanals das Morgenlicht aufzusteigen beginnt, schralt der Wind. Auffrischend geht er immer mehr auf Westen herum, womit er fast genau aus der Richtung weht, die das havarierte Fünfmastvollschiff zum Ziel hat. Bei dieser Wind- und Wetterlage ist es derzeit unmöglich, Portsmouth anzulaufen. Heinrich Nissen entschließt sich sofort. »Töpper, lassen Sie halsen. Wir gehen auf Gegenkurs.« Töpper wiederholt den Befehl. Eine Halse ist für ihn und seine eingefahrenen Seeleute Routinesache.

Nissen legt Wert darauf, daß der jeweilige Wachhabende die Gründe für seine Entscheidung kennt und sagt: »Wir gehen nach Dover, vielleicht ist im Granve-Dock oder im Wellington-Dock Platz, um die *Preußen* einzudocken.«

Über Flaggensignale mit der am Englischen Kanal auf der über 170 m hoch gelegenen Beachy Head Station läßt die Schiffsführung der *Preußen* die Reederei in Hamburg über Lage und Absichten informieren.

Doch erneut wendet sich Fortuna gegen der Welt größtes Segelschiff. Wind und See nehmen weiter zu. So entschließt sich Heinrich Nissen, zunächst östlich von Dungeness im Windschutz der westlich vorspringenden Steilküste vor Anker zu gehen. Als Kapitän scheut Heinrich Nissen kein Risiko, wohl aber ein unnötiges, vermeidbares Risiko. Er bespricht sich, nachdem der Kurs anliegt, mit seinen Offizieren. Den Zimmermann und den Bootsmann zieht er hinzu: »Meine Herren, es handelt sich darum, ob man nicht östlich von Dungeness im Schutz des Landes den Schaden so weit mit Bordmitteln reparieren kann, daß wir nach Hamburg zurückkehren können. Ich meine, es müßte doch möglich sein, das Loch im Vorpiekbereich provisorisch zu dichten.«

»Wenn wir einigermaßen ruhige See haben, könnte und sollte das möglich sein«, bekräftigen der Zimmermann und auch der Schmied, als die hier wohl zuständigen Besatzungsmitglieder. Der Erste und der Zwote schließen sich dieser Meinung an. Nur der Bootsmann zieht die Stirn in Falten. »Wir machen da eine Rechnung ohne den Wirt. Bitte, denken Sie bei Ihren Überlegungen an die Jahreszeit.«

»Das ist ein berechtigter Einwand«, versichert Nissen seinem bewährten Bootsmann, »aber noch erlaubt es die Witterung. Da zu zögern, ist nicht mein Stil. Bereiten wir uns darauf vor, das Schiff abzudichten.«

Und so geschieht es. 10 h 30 min p. m. hat die *Preußen* Dungeness-Cap querab, jene äußerste Südostspitze Englands, die wegen ihrer Bedeutung für die Schiffahrt von einem Leuchtturm gekrönt ist. Der gelehrte Professor unter den Passagieren kann sogar dem Kapitän und seinen Offizieren einiges Neue beibringen: »Hier endet übrigens der sogenannte Ronneysumpf. Diese Ebene hat sich dadurch gebildet, daß die aus dem Atlantischen Ozean kommende Flut zu gleicher Zeit einer anderen, nämlich der aus der Nordsee in den Kanal einlaufenden Flut begegnet. Auch soll die Küste jährlich ein paar Handbreit ins Meer vorschreiten, weil hier die Kiesel vom Fuße der Kreidefelsen von Hastings durch die Flut am Ufer abgelagert werden...«

Die *Preußen* hat inzwischen die Landspitze umfahren, sucht und findet einen recht guten Ankerplatz. Alle gesetzten Segel werden aufgegeit. Als das in den Wind gedrehte Schiff – ungefähr West zu Nord anliegend – zur Ruhe kommt und nahezu still liegt, rauscht mit Donnergetöse zunächst der Steuerbordanker in 15 Faden Wasser.

Und wieder scheint sich das dem Fünfmaster sonst wohlgesonnene Fatum gegen das Schiff verschworen zu haben: Als nach dem Ausstecken von 45 Faden Kette der Anker faßt, gelingt es nicht, das Auslaufen der schweren Kette wieder zu stoppen. Die Kette beginnt fadenweise über die Trommel zu springen. Hier hilft nur eines: »Fallen Backbordanker.« Die Steuerbordkette springt inzwischen weiter, bis schließlich das am Kielschwert eingeschäkelt gewesene Ende funkenstiebend über den eisernen Steuerbord-Spillkopf rast und durch die Klüse donnernd über Bord geht. Auf der Backbordkette hat bis zu diesem Augenblick noch keine Kraft gelegen. Als aber der Bootsmann jetzt diesen Anker einhieven will, kommt Zug auf die Backbordkette, die nun in gleicher Weise zu springen beginnt. Der Bootsmann zieht sofort die Bremsen an, betätigt den Stopper... aber die auf den Rumpf wirkende Windkraft wie auch die Kraft der Strömung sind derart stark, daß auch diese Kette durch die Klüse ausrauscht.

Um das Maß vollzumachen, kommt jetzt auch noch ein handfester Südweststurm auf, der Nissen zwingt, die schon seit geraumer Zeit wie Geier auf die Beute lauernden, auf und ab stehenden Schlepper herbeizurufen. Sie sollen nun die *Preußen* nach Dover schleppen. Der 211 BRT große Hamburger Schlepper *Albatros* vom Nordischen Bergungs-Verein wird an der Backbordseite vorn festgemacht. An der Steuerbordseite vorn macht der aus Antwerpen zu Hilfe geeilte Schlepper *John Bull* seine Schlepptrosse fest, unterstützt von dem vom *Brighton*-Kapitän alarmierten britischen Schlepper, einem nur 175 BRT großen Schiff der Newhaven Harbour Company, der ebenfalls an der Steuerbordseite festgemacht wird. Alle weiteren Manöver laufen unter der Assistenz eines Trinity-House-Lotsen[16] ab, der für die nun beginnende Schleppfahrt die Beratung übernimmt.

Die Männer auf der *Preußen*, die weder die Orkane vor Kap Horn, noch die Pamperos vor Argentinien, noch die tückischen, Schiffe mordenden Norder vor Chiles Küsten erschüttern konnten, atmen auf. Soviel Pech auf einmal gab es auf keiner Reise. »Da is de Wurm drin... de Lots bei *Elbe IV* hat uns dat mit sine Spökenkiekerei aufgehalst.« Und alle nicken sachverständig, denn wer von ihnen ist schon nicht abergläubig. Sogar dem Professor läuft es bei dieser Spukbeschwörung heiß und kalt den Rücken herunter. Nur Kapitän Heinrich Nissen zeigt keine Regung. Doch niemand ahnt, was er ahnt: Daß diese Pechsträhne noch nicht zu Ende ist. Immer wieder sieht er vor seinem geistigen Auge den *Elbe IV*-Lotsen und dessen traurigen Blick, als er über die Lotsentreppe abwärts und in sein auf und nieder torkelndes Boot stieg.

Auf der *Preußen* sind alle Segel festgemacht worden. Die Schlepper und mit ihnen die Fünfmastbark holen in einem weiten Bogen aus, um die Einfahrt von Dover anzusteuern. Wenige Minuten noch und der schützende Hafen ist erreicht. In dieser Situation fällt mit enormer Kraft eine »andauernde sehr heftige Böe« ein. Sie stemmt sich mit voller Wucht gegen das Schiff, das mit seiner fünfmastigen Takelage einen gewaltigen Windfang bildet. Die vereinte Kraft der drei Schlepper reicht nicht aus, den havarierten Segler vor einem drohenden Abtreiben nach Land zu halten. Das Schlimmste, was der *Preußen* widerfahren kann, ist, daß sie in Legerwall gerät, wie der Seemann diese Lage sachkundig bezeichnet. Es bedeutet, daß ein Schiff die Küste auf seiner Leeseite hat. Das Kriterium bei der *Preußen* ist, daß sie beide Anker verloren hat, die jetzt helfen könnten. Zu allem Überfluß ist auch noch mit einem peitschenden Knall die Schlepptrosse der *John Bull* gebrochen, was die drohende Gefahr nur noch unterstreicht – die Gefahr einer Strandung.

All das vollzieht sich Schlag auf Schlag.

Wer kann, beobachtet den Kapitän der *Preußen*. Die stoische Ruhe, die er ausstrahlt, beruhigt die Männer, die auf seine Reaktion warten, auf einen rettenden Befehl. Und Heinrich Nissen sieht noch einen Weg, der ihn blitzschnell handeln läßt: »Alle Untermarssegel setzen!«

Dem folgt ein weiterer Befehl: »Beide Schlepper loswerfen.«

Die Seeleute fliegen fast die Wanten hinauf, so schnell entern sie ins Rigg. Jedem ist klar, auch seine Hand, seine Kraft entscheiden sein eigenes Schicksal und das des Schiffes. Schon zerrt der Wind an den Untermarssegeln.

Um die *Preußen* vom Land abzubringen, läßt Nissen die Rahen der drei hinteren Masten, deren Segel inzwischen steif gesetzt worden sind, backbrassen, während er die Untermarssegel der beiden Rahen killen[17] läßt, um ein zu starkes Abfallen des Bugs nach Lee zu verhindern. Auf diese Weise erreicht er (was vom Seeamt in Hamburg später ausdrücklich bestätigt wird), »daß das Schiff noch über Steuer absegelt«.

Das Wunder geschieht. Der riesige Fünfmaster dreht vom Lande ab.

Alle glauben, daß alles glücklich überstanden ist. Auch Kapitän Heinrich Nissen und seine Offiziere auf dem Hochdeck. In jedes Gesicht der Verantwortlichen haben sich die eben überstandenen Sorgen eingegraben. Doch mit des Schicksals Mächten...

Schon glaubt man, die *Preußen* über die nun wirksame Segelkraft in tieferes Wasser manövriert zu haben, da schlägt das Schicksal erneut zu: Das Vorschiff des Seglers hakt an einem unter Wasser befindlichen Felsen, den es ohne die vollgelaufene Vorpiek vielleicht passiert haben würde. Der vom Unglück beharrlich verfolgte Fünfmaster dreht sich. Das Schiff schlägt breitseit dem Land zu.

Nichts bleibt dem *Preußen*-Kapitän, eine Strandung zu verhindern.

Es ist genau 4 Uhr 30 p. m. mit den ersten Zeichen der um diese Jahreszeit frühen Abenddämmerung, als die *Preußen* quer auf die felsigen, von einer hohen Brandungssee umtosten Klippen der Grab Bay prallt. Gleich beim ersten Aufsetzen geht der durch den Bruch des Klüverbaums und der Stage jeglichen Halts beraubte Vortop mitsamt seinen Rahen über Bord. Das geschieht mit einem Krach, der das Heulen des Windes und das Donnern der Brandung übertönt und jedem Mann an Bord ans Herz greift.

Die breitseits im Wind und der ausrollenden Brandungssee an Land getriebene *Preußen* arbeitet sehr schwer. Um 8 Uhr 30 p. m. peilt der Zimmermann 20 Zoll Wasser im Schiff. Kein Zweifel, der Rumpf ist leckgeschlagen.

See und Sturm hämmern erbarmungslos auf den Leib des Havaristen ein. Und die sich überstürzende Brandungssee läuft mit zerstörerischer Kraft über die Decks. In den unteren Teilen, zwischen den ›Inseln‹ des Dreiinselschiffs, stauen sich ungeheure Wassermassen. Unaufhörlich erschüttern Stöße den Rumpf, begleitet von unterirdischem Krachen.

Es kostet die Männer alle Kraft, sich auf dem Hochdeck aufzuhalten und festzuklammern. Sie brennen Blaufeuer und schießen Raketen in die angebrochene

Nacht. Kapitän Nissen gibt nicht auf: »Wir brauchen zusätzliche, starke Schlepper. Bei dem zu erwartenden Hochwasser müßte es möglich sein, das Schiff von den Klippen herunterzuzerren.«

Sein Optimismus und seine Überzeugungskraft wecken und stärken auch bei inzwischen verzagten Seeleuten neue Hoffnungen, doch noch wieder freizukommen. Das Schiff liegt ja dicht vor der Einfahrt nach Dover am Strand. Für die Männer der *Preußen* wird es eine nicht enden wollende Nacht. Und der Regen, der aus den niedrigen, vom Sturmwind getriebenen Wolken herunterpeitscht, ist kalt. Die bereits total erschöpfte Besatzung hält sich, soweit sie sich nicht an den Pumpen abquält, unter der Back auf. Wortlos beobachtet sie die rollenden Wellen-Ungeheuer und deren hellen Kamm aus Schaum und Gischt. Das Schweigen ist wie ein Schutzwall für jeden dieser zum Teil doch noch recht jungen Männer. Keiner klagt. Keiner zeigt Zeichen der Angst. Nicht wenige wundern sich, daß das Schiff unter den Hammerschlägen noch nicht auseinandergebrochen ist. Nur einer hat einen Kommentar: »Gelesen hab' ich's, daß Wasser härter als Stein sein kann.«

Regelmäßige Leuchtfeuerlichtblitze vom South Foreland-Turm zucken über die Szene. Immer wieder flackern Blaufeuer, immer wieder kämpfen sich Signalraketen in die regennasse, knapp sichtige Nachtluft. Der Notschrei nach hilfeleistenden Schleppern.

Die Kapitäne der *Albatros* und der *Lady Curzon* geben ebenfalls nicht auf. Beim nächsten Hochwasser packen sie wieder an und versuchen zu zweit und auf gleichzeitig abgestimmten Zug die *Preußen* vom Strand abzubringen. Ohne Erfolg, wohl auch, weil das Wasser nach des unermüdlichen Pumpenmeisters Bericht in den Laderäumen bereits um 6 Fuß gestiegen ist. Um drei Uhr morgens müssen die tapferen, selbstlos sich einsetzenden Schlepperbesatzungen mit der einsetzenden Ebbe aufgeben.

Bis 4 h a. m. steigt das Wasser auf zwölf Fuß.

Der Kapitän hat, als der Morgen sich mühsam heraufstastet, den Ersten Offizier zu sich zitiert: »Ich werde an Land steigen. Vielleicht kann ich einen Pumpendampfer requirieren. Sie übernehmen solange das Kommando.«

»O. K., Herr Kapitän, aber wir sollten beim nächsten Hochwasser auch die Schlepper wieder ansetzen.«

»Selbstverständlich, so sehe ich das auch. Außerdem wird der Wind abflauen.«

Kapitän Nissen geht, und der Wind flaut in den ersten Morgenstunden ab. Doch um 10 h 30 a. m. ist der Süd-West-Sturm wieder da. Bei Hochwasser brechen die Wellen über das Schiff hinweg. Der Rumpf des Fünfmasters bewegt sich knirschend auf dem Gestein.

Zwölf Schlepper liegen jetzt im Nahbereich des Havaristen bereit. Es ist vereinbart worden, am Nachmittag neue Abschleppversuche zu unternehmen. Doch keinem der ps-starken Schlepper glückt es, eine Trosse an Bord der *Preußen* festzumachen. Sie versuchen es immer wieder und immer wieder. Umsonst, bei allem bewundernswerten Einsatz.

Nach einer erneuten quälend langen Nacht, in der sich der Fünfmaster tapfer gegen die zerstörenden Kräfte behauptet, bricht der 8. November, ein Dienstag, an. Zwar wölbt sich der Himmel noch Grau in Grau, aber es ist ruhiger, fast still geworden. Auch die Brandungssee hat nachgelassen. Einige sprechen sogar von »schönem Wetter«. Es ist für Männer, die hier seit

Tagen kalte Sturmwinde über sich ergehen lassen mußten, auch ohne Sonnenschein eine Wohltat.

Der aus Hamburg in Begleitung des Reederei-Inspektors Kapitän Opitz und von zwei Versicherungsleuten herbeigeeilte Reeder Erich F. Laeisz läßt die Besatzung durch Kapitän Nissen über ein »Alle Mann«, so gut es geht, zusammentreten. Erst dann verliest er ein Telegramm des Kaisers Wilhelm II., das im Kontor in Hamburg eingegangen ist.

»Tief bewegt von dem Unfall des Fünfmasters *Preußen* wünsche ich der Reederei meine wärmste Anteilnahme auszusprechen. Ich würde mich über eine direkte Mitteilung von dem Ausgang der Katastrophe freuen, besonders von dem Schicksal der tapferen Besatzung, das mir große Sorgen bereitet.« Drei Hurras auf den Kaiser sind die Antwort der noch immer an Bord der *Preußen* ausharrenden Männer, die nicht aufgeben wollen, die noch immer auf ein Wunder hoffen.

Aber am Nachmittag muß die erschöpfte, total übermüdete Besatzung dann doch an Land klettern. Zögernd und, wie man ihr ansieht, wider Willen. Jeder mit dem Notwendigsten und Wichtigsten seiner persönlichen Habe unter dem Arm. Der Reeder und Kapitän Nissen fürchten, das Schiff könne beim Wiedereinsetzen des Sturms auseinanderbrechen und total verlorengehen. Hier half nur noch der strikte Befehl der Schiffsführung an die Besatzung.

Die ersten, die den englischen Boden betreten, sind die beiden Passagiere. Der eine ist Dr. Budzier von der Navigationsschule in Rostock, der andere der bereits erwähnte Marinemaler Professor Rave. Als letzter geht der noch einmal an Bord gestiegene Kapitän Nissen. Seine Empfindungen bei diesem schweren, schmerzlichen Gang sind ihm im Gesicht nicht anzusehen. Er ist ernst, wirkt wie einer, der angesichts einer höheren Gewalt über der Sache steht. Er tritt, bevor er zu dem ihn erwartenden Reeder geht, zunächst vor seine Besatzung. Er will, befehlsgewohnt, aber wie immer höflich, wissen, ob alle gesund sind und keiner verletzt ist. Er verspricht, sofort für eine warme Unterkunft zu sorgen. »Den Herren Reeder werde ich bitten, Ihre Angehörigen zu verständigen, damit sie sich nicht sorgen. Hat jemand noch einen besonderen Wunsch...? Also nein... Ich danke jedem für seinen unermüdlichen Einsatz, seinen Mut und sein Vertrauen in die Schiffsführung. Danken wir vor allem Gott, daß es ohne Opfer abging.«

In dem stummen Orkan der Gefühle, der die Männer mit dem Aussteigen aus der *Preußen*, aus ihrem Schiff als einem Stück Heimat bewegt, überschattet von verhaltenem Zorn auf die Schlafmützen auf der *Brighton*, das bösartige, unberechenbare Wetter wie auch das Pech mit dem Unterwasserfelsen, der ausgerechnet unter die Vorpiek geriet, wirken des Kapitäns ohne fühlbare Erregung vorgetragenen Worte wie auch sein knapper Dank erleichternd und beruhigend. Und daß er ein frommer Mann ist, wer wußte das schon? Wie er da aufrecht in dieser Stunde des Abschieds von seiner *Preußen* vor ihnen steht, ist er es und kein anderer, der die Hauptlast der Katastrophe auf seine Schultern genommen hat.

So lassen die Männer mit dem Wrack den einstigen Stolz der deutschen Seglerflotte hinter sich zurück. Wie oft hat der in aller Welt bewunderte Fünfmaster den wütenden Stürmen bei der Horn oder den Graubärten im Bereich der Roaring Forties in den hohen südlichen Breiten getrotzt. Sie focht auch in den letzten Tagen unter meisterhafter Führung ihres Kapitäns und seiner sich in keiner Sekunde mutlos zeigenden Seeleute einen großen Kampf ums Überleben, bis sie die unbarmherzige See und eine Kette heimtückischer Zufälle mitleidlos überwältigten.

Im Bericht der am 14. März 1911 durchgeführten Seeamtsverhandlung heißt es vor dem Urteilsspruch: »Die weiteren Maßnahmen zur Bergung des Schiffes und der Ladung sind von dem Inspektor der Reederei und dem Vertreter der Assekuradeure geleitet worden...«

Dann aber ist die Rede von den kameradschaftlich-seemännischen Rettungsversuchen und Hilfsmaßnahmen der Briten. Sie werden später im Bericht der deutschen Seeamtsverhandlung ausdrücklich und ausführlich hervorgehoben: »Nach Mitteilung des Deutschen Konsulats in Dover ist die Mannschaft der Dover-Rettungsstation, als am Nachmittag des 6. November die Strandung der *Preußen* beobachtet wurde, am Fuße der Klippen nach der etwa 1.5 sm östlich von Dover liegenden Strandungsstelle gegangen und hat eine Rakete mit Leine zwischen den Vor- und Hauptmast der *Preußen* geschossen. Die Besatzung aber hat die Leine nicht benutzt.

Wie Kapitän Nissen, der von der Tätigkeit der Rettungsaktion nichts bemerkt hatte, aussagt, wurde ihm gemeldet, daß eine Leine über das Deck geschossen worden sei. Er hat es dann der Besatzung (typisch für Heinrich Nissen) freigestellt, sich mit Hilfe des Rettungsapparates zu Land schaffen und in Sicherheit bringen zu lassen. Es haben aber alle vorgezogen, an Bord zu bleiben. Die Mannschaft der britischen Rettungsstation hat bis 9 h 30 p. m. am Strand gewartet, so lange, bis sie wegen des steigenden Flutwassers gezwungen wurde, sich zurückzuziehen.« Auch die Rettungsstation von St. Margarets hatte den Unfall beobachtet. Ihre auf die Klippen geschickte Rettungsmannschaft mußte aber nicht eingreifen.

Der Reichskommissar führte aus, daß die Schuld an dem Zusammenstoß den Dampfer *Brighton* treffe. Dieser habe sein Ausweichmanöver zu spät eingeleitet und versucht, den Bug der *Preußen* zu kreuzen. Die weiteren von Kapitän Nissen getroffenen Maßnahmen seien nicht zu beanstanden. Der Verlust der Anker mit Ketten und die dann folgende Strandung des Schiffes seien auf höhere Gewalt zurückzuführen. Die Führung der *Preußen* treffe hier keine Verantwortung. Ein unmittelbarer Kausalzusammenhang zwischen der Kollision und der Strandung sei nicht anzuerkennen.
Die Gründe:
»Es war aufgrund des Ergebnisses der Untersuchung zunächst festzustellen, daß der Dampfer *Brighton* die alleinige Schuld an dem Zusammenstoß trägt, da er der *Preußen* nicht rechtzeitig ausgewichen ist und schließlich noch versucht hat, den Bug der *Preußen* zu kreuzen, anstatt hinter ihr herumzuhalten.

Aus der starken Fahrt – etwa 17 Meilen in der Stunde (oder 17 kn) – welche der (Dampfer) *Brighton* gemacht hat, ist ein Vorwurf nicht herzuleiten, da das Wetter eine Aussicht auf mehrere Meilen (eine fragwürdige Feststellung, d. Verf.) gestattete und der Kapitän der *Brighton* mit Rücksicht auf das diesige Wetter die Fahrt immerhin um 5 Meilen pro Stunde reduziert hatte.

Aus welchem Grunde das Ausweichmanöver so spät unternommen (worden) ist, ist aus dem dürftigen

Material, welches über die Aussagen der Zeugen der *Brighton* vorliegt, nicht mit Sicherheit zu entnehmen. Es scheint aber, daß das grüne Licht der *Preußen* erst recht spät beobachtet worden ist, was wiederum seine Ursache in der Unaufmerksamkeit des Ausguckmannes haben mag, welcher das Licht offenbar überhaupt nicht gemeldet hat.

Daß irgendwelche Mängel der Laterne hier im Spiel gewesen seien, muß aufgrund des vorgelegten Attestes der Seewarte in Verbindung mit den das gute Brennen der Lampe bekundeten Zeugenaussagen als ausgeschlossen gelten.

Als der *Brighton*-Kapitän Hemmings aber selbst als erster das grüne Licht der *Preußen* gesichtet hatte, hat er das nach der Sachlage falsche Manöver unternommen: unter Steuerbordruder den Bug der *Preußen* zu kreuzen. Dieses Manöver, das schon nach dem Artikel 21 der Seestraßenordnung hätte vermieden werden müssen, war hier um so fehlerhafter, als es bei den Kursen der Schiffe und ihrer Lage zueinander für das Kreuzen des Bugs einer Drehung der *Brighton* von wenigstens zehn Strich (1 Strich seemännisch entspricht $1/32$ des Kreisumfangs, also $11 1/4°$ auf der Kompaßrose) bedurfte, während für das Passieren hinter der *Preußen* eine Drehung von sechs Strich genügte und im ersten Falle die Vorwärtsbewegung der *Preußen* das Gelingen des Manövers erschwerte, im zweiten Falle dagegen begünstigte.

Nicht unmöglich scheint es, daß Kapitän Hemmings sich hier zu diesem waghalsigen Manöver im Vertrauen auf die Geschwindigkeit seines Dampfers hat verleiten lassen, wie solches bei den Führern so schneller Schiffe zwecks Einsparung eines auch nur unbedeutenden Umwegs nicht selten zu beobachten ist.

Die Reederei der *Brighton* hat daher auch die Schuld des Dampfers in dem in England schwebenden Prozeß anerkannt und nur bestritten, daß der spätere Totalverlust der *Preußen* als eine unmittelbare Folge der Kollision anzusehen sei. Der Führung der *Preußen*, deren Lichter gut gebrannt haben und welche »in Gemäßheit der Seestraßenordnung« Kurs gehalten hat, bis im letzten Augenblick ein kaum noch zur Wirkung gekommenes Manöver zur Abwendung der drohenden Kollision gemacht wurde, ist eine Mitschuld an dem Zusammenstoß nicht zur Last zu legen.

Auch die von dem Kapitän nach dem Zusammenstoß ergriffenen Maßregeln waren nach keiner Richtung hin zu beanstanden. Daß er unter den zur Zeit herrschenden Wetterverhältnissen zunächst versuchte, unter Segeln Portsmouth zu erreichen, ist zu billigen. Es ist ihm daraus, daß er nicht versucht hat, sich von der *Brighton* schleppen zu lassen, ein Vorwurf schon deshalb nicht zu machen, weil es ganz dahinsteht, ob die *Brighton* hierzu fähig und bereit war und weil die *Brighton* sich nicht hinreichend genähert hat, um eine genügende Verständigung zu ermöglichen.[18]

Als der Wind sich drehte und stürmischer wurde, war es richtig, nach Dover zu segeln und zunächst den Versuch zu machen, hinter Dungeness im Schutz des Landes zu ankern. Daß dieser Versuch mißlang und beide Anker mitsamt den Ketten verlorengingen, ist wiederum ohne Schuld der Schiffsleitung auf höhere Gewalt zurückzuführen. Irgendwelche Mängel der geprüften Ketten und der Ankerwinden kommen hier nicht in Frage. Der Unfall erklärt sich durch den schweren Druck, der durch Wind und Strom das große, beladene Schiff auf die Ketten übte.

Das Mißlingen des Einfahrens in den Hafen von Dover ist schließlich auch nur auf die einsetzende schwere Böe zurückzuführen, in der die drei starken Schlepper das Schiff nicht mehr halten konnten. Die jetzt noch von dem Kapitän versuchten Segelmanöver sind in hervorragender Weise von der Besatzung ausgeführt worden. Sie hätten fast noch den gewünschten Erfolg gehabt, konnten aber die Strandung schließlich nicht mehr verhüten. Als dann das Schiff aufgelaufen war, hat sich die Besatzung auch in der folgenden Zeit in jeder Beziehung als tüchtig bewährt.

Das Seeamt konnte daher der *Preußen* weder an dem Zusammenstoß noch an den Folgen der Kollision eine Schuld beimessen.«

Im Gegensatz zum Reichskommissar war das Seeamt übrigens der Ansicht, daß der Totalverlust der *Preußen* als eine direkte Folge der Kollision anzusehen ist:

»Das Schiff war durch den Stoß so schwer beschädigt, daß es gezwungen war, einen Nothafen aufzusuchen. Hierbei ist das Schiff ohne Schuld der Führung gestrandet und verlorengegangen.

Der Kausalzusammenhang zwischen der Kollision und dem Totalverlust wäre nur dann unterbrochen, wenn irgendein Ereignis, sei es eine schuldhafte Handlung der Leitung, sei es ein Ereignis elementarer Art ganz unabhängig von der Kollision, die Strandung herbeigeführt hätte. Daß eine solche Schuld nicht vorliegt, ist bereits ausgeführt worden. Der Sturm aber, der schließlich die Strandung verursachte, hätte nach menschlichem Ermessen der *Preußen* keine Gefahr gebracht, wenn sie nicht vorher durch die Kollision in ihrer Manövrierfähigkeit behindert und gezwungen worden wäre, zwecks Aufsuchen des Nothafens sich bei dem aufkommenden Sturm in die gefährliche Nähe der Küste zu begeben.

Die von dem Dampfer *Brighton* verschuldete Kollison stellt daher auch die Ursache der Strandung und des Totalverlustes der *Preußen* dar.

Das Verhalten der englischen Rettungsstationen ist, wenn diese auch nicht in Tätigkeit zu treten brauchten, mit Dank hoch anzuerkennen. Besondere Anerkennung gebührt dem Wachmann Arthur Hughes von St. Margarets für sein mutiges Verhalten.«

Soweit der amtliche Bericht aus dem 13. Band, »Entscheidungen des Oberseeamts und der Seeämter des Deutschen Reichs«, Hamburg 1912.

Abschließend war am 14. März 1911 in Hamburg der nachstehende Spruch gefällt worden: »Am 6. November 1910 hat in der Höhe von Beachy Head ein Zusammenstoß zwischen dem Hamburger Fünfmastvollschiff *Preußen* und dem Dampfer *Brighton* stattgefunden. Bei dem Versuch, zwecks Ausbesserung der bei diesem Zusammenstoß erlittenen Schäden Dover als Nothafen anzulaufen, ist die *Preußen* durch den aufkommenden Südwest-Sturm auf den Strand getrieben und total verlorengegangen.

Die Schuld an dem Zusammenstoß, welcher in weiterer Folge den Totalverlust des Schiffes herbeigeführt hat, trifft allein die Führung des Dampfers *Brighton*, weil dieser nicht rechtzeitig ausgewichen ist und im letzten noch versucht hat, den Bug der *Preußen* zu kreuzen.

Auch die nach dem Unfall ergriffenen Maßregeln sind nicht zu beanstanden, und es kann der Schiffsleitung der *Preußen* auch an der Strandung keinerlei Schuld beigemessen werden.«

Unbefriedigend in diesem Bericht ist der Hinweis, daß »die *Brighton* sich nicht hinreichend genähert hat, um eine Verständigung zu ermöglichen...«

Im Text, in dem Kapitän Blöss in seinem Buch über die *Potosi* und die *Preußen* auf den Seiten 482 und 483 den Spruch »Zusammenstoß und Strandung – Seeamt Hamburg, Hamburg 14. März 1911« zitiert, heißt es (analog zum Text des Verfassers): »...Sobald die Schiffe wieder voneinander freigekommen waren, drehte die *Preußen* bei und nahm alle Segel bis auf die Unter- und Obermarssegel weg. Die Peilung der Pumpen ergab, daß, abgesehen von der Vorpiek, das Schiff dicht geblieben war.

Nach etwa 20 Minuten kam der Dampfer, mit dem man kollidierte, heran. Man tauschte Namen aus und bot sich gegenseitig Hilfe an, welche aber von beiden Seiten abgelehnt wurde. Der Dampfer wurde nun ersucht, einen Schlepper zu schicken, was dieser auch getan hat...«

Also hatten sich die beiden Havaristen entgegen der Aussage in den »Entscheidungen des Ober-Seeamts und der Seeämter« doch genähert und verständigt.

Nach den Begründungen des Reichskommissars habe es »dahingestanden«, ob die *Brighton* hierzu (nämlich die *Preußen* zu schleppen) überhaupt fähig war... Das in Zweifel zu ziehen bei einem Zweischraubenschiff mit einer Maschinenleistung für max. 22 kn ist, wenn nicht sophistisch, so doch suspekt zu nennen. Kapitän Heinrich Nissen hat die *Brighton*, obwohl er das entgegen der Auffassung des Reichskommissars (siehe die »Entscheidungen des Oberseeamtes und der Seeämter«, Band 13.) hätte tun können, gar nicht um Schlepphilfe gebeten, sondern nur um einen Schlepper.

Hier drängen sich die verschiedensten Überlegungen auf, von denen weder die eine noch jede andere nie mehr zu klären sein wird.

Unstrittig ist, daß Heinrich Nissen einen Schlepper herbeiwünschte, das heißt, daß er in Sorge war, der Schaden im Vorschiff könnte größer sein, als es den sich aus den ersten Kontrollen ergebenen Anschein hatte. Vielleicht hatten sich im Bereich hinter der Vorpiek im Rumpf Platten gelockert, die beim Fahren und Arbeiten des Schiffes undicht werden könnten. Vielleicht hatte er auch Sorgen, das Querschott der Vorpiek könnte auf die Dauer gesehen und den beim Segeln entstehenden Zug- und Schwerkräften dem Druck der in der Vorpiek arbeitenden Wassermassen nicht standhalten... Wie dem auch sei, ein Schlepper schien Nissen nützlich, um Portsmouth ohne Einsatz der Segel zu erreichen, und zwar so schnell wie möglich. Es war also nicht nur nützlich, sondern auch notwendig.

Wohl nie mehr zu klären wird sein, warum der doch sonst so dynamische Nautiker nicht den Kapitän der *Brighton* ansprach, ob der Dampfer die *Preußen* nicht abschleppen könne? Die *Brighton* hätte doch wenigstens einen Versuch machen können, dessen Gelingen bei ihrer relativ starken PS-Zahl und den zwei Schrauben kaum infrage stand. War es die psychologisch erklärbare und verständliche innere Abwehr, sich als Kapitän des größten Segelschiffes, einer in aller Welt gefeierten ›Königin der Meere‹, in die Obhut eines in den Kreisen der elitären Square-Rigger-Master üblicherweise als Smoke-Ewer abgewerteten Dampfers zu begeben – und eines Kanaldampfers dazu? Wenn schon schleppen, dann durch einen Profi-Schlepper. Oder wollte er den Passagieren dieses »Kanalrutschers« das Bild nicht gönnen, als ein x-fach im Kampf um die »legendäre Horn« bewährter Tiefwassersegler abgeschleppt zu werden, als ein Fünfmastvollschiff dazu, das obendrein auch noch *Preußen* hieß, das sogar der deutsche Kaiser besuchte und bewunderte?

Was in Kapitän Heinrich Nissen, dem mit Worten und Emotionen sparsamen Holsteiner, vorgegangen ist, als er des *Brighton*-Kapitäns Hilfe ablehnte, werden wir nie erfahren.

Auch das Gericht der britischen Admiralität befaßte sich mit dem Unfall. Im späteren Prozeß der Reederei Laeisz gegen die Brighton & South Coast Railway Company wird am 12. April das Urteil gefällt.

Der erkennende Richter führt darin aus, daß unter den Umständen, die dem Zusammenstoß mit dem Dampfer der Bahngesellschaft folgten, der Verlust der *Preußen* natürlich gewesen sei. Er halte daher die Bahngesellschaft verantwortlich für den gesamten Schaden.

Das Urteil lautet zugunsten des Klägers:
»Die Höhe des Schadens ist abzuschätzen.«

Als Kapitän Heinrich Nissen mit seinen Seeleuten den Strandungsplatz verläßt – er stapft durch das unebene Gelände allein voraus –, gesellt sich der Reeder Erich F. Laeisz zu ihm.

»Lieber Herr Nissen. Nehmen Sie dieses Ende der *Preußen* als eine der Unbegreiflichkeiten, als eine nicht zu berechnende Unbekannte, denen wir Menschen im Beruf und Leben ausgesetzt sind. Ich erinnere mich, wie sich einmal ein Weiser dazu erklärte, indem er sagte: Nicht, was wir erleben, sondern wie wir empfinden, was wir erleben, macht unser Schicksal aus.«

»Wenn Sie genau wissen wollen, was mich bewegt, so mag es banal erscheinen, wenn ich sage: Weitermachen. Einfach weitermachen. Das Leben geht weiter.« Erich Laeisz betrachtet seinen *Preußen*-Kapitän und schweigt. Diesem – auch gegenüber sich selbst – immer mißtrauischen und daher so erfolgreichen Square-Rigger-Seemann kann er seine Zustimmung nicht deutlicher offenbaren, als daß er ihm, wenn auch nur für Sekunden, seine Hand auf die Schulter legt.

Endlich, nach geraumer Zeit, wagt Heinrich Nissen die Frage: »Und was ich sagen wollte, werden Sie eine neue *Preußen*, einen neuen Fünfmaster bauen?«

»Muß ich Ihnen gegenüber unser Nein begründen?«

»Jaja, ich weiß... die fehlende Ausreisefracht, die damit verbundene Unwirtschaftlichkeit. Aber ich dachte an die Franzosen, die eine neue, eine zweite *France* planen.«

»Ich weiß, aber erstens haben sie mit ihren Südseekolonien keine Frachtprobleme, weder ausgehend noch heimkehrend – und zweitens ist es für die Franzosen mit ihrer ausgeprägten Vaterlandsliebe eine fast unumgängliche Verpflichtung, wieder eine *France* zu haben.«

»Es hat etwas mit ihrem Selbstbewußtsein und ihrer Verpflichtung auf ›gloire‹ zu tun«, ergänzt Nissen.

Reeder Erich F. Laeisz gibt dem politisch-philosophischen Gespräch eine unerwartete Wende. Ermunternd sieht er seinen bisherigen Flaggschiff-Kapitän an, als er sagt:

»Was halten Sie davon, wenn Sie, so bald wie möglich, einen der neuesten Viermaster übernehmen? Das Schiff ist bei Blohm & Voss in Arbeit. Wir rechnen mit seinem Stapellauf im Februar 1911. Ein Dreiinselschiff. Ein schönes und ein starkes Schiff, dafür sorgt Blohm & Voss.«

Am 25. Februar läuft die neue Viermastbark, getauft auf den Namen *Peking*, in Hamburg vom Helgen. Sie ist mit 3100 BRT vermessen und hat eine Tragfähigkeit von 4300 ts, gar nicht soviel weniger als die *Preußen*. Am 21. Juni 1911 tritt die *Peking* unter Kapitän Heinrich Nissen ihre Jungfernreise an.[19]

Zur Westküste, wohin sonst.

Heinrich Nissen macht mit dem Blohm & Voss-Viermaster vier Chilereisen. Danach übernimmt er einen völlig neuen Typ, nämlich die in New York zum Tankschiff umgebaute *Brillant*, die 1901 in Glasgow für die Anglo American Co. als »Küstenöltransporter« zur Welt kam und 1910 in New York zum regulären Tankschiff umgebaut worden war. Hier gibt es einiges mehr als auf einem normalen Segler zu beachten. Für dieses Schiff scheint dem Reeder Erich F. Laeisz Heinrich Nissen der rechte Mann. Am 16. Juli 1914 übernimmt der Heiligenhafener in New York das Kommando über diese nun *Perkeo* geheißene Viermastbark. Am 18. Juli tritt er die Überführungsreise nach Hamburg an, und am 6. August 1914 wird die *Perkeo* nach ihrer Ausreise aus Hamburg bei Dover von einem britischen Kreuzer gestellt und aufgebracht, sehr zur Verwunderung des Kapitäns, der vom Kriegsausbruch überhaupt keine Kenntnis hat.

So wird denn Dover für Kapitän Heinrich Nissen zum zweiten Male zum Schicksal, in Sichtweite der vor den Kreidefelsen nach wie vor erkennbaren Reste der *Preußen*. Während Kapitän Nissen und seine Besatzung auf der Insel Man in der Irischen See in Gefangenschaft kamen, wurde die *Perkeo* wenige Monate nach der Beschlagnahme an den Reeder Monsen im norwegischen Tönsberg verkauft und unter dem Namen *Bell* wieder in Fahrt gebracht.[20]

Nach dem Kriege fuhr Heinrich Nissen wieder bei FL auf der *Parma*, der *Pamir*, der *Peking* und erneut der *Pamir*. Als er 1926 in den wahrlich wohlverdienten Ruhestand trat, war er 64 Jahre alt.

Und die *Preußen*?

Der Rest ist kurz berichtet.

Kapitän Opitz, der Inspektor der Reederei FL, leitete, unterstützt von den Vertretern der Assekuranzen, die weiteren Versuche, wenn nicht das Schiff, dann wenigstens soviel wie möglich von der Ladung zu bergen. Und es gelang, einen großen Teil der Ladung zu retten, vor allem die wertvollen Steinway-Flügel und den Großteil der Salpetersäcke. Das geborgene Gut wird mit dem Leichter *Kreisblatt* nach Hamburg transportiert.

Aber auch diese Arbeiten werden in der Nacht vom 15. auf den 16. Dezember durch Sturm zum Abbruch gezwungen. Schlimmer noch, der in den Kanal mit hochlaufender See hineindrückende Sturm läßt das Wrack der *Preußen* auseinanderbrechen. Der Rumpf zerbirst vor dem Hochdeck von oben bis unten.

Als der orkanhafte Wind nachläßt und Niedrigwasser ein Betreten der Wrackteile erlaubt, schwinden die Hoffnungen dahin, noch weiteres Ladungsgut abzubergen. Vorn stehen sechs und achtern drei Meter Wasser in den Rumpfteilen.

Im Frühjahr 1911 wird die systematische Abbergung der Masten, Rahen, Blöcke und anderen Ausrüstungsgegenstände fortgesetzt – bis der Erste Weltkrieg diesen Bemühungen ein Ende setzt.

Jahrzehnte später sind noch immer Wrackteile der *Preußen* unterhalb der weißen Kreidefelsen zu sehen.

Die *Preußen* und die *Potosi* zählten zu einer der wohl größten Reederei-Segelflotten des 19. und 20. Jahrhunderts – jener Reederei, die mit dem von Ferdinand Laeisz auf dem 1839 bei der Werft J. Meyer in Lübeck erbauten hölzernen Brigg *Carl* ihren bescheidenen Anfang nahm und im Laufe der stürmischen Entwicklung 84 Segelschiffe zählte, von den anfänglich kleinen, aber oft schmucken Barken und Briggs bis hin zu den eleganten und ästhetisch wirkenden großen Vollschiffen über 1000 BRT und den noch größeren Viermastbarken, denen schließlich die beiden Fünfmaster als absolute Superlative folgten.

Von diesen 84 Tiefwasserseglern sind unter der Flagge des Hauses FL 13 gestrandet, einer ist »gestrandet worden«, und einer ging nach Grundberührung verloren, gewissermaßen auch eine Strandung. Weitere fünf sind verschollen, andere auf See leckgesprungen, und nicht wenige wurden nach einem erfüllten Leben abgewrackt.

Ein nicht geringer Teil ging in den Besitz anderer Reeder über oder wurde von anderen an- und nach einigen Reisen wieder weiterverkauft. Von den 84 Seglern, die innerhalb dieser Gruppe einmal die FL-Flagge führten, sind unter fremder Nationale sieben gestrandet und zwei nach einer Grundberührung verlorengegangen.

Über die gestrandeten Segler der Reederei F. Laeisz gibt die nachstehende Liste Auskunft. Dabei bedarf es der Feststellung, daß diese Art Verluste bei anderen Segelschiffreedereien prozentual nicht geringer und hier und dort vielleicht auch höher gewesen sind, was nicht zuletzt mit den Fahrtgebieten, den vorherschenden Strömungen und meteorologischen Verhältnissen in Verbindung zu bringen ist. Es wäre aber unfair, für die prozentualen Anteile an Strandungsfällen bei den einzelnen Reedereien aufwertende oder abwertende Rückschlüsse ziehen zu wollen. Höchstens kann FL für sich verbuchen, für die letzte Ära der Tiefwassersegler – also um die Zeit kurz vor und nach der Jahrhundertwende – aus den jahrzehntelangen Erfahrungen besonders stark gebaute Segler in Fahrt gebracht zu haben, wobei auch die Entwicklung der Werkstoffe, die sich mit Krupp in Deutschland extrem fortschrittlich zeigte, eine spezifische Rolle spielte. Wo Kapitäne der üblichen Square-Rigger bei hartem Wetter die Obersegel festmachten (d. h. festmachen mußten), konnten auf den modernen Großseglern unter der FL-Flagge noch die Bram- und Obermarssegel stehen bleiben. Ein nicht zu unterschätzender Pluspunkt bei FL war auch die schon fast wissenschaftliche Erforschung und Nutzung der meteorologischen Verhältnisse – man kann hier auch von regulären Systemen sprechen – für die regelmäßig befahrenen Routen.

Auch die Auswahl der Nautiker und der Männer der Stammbesatzungen hatte Methode und baute auf Erfahrungen auf.

Es strandeten bei FL:
A (unter eigener Flagge)
  1. Bark *Carolina*, 425 BRT
  2. Bark *Henriette Benn*, 644 BRT
  3. Bark *India*, 330 BRT
  4. Bark *Paladin*, 564 BRT

5. Vollschiff *Palmyra*, 1797 BRT
6. Bark *Papa*, 420 BRT
7. Vollschiff *Peiho*, ex *Argo*, ex *Brinymore*, 2136 BRT
8. Viermastbark *Persimmon*, ex *Drumrock*, 3100 BRT
9. *Peru*, ?, gestrandet wahrscheinlich unter Chinas Küsten, wird als Totalverlust registriert
10. Viermastbark *Petschili*, 3087 BRT
11. Vollschiff *Polynesia*, 1070 BRT (Grundberührung)
12. Fünfmastbark *Potosi*, 4926 BRT (Strandung wider Willen)
13. Bark *Potrimpos*, 1273 BRT
14. Fünfmastvollschiff *Preußen*, 5061 BRT
15. Bark *Potsdam*

B (Schiffe, die zuerst unter FL-Flagge und dann nach Verkauf oder als Kriegsbeute oder Kriegsfolgenübereignung bei fremden Reedereien (deutschen wie nicht deutschen) durch Strandung oder Grundberührung in Verlust geraten sind)

1. Bark *Costa Rica*, 330 BRT, norwegisch
2. Bark *Henrique Theodoro*, 452 BRT, dänisch
3. Viermastbark *Pisagua*, 2852 BRT, norwegisch
4. Viermastbark *Placilla*, 2845 BRT, deutsch
5. Bark *Plus*, 1268 BRT, finnisch (Grundberührung)
6. Brigg *Princess*, 271 BRT, dänisch
7. Bark *Professor* ex *Flottbek*, 1446 BRT, dänisch
8. Bark *Puck* ex *Peep o'day*, 494 BRT, dänisch
9. Bark *Ricardo* 421 BRT, norwegisch

3. Die Viermastbark »Petschili«

Ausgerechnet während der Jahre des Ersten Weltkrieges hatte sich keiner der berüchtigten Norder im chilenischen Valparaiso gezeigt, und keiner aus der stattlichen Anzahl der deutschen Tiefwassersegler (und Dampfer) sah sich bedroht. Zu den Großseglern, die Chile damals anliefen, gehörte auch die 1903 von Blohm & Voss erbaute, 3087 BRT große Viermastbark *Petschili*, die bis 1914 unter drei Laeisz-Kapitänen fuhr. Sie profilierte sich als gutes und schnelles Schiff mit einem etwas schwierig auszusprechenden Namen, über den an Bord nichts zu lesen war. Aber Kapitan C. N. Prützmann, der erste Master des Dreiinselschiffes mit seiner 63 Fuß langen Mitschiffsbrücke, kannte sich aus: »Petschili oder auch Tschily heißt die erste Provinz Chinas mit Peking, der Hauptstadt des Reiches, als Provinzmetropole.«

Diese Provinz, führte er aus, habe 148 387 Quadratkilometer Bodenfläche und 28 Millionen Einwohner. Sie sei sehr fruchtbar und in vorzüglichem Kulturzustand. Der Handel würde durch den Kaiserkanal begünstigt. »Und im Norden, im Grenzbereich, wohnen Mongolenstämme, deren Namen keiner aussprechen kann, beim chinesischen Heer bilden sie die sogenannten Banner. Was wohl was Besonderes sein muß... Fühlen wir uns darum als etwas Besonderes.«

1905 erzielte die *Petschili* einen absoluten Gipfel. Sie segelte in 59 Tagen vom Kanal nach Talcuhuano. Das war eine sehr gute Zeit.

Aber auch unter den anderen Kapitänen, unter A. Teschner und F. Junge, so Furrer in seinem Werk über die Vier- und Fünfmaster, fuhr die *Petschili* »fast fahrplanmäßig zwischen Europa und Chile hin und her«. Teschner gelang einmal die Strecke Kanal – Valparaiso in 60 Tagen.[21]

Als der Erste Weltkrieg ausbrach, lag die Viermastbark zusammen mit der Fünfmastbark *Potosi*, dem Vollschiff *Pinnas*, dem Vollschiff *John*, dem Vollschiff *Pelikan*, der Viermastbark *Pommern*, der Viermastbark *Woglinde* und einigen deutschen Dampfern in Valparaiso vor Anker. Und draußen brauste der Norder heran.

Leider ist das Journal der *Petschili* mit dem Schiff verlorengegangen, aber die Aufzeichnungen des Ersten Offiziers der *Potosi*, Richard Sietas, geben gerade wegen seiner Nüchternheit in der Wortwahl ein ausdrucksvolles Bild der Lage:

»Sonnabend, 12. Juli:
Heftiger zunehmender Sturm. Hoher Seegang.

- 1 h a. m.:
- Alle Mann an Deck
- 1 h 15 a. m.:

Vollschiff *Pinnas* gibt Notsignale und treibt achteraus.

- 2 h a. m.:

Drahtstoppertalje (auf der *Potosi*) von der Steuerbord-Ankerkette bricht. Die Kette rauscht ca. 15 Faden aus.

Potosi treibt vor beiden Ankern etwa 100 m achteraus. Setzen neue Drahttaljen auf beide Ankerketten.[22]

Das Schiff nimmt Wasser über das Vordeck. Setzen Schaluppe an Deck.

Der Sturm artet zum wütenden Orkan aus. Windstärke 12. Hohe Wellenberge. Beobachten Notsignale von den Dampfern *Tanis, Sais, Gotha* und diversen anderen.

● 3 h a. m.:
Die Segler *Petschili*, die *Woglinde* und *Pelikan* geben Notsignale. Das Vollschiff *Pinnas* ex *Fitz James* kollidiert mit dem Vollschiff *John* ex *Leon Bureau*.

Die *Pinnas* verliert die Kreuz-Bramstenge und die Fallreeptreppe. Die Steuerbordverschanzung wird vom Kreuz- bis zum Fockmast eingebeult.

Das Vollschiff *John* verliert beide Buganker, den Klüverbaum und die Vormarsrahen.[23]

Aber die *John* hält sich vor dem Heckanker.

● 4 h a. m.: Die Viermastbark *Petschili* strandet (und geht verloren).

● 5 h a. m.:
Das Vollschiff *John* strandet. Die *Pinnas* hält sich vor einem Buganker und Warpanker auf der Stelle, an der die *John* gelegen hat.[24]

12. Juli, Tagesanbruch:
Bei Tagesanbruch sehen wir (laut Journal der *Potesi*) die *Petschili* entmastet am Strande liegen. Hohe Wellen brechen über das Wrack. Der Segler *John* liegt hoch und trocken etwa 120 m nördlicher. Die Masten und einige Rahen stehen noch. Der Kosmos-Dampfer *Tanis* ist an den Rocks gestrandet und total verloren. Das Vorschiff ist abgebrochen und gesunken. Der Dampfer *Sais* hält sich noch 50 m vor den Rocks. Der Dampfer *Gotha* und der Dampfer *Santa Rita* kollidieren. Bei der *Gotha* ist da-

bei das Heck total zertrümmert und macht viel Wasser. Bei der *Santa Rita* ist der Vorsteven zertrümmert.

Von dem Schicksal der gestrandeten Schiffe ist bis zur Stunde noch nichts bekannt.

● 9 h a. m.: Wind und See flauen allmählich ab, jedoch setzen zeitweise heftige Böen ein.

● 4 h a. m.: Schäkeln (auf der *Potosi*) eine Stahltrosse auf die Backbord-Heckmooringskette und stecken den Draht bis vor die Klüse aus. Kurz darauf brach die Lasching von der Ruderpinne, weil die Steuerbord-Heckmooring unter den Haken vom Ruderblatt hakte. Um ein Brechen oder Auslüften des Ruders zu vermeiden und um das Schiff mit dem Kopf in den Wind und auf die See zu bringen, mußte die Backbord-Heckmooring geschlippt werden, so daß dieselbe nur noch in der Backbord-Vertäukette hing.

● 5 h p. m.: So gegen 5 h p. m. brach die Backbord-Vertäukette, und die Heckmooring schlippte ganz weg. Das Schiff (die *Potosi*) liegt jetzt bedeutend besser und sicherer, da es mit dem Kopf auf den Wind und der See liegt. Gehen Seewache. Wind und See etwas handiger.

Sonntag, den 13. Juli (an Bord der *Potosi*)
● Bis 12 h a. m.:
Wind und See etwas flauer. Das Barometer fällt beständig; 750 Millimeter.

● 0 h–4 h p. m.:
Starker und zunehmender Wind.

Sturm mit heftigen Böen, Stärke 10–11.

- 5 h p. m.:

Gegen 5 h p. m. strandet der kleine chilenische Dampfer *Collico*. Gehen Seewache.

- 6 h–7 h p. m.:

Von 6 h bis 7 h beobachten wir Notsignale von den Seglern *Pommern*[25] ex *Mneme*,[26] der *Pelikan*[27] und *Woglinde*. Die Besatzung der *Pelikan* verläßt das Schiff. Sie wird mit dem Rettungsboot der Rettungsstation abgeborgen.

- 8 h–12 h p. m.:

Heftiger Sturm mit orkanartigen Böen. Der Wind holt westlicher.

Montag, den 14. Juli
- 0 h–4 h a. m.:

Wind und See nehmen ab, das Barometer steigt langsam. Sichteten den Dampfer *Sais* an den Rocks gestrandet. Das Vorschiff ragt nur noch bis zur Brücke aus dem Wasser.

- 8 h–12 h a. m.:

Schönes Wetter. Hohe Dünung. Senden ein Boot an Land mit vier Mann und dem 2. Offizier, um Proviant zu holen.

Der Kapitän bringt die Nachricht, daß die Besatzungen der *Tanis*, der *Petschili* und der *John* gerettet sind. Vom Dampfer *Sais* sind anscheinend zehn Mann ertrunken incl. Kapitan und 1. Maschinist. Kapitän Hoehs und 1. Ing. Schulze. Vom Segler *Pelikan*

Auch die ›Cromdale‹, ein als Vollschiff mit einem Portenband ausgestatteter sogenannter ›Colonialclipper‹, der im berüchtigten Südwinter 1892/1893 in den Eisbergfeldern der Kap Horn-Region so viel Glück hatte, ging durch Grundberührung verloren. Sie strandete am 25. Mai 1913 bei Bass Point, Lizard.

Auf der Reise von Iquique nach Hamburg schlug die letzte Stunde der Bark ›Maipo‹. Sie kam am 27. Juli 1879 bei den klippenreichen Scilly Islands für immer fest.

Schwere Böen preßten die Viermastbark ›Pindos‹ ex ›Eusemere‹ am 10. Februar 1912 an der Küste vor Coverack auf den Mears Rock.

ertrank der Koch Hansen infolge Kentern des Rettungsbootes.

Viele Hulken, Schleppdampfer, Lanschen und Boote sind gestrandet und ca. 75 Menschen ertrunken.[28]

Der Hafen von Valparaiso bietet einen schrecklichen Anblick.

- Die Flaggen gingen auf Halbmast!

Die Leichen der ertrunkenen Leute der *Sais* und der *Pelikan* wurden auf dem deutschen Friedhof beigesetzt!

Die *Petschili* wurde später verschrottet.

4. Die Barken »Carolina«, »Henrietta Behn«, »Paladin« und »India«

Die mexikanische Hafenstadt Mazatlan spielte um die Zeit vor der Jahrhundertwende eine recht gewichtige Rolle, zählte sie doch, die romantisierend auch Villa de los Castillos geheißen wurde (während Mazatlan mit »Ort der Hirsche« übersetzt werden kann), zu den bedeutendsten Häfen der Westküste; sie gehörte zum Staat Sinaloa, am Großen Ozean, nahe dem Eingang zum Kalifornischen Meerbusen gelegen, und hatte 1885 rund 17000 Einwohner; »Die Straßen«, so ist im alten Brockhaus nachzulesen, »enthalten große Häuser, in altcastilischem Stil gebaut, einige mit langen Säulenreihen. Die zahlreichen Läden sind gut versehen. Mazatlan hat einen ausgedehnten Handel mit England, Frankreich und den Vereinigten Staaten. Ausgeführt werden Silbererze, Häute, Felle, Rotholz, Cedern und andere Hölzer, Orseille, Kupfer und Blei...«

Daß auch deutsche Segler Mazatlan zum Ziel hatten, verschweigt das Lexikon. Den Seeleuten von FL war Mazatlan jedoch ein Begriff, wenn auch weniger der repräsentativen Stadt wegen... Vielmehr galt ihnen dieser »Ort der Hirsche« als ein Gefahrenort besonderer Art, vor allem zur Norder-Zeit.

So auch für die Besatzung der FL-Bark *Carolina*, einem 425 BRT großen Holzbau von der Hamburger H. C. Stülcken Werft, der, nur 36.60 m lang und 9.20 m breit, 1864 in Dienst gestellt worden war, und zwar für die Reederei Julius Theodor Behr, von der sie

F. Laeisz 1867 übernahm. Ihre Fahrtgebiete waren: Ecuador, Thailand, Malaya, China und Chile. Zwischenzeitlich fand die *Carolina* auch in der chinesischen Küstenfahrt Verwendung.

Am 29. September 1881 liegt die *Carolina* auf Warteposition, das heißt, sie ist bis zum Abruf vor Anker gegangen. Man ist guter Dinge. Es ist bestes Wetter – und es ist warm; das tut gut nach den Tagen und Wochen in den eisigkalten Südbreiten bei der dieses Mal etwas schwierigen und daher langwierigen Umrundung der Horn.

Kaum einer beobachtet die Veränderungen am Himmel und auch nicht, daß sich die Berggipfel der Sierra seit Stunden glasklar gegen den Horizont abheben. Und sie scheinen näher als zuvor. Urplötzlich ist der Norder da. Heulend und pfeifend und mit Windstärken, die einen ausgewachsenen Mann umwerfen könnten. Auf der *Carolina* ducken sie die Köpfe. Eben noch haben sie genüßlich ihre Mittagszeit auf dem blankgescheuerten Oberdeck verbracht, und jetzt klammern sie sich an Wanten, Pardunen oder am Deckshaus zum Niedergang fest. Das Dröhnen des Sturmwinds hört sich an wie entferntes Trommelfeuer.

Und ehe man sich unter den Männern der *Carolina* noch recht besonnen hat – der Alte hatte sich auf seine Koje zur Mittagssiesta zurückgezogen –, hören sie alle den »Kanonenschlag«: ein knallhartes, ein kreischendes Geräusch – die Ankerkette ist gebrochen. Ihm folgt unmittelbar darauf Bewegung im Schiff, das hart überkrängt, irgendwo polternd aufsetzt – und kentert.

Wieviel Minuten das schreckliche Spektakel gedauert hatte, wußte später keiner mehr zu sagen, nur, daß »es sehr schnell ging« vom Norder-Angriff bis zum

Kentern der braven und bislang sturmgefestigten Bark aus Brake. Im Reederei-Kontor wird die Akte *Carolina* mit dem Vermerk »Totalverlust« geschlossen. Den Rest besorgen die Versicherungen.

Ob und wieviel Opfer es bei dem Norder-Überfall gab, ist nicht bekannt, zumindest wird es nicht ohne Verletzte abgegangen sein.

Auch sie endete bei Mazatlan:

Die *Henriette Behn*. Sie entstand bei der Werft J. P. Dircks, Oevelgönne, der vormaligen Behn'schen Werft. 1872 aus Holz erbaut und als Bark geriggt, war sie 644 BRT und 625 NRT groß. Wer die Bark zuerst bereedert hat, ist nicht festzustellen, wohl aber, daß FL sie 1875 von der Hamburger Reederei Theodor August Behn käuflich erwarb. 1884 machte die Bark ihre erste FL-Reise Hamburg-Valparaiso-Hamburg. Dabei hatte das Schiff auf der 50°-zu-50°-Strecke keinerlei Probleme. Auch die Besatzung hatte sich »eingefädelt« und funktionierte auch bei schwerstem Wetter fast »mechanisch«, wenn man das blitzschnelle Reaktionsvermögen jeden Mannes so apostrophieren darf. Um so bedauernswerter ist das weitere Schicksal der Oevelgönner Bark: Auf der zweiten Reise geriet das Schiff, jetzt von Kapitän Ohnsorg geführt, unter der weißen Kontorflagge mit den roten Initialen FL am 15. Oktober vor Mazatlan in einen unbarmherzig schweren Norder. Der orkanhafte Sturm kam wie in anderen Fällen aus »heiterem Himmel«, und seine Wucht war den Minima bei der Horn durchaus gleichwertig.

Die *Henriette Behn* wurde platt auf die kochende See gedrückt. Und da wegen des vorher guten Wetters alle Niedergänge ins Schiff offen gefahren wurden, drang das Wasser schnell in den Rumpf ein. Strandung und Totalverlust waren nicht mehr zu vermeiden. Erfreulich nur, daß sich die gesamte Besatzung retten konnte: 14 Mann einschließlich Kapitän.

Und wieder ein Norder vor Mazatlan:
Es war Nacht, als er am 3. Oktober 1883 vor Mazatlan wütete und auch die 1877 aus Holz erbaute FL-Bark *Paladin* (564 BRT) packte, havarieren und stranden ließ. Das Schiff ankerte unter Kapitän Peter Jörgensen, als der Norder beide Ankerketten brechen ließ und das Ruder zerstörte. Die *Paladin* trieb auf Strand. Drei der zwölf Besatzungsmitglieder verloren ihr Leben. Als der Norder abflaute, konnte man noch unter großen Schwierigkeiten Teile der Ladung bergen. Man hätte sogar fast alles in Sicherheit bringen können, wenn die mexikanischen Zollbeamten auch nächtliche Löschmanöver gestattet hätten.[29]

Die Bark *India* (330 BRT, L. 35,50 m, Br. 7,00 m, Tfg. 4,50 m) wurde, seinerzeit mit 132 CL vermessen, bei Ida Oltmanns, Brake, 1860 gebaut und in Dienst gestellt. Bereits ab 1860 segelte sie für FL, und zwar bis 1863 unter zwei Laeisz-Kapitänen. Ihre Fahrtgebiete waren vornehmlich Häfen in Nordamerika, in Ecuador und in Chile. Alle diese Reisen, auch jene an die Westküste von Nordamerika, zwangen die *India* um Kap Horn. Das war damals so selbstverständlich wie eine Fahrt durch den Belt oder den Sund (solange es dort noch keinen Nord-Ostseekanal gab). Auch in Mittelamerika wurde der Panama-Kanal erst viel später in Angriff genommen, der dann den Weg um das Kap Horn ersparte (wenn der Kapitän nicht gar den zeitraubenden Törn ums Kap der Guten Hoffnung wählte, wo es indessen auch hübsch blasen konnte).

›Hein Seemann‹ nahm die Horn hin, gottergeben und auf seinen Kapitän und sein Schiff vertrauend. Segelschiffunfälle und Verluste waren damals kein ausgefallenes Ereignis, sondern fast die Regel.

1863 stehen die Sterne für die schmucke *India* schlecht. Sie kann an der Westküste einem Norder nicht ausweichen und wird unter Land gedrückt. Hier strandet das Schiff – und muß zum Totalverlust erklärt werden.

Über das Schicksal der Besatzung ist hier nichts bekannt, und bei FL sind die Archive im Bombenhagel auf Hamburg verlorengegangen.

5. Das Vollschiff »Polynesia«

In neun Tagen umsegelte die 1070 BRT große *Polynesia*, das zweite Eisenschiff und das erste Vollschiff der Reederei Laeisz, Kap Horn. 1874 war sie bei der Reiherstieg Schiffswerft & Maschinenfabrik in Hamburg erbaut worden. Sie galt damals als eine ungewöhnlich beachtenswerte schiffbautechnische Leistung. Sie war mit 61,20 m Länge und 10,20 m Breite in der Relation 6:1 schlank und rank nach der um diese Zeit gültigen Maxime: ›Länge läuft‹.

Die Reisen der *Polynesia* hatten nicht nur die obligatorische Westküste, also Chile, zum Ziel. Sie führten das Vollschiff auch nach Hongkong, Java, Mexiko, Californien, Australien und in die schwierigen Gewässer um Burma nach Rangoon. Sechs Laeisz-Kapitäne führten sie, und sechzehn Jahre machte sie gute, praktisch unfallfreie Reisen und sorgte so für Arbeit, Heuer und Brot für die Besatzung und beim Reeder für schwarze Zahlen in den Bilanzen, bis am 22. April 1890 im Englischen Kanal bei Eastburne auf der Heimreise von Iquique, beladen mit 11 239 Sack Salpeter, ihre Stunde schlug.

Bei H. G. Prager[30] liest sich das so: ›Sie hatte beim Beachy Head im Kanal infolge zu sorgloser Navigation des Kapitäns (des letzten der sechs der Reederei) Grundberührung. Die Abbringung wäre noch möglich gewesen, wenn der Kapitän nicht die Nerven und die Übersicht gleichermaßen verloren hätte.‹

Die *Polynesia* war trotz aller Bemühungen nicht mehr

freizubekommen. Sie wurde zum Totalverlust. Dem Kapitän wurde in der Seeamtsverhandlung sein Patent A 6 entzogen. Der Fall ist einmalig in der Geschichte einer Reederei, die in der Auswahl ihrer Nautiker stets eine glückliche Hand bewies.

6. Das Vollschiff »Palmyra«

Dem 1889 bei Blohm & Voss aus Stahl erbauten, 1797 BRT großen Vollschiff *Palmyra,* das, weil es ein ganz neuer Typ war, der berühmte Robert Hilgendorf einst auf der Jungfernreise in 63 Tagen vom Kanal nach Valparaiso führte, im Jahre 1908, schlägt die Schicksalsstunde. Der Südwinter dieses Jahres ist als ebenso berüchtigt wie der Südsommer in die Annalen eingegangen. Die Horn hatte das Schiff aller Unbilden dieses Jahres zum Trotz zwar glücklich gerundet. Als es aber auf der Höhe von Patagonien von einem neuen Sturm überrascht wird, verschätzt sich Kapitän Lessel, der nun der siebente Schiffsführer auf der *Palmyra* ist. Nach seiner Berechnung steht man 100 Seemeilen vom Land ab. Der Erste ist anderer Meinung. Ein aufkommender Dampfer bekräftigt das: »Wir stehen auf dem Dampfertreck. Und der verläuft dicht unter Land.«

»Dieser eine Dampfer ist kein Beweis. Wir stehen mindestens 100 Seemeilen ab.«

Unter Fock, Vorobermarssegel, Großuntermarssegel, Goßobermarssegel, Kreuzuntermarssegel, Unterstagsegel und Besan kreuzt das Schiff auf der 78. Westlänge bordwärts. So glaubt man wenigstens. Um 04.00 Uhr morgens des 1. Juli wird gehalst. Dabei sichtet man an Steuerbord Brandungssee. Lessel erkennt, daß er tatsächlich zu weit östlich steht. Eine Stunde später entdecken sie voraus erneut gischtumtobte Felsen im Wasser. Und ehe noch etwas geschehen kann, sind weißbemähnte Klippen auch an Steuerbord und Backbord zu sehen.

Joseph Conrad hat solch eine Situation einmal so beschrieben: »Ein zu lange genährter Irrtum, ein komplizierter Aufbau aus Selbstbetrug, übermäßigem Vertrauen und falschen Folgerungen bricht zusammen, entweder durch den tödlichen Schrecken oder das herzzerreißende Geräusch, mit dem der Kiel über ein Riff hinwegzukommen hofft. Nichts bringt den Seemann so sehr zur Empfindung einer ausgesprochen elenden Niederlage wie eine Strandung.«

Und H. G. Prager, der allerdings auf die erste akute Bedrohung und damit auf die Positionsfehleinschätzung nicht eingeht, schreibt zu diesem Fall: ›Ringsum Klippen, Brandung geiferte. Von einem Felsenriff konnte man sich noch durch eine Halse freisegeln. Auf die zweite Klippe brummt man vierkant auf.‹[31]

Das Vorschiff stößt auf. Brecher toben über alle Decks. Die *Palmyra* ist gestrandet.

Man kann aber, wenn auch unter großen Mühen, zwei Boote zu Wasser bringen, das große und das kleine. Das eine wird mit fünfzehn, das andere mit sechs Mann besetzt. Das unvorhergesehene Übergehen des einen Bootes und das Versinken der Kameraden in den Schaumwirbeln der kochenden Brandungssee direkt neben dem Schiffsrumpf lassen den Kapitän und den Ersten Offizier zögern, in das zweite Boot zu steigen. Sie bleiben an Bord der todgeweihten *Palmyra*, und genau das hat ihnen das Leben gerettet, denn auch das zweite Boot scheiterte, wenn auch ungesehen. Außer dem noch auf dem Havaristen ausharrenden Kapitän Lessel und seinem Ersten Offizier Thiel scheint die gesamte Besatzung den Seemannstod vor dem südlich vom Golf Ladrillo gelegenen Wellington-Island gefunden zu haben.

Die Nacht auf dem waidwunden Wrack zu verbringen, die ertrinkenden Männer der Besatzung in jeder Sekunde vor Augen, ist eine schaurige Tortur. Als der Morgen dämmert und kaltes, fahles Licht die Umgebung erkennen läßt, sehen sie, was sie an Bord bereits ertasteten und fühlten. Die *Palmyra* hatte sich inzwischen auf die Seite gelegt. Gustav Thiel drängt, und er muß fast schreien bei dem Wind und Wellengetose, als er sagt: »Es wird Zeit, daß wir das Schiff verlassen.«

»Das wollte ich auch gerade feststellen. Was haben wir zur Orientierung zur Verfügung?«

»Da habe ich schon vorgesorgt, Käptn. Hier, sehen Sie mal. Ich habe da noch eine alte englische Karte von der patagonischen Küste – und hier sind zwei Taschenkompasse.«

Kapitän Lessel ist stumm vor Verwunderung. Er nickt nur mit dem Kopf, einmal, noch einmal. Bewunderung und Dank stehen in seinen Augen.

Die Karte belebt mit der Hoffnung auch die ausgezehrten Kräfte. Auf einmal sind Werkzeuge da, die sie für die kleine Kapitänsgig brauchen. Sie bringen mit Axt, Hammer und Nägeln zwei Tischtücher als Notsegel an dem provisorischen Mast an. Proviant ist vorhanden und viel Tabak auch. »Wenn wir den nicht selbst qualmen, machen wir sicher denen an Land eine Freude«, argumentiert der Kapitän die Mengen.

Beide sind erfahrene, routinierte Seeleute. Das zeigt sich, als sie die Gig zu Wasser bringen und dabei alle Schwierigkeiten überwinden. Und auch Rasmus kommt ihnen hilfreich entgegen. Der Wind flaut ab, fast plötzlich, aber das kennen routinierte ›Kap Horniers‹ schon. Auch die See ebbt ab, nur die Dünung läuft weiterhin lang und hoch, für ihren Standort auf den Felsen aber günstig. Nur das Freikommen vom Rumpf der *Palmyra* jagt ihnen Schauer über den Rücken, denn immer, wenn das kleine Boot im Sog des Wracks dem *Palmyra*-Rumpf entgegenschwingt, besser: entgegenschießt, müssen die beiden es mit letzter, übermenschlicher Kraft abbremsen. Ganz plötzlich kommen sie frei, und das verdanken sie einer günstigen Strömung.

Auf der quirligen See kommen sie in ihrer Nußschale mit dem Notsegel nun ganz gut voran. Noch bevor die Nacht sich über das Chaos vor dem Strand senkt, glückt es, in eine Bucht einzusegeln.

Welch eine Melodie, als Sand unter dem Kiel der Gig knirscht, immer wenn sie im Brandungswellenauslauf aufsetzt.

»Warum freuen Sie sich nicht?« will der Erste wissen, als Kapitän Lessel durch das kalte Wasser dem Strand entgegensteigt. »Wir haben es doch geschafft.«

»Wir ja, Gustav Thiel, aber...«

Sie vertreiben sich an der Landungsstelle die Nacht mit immer neuen Bewegungen, um munter zu bleiben. Hin und her, auf und ab – wie einst auf der Brücke der *Palmyra*.

Als es mit trübem Licht hell wird, ist dort, wo die *Palmyra* auf den Felsen auflief, nichts mehr zu sehen. Die See hat sie in die an der Küste steil abfallende Tiefe gezerrt, und mit ihr 21 Kameraden.

Nach Hans Georg Prager[32] ›wurden sie bei den Mühen, auf Menschen zu stoßen, die ganze nächste Zeit von feuerländischen Indianern heimlich beobachtet‹. Und weiter heißt es: ›Die beiden Deutschen wagten sich mit der Nußschale von Kapitänsgig auf die weite Reise. Sie waren unter unsäglichen Strapazen volle drei Wochen in der Wildnis und Wasserwüste unterwegs, ehe sie von einem Regierungsdampfer aufgenommen wurden.‹

Bei Jürgen Meyer[33] liest sich die Rettung anders: ›Unter unsäglichen Strapazen erreichten sie nach drei Wochen, am 20. Juli, die Leuchtturm-Insel Evangelistas vor der Magalhãesstraße. Dort wurden sie aufgenommen und verpflegt, bis sie endlich von einem Regierungsdampfer abgeholt wurden und am 19. August in Punta Arenas landeten.‹

Auf Veranlassung des dortigen Deutschen Konsulats schickte die chilenische Regierung sofort ihren Dampfer *Condor* auf die Suche nach dem Großboot. Als man nach vier Wochen Forschens noch keinerlei Spuren des Bootes gefunden hatte, kehrte man wieder nach Punta Arenas zurück.

7. Das Vollschiff »Pellworm«

Nur durch einen Zufall entging es einer Strandung bei Kap Horn...

Einen Zufall? So sagt man.

Das 2270 BRT große Vollschiff *Pellworm* ex *Faith* ex *Marechal Suchet* wurde 1902 in Frankreich gebaut, kam 1924 unter die Flagge von FL und ging im gleichen Jahr noch von Nantes, dem bisherigen Liegeplatz unter französischer Flagge, aus nach Chile in See, mit Taltal als Zielhafen. Die Anreise verlief normal. Doch die Unruhe wurde fühlbarer, je näher das Schiff dem 50°-zu-50$\sqrt[3]{}$-Törn kam.

Das Barometer begann auf 56°30' Süd plötzlich zu fallen.

Aus Wind wurde Sturm. Statt Möwen kamen Albatrosse. Aus den Wellen wurden rollende Hügel.

Das große Handruder bedienten jetzt südlich von 50° Breite an manchen Tagen sogar mehr als zwei Mann. Heinrich Hauser wird eine solche Szene später einmal aus eigenem Erleben so sehen:

»Es wundert mich, daß nicht viel mehr passiert bei solchem Wetter. Drei Mann stehen wieder am Ruder und können das Rad kaum halten. Wir laufen jetzt mindestens zwölf Meilen in der Stunde vor dem Wind... Die See ist ganz wahnsinnig... ungeheure Berge. Ich denke manchmal, daß sie höher sind als die Großrah. Ich spüre bei den Jungen, daß sie Furcht haben. Und auch ich habe Furcht – so wahr ich lebe... vor dem, was kommt: Vor Kap Horn.«

Aber die *Pellworm* hatte Glück, wenigstens was das böse Kap anging, das sie am 30. September ohne Schwierigkeiten passierte. Dann aber stemmten sich aus westlicher Richtung anströmende, schnell hintereinander folgende, regelrechte Orkane gegen sie. Einer löste den anderen ab. Jeder mit Windstärken zehn und elf und in den Böen mehr.

Der Kampf, den freien Raum im Pazifik zu gewinnen, um von hier Nord zu machen, scheint aussichtslos. Diese Viermastbark wäre nicht der erste Tiefwassersegler, der beidrehen oder wegen schwerer See- und Sturmschäden aufgeben und zurücklaufen muß.

Die Seeschäden durch die über Deck und Luken donnernden Wassermassen mehren sich. Wehe, wenn die Luken eingeschlagen werden. Aber noch widerstehen sie dem Hammer der See. »Obwohl das Schiff in Ballast segelte, war ständig Wasser an Deck, und die Tür zur Kombüse wurde eingeschlagen.[34]...«

Kapitän Albert Wist nimmt es von der heiteren Seite: »Endlich macht einmal ein Berufener Großreinschiff im Smuts-Revier.«

Ein Gewitter mit schwarzgrauen Wolken tobt sich aus und entbietet ein grandioses Naturschauspiel, das Nöte und Sorgen vergessen läßt. Blitze rundherum, die die tiefsegelnden Wolkenmassive in ihr grelles Licht tauchen. Einer der eingeschlagenen Blitze zerstört die Funkstation und hat eine Kompaßmißweisung zur Folge. In der Tat stellen die Nautiker später eine Fehlweisung von 37° fest. Das Barometer schwankte jetzt zwischen 726 mm und 712 mm. Das war ein Tiefstand, den man dem Kapitän später in Montevideo nicht abnehmen wollte, bis er ihn, resigniert ob solcher Zweifel an seiner fachlichen Qualifikation, anhand der Kurven des Barographen vom 4. Oktober belegte.

Die abendliche Freiwache hatte Order bekommen, sich mit Ölzeug und Seestiefeln in der Segelkoje schlafen zu legen, um bei Not am Mann sprungbereit zu sein. Um 22.00 Uhr muß sich die Wache auf dem Achterdeck in Sicherheit bringen, da es vorne wegen der Brecher und bei dem wilden Arbeiten des Schiffes lebensgefährlich geworden ist. See und Luft sind eine einzige Gischt. Es weht ein voller Orkan. Der Druck auf das Ruder wird so stark, daß sieben Mann Mühe haben, das Doppelrad zu halten und zu bewegen.

Als dann auch noch kurz nach Mitternacht der Sandballast mit einem Ruck in Bewegung gerät, liegt die *Pellworm* bereits nur noch unter Marssegeln. Der Viermaster liegt so stark auf der Seite, daß die hart angebraßte Großrah bis zum Außengording in die See taucht. Die *Pellworm* gerät in dramatische Schwierigkeiten. Mit dem übergegangenen Sandballast krängt das Schiff konstant um 25° nach Steuerbord über, wozu ja auch noch die See- und Windkrängung kommen.[35]

»Das Schiff lag jetzt mit dieser Schlagseite quer zur See und mit der Leereling unter Wasser.«[36]

Alles, was nicht niet- und nagelfest war, wurde über Bord gewaschen, einschließlich des Schweinestalls.

»Am 5. Oktober flogen das Vor- und Kreuzuntermarssegel aus den Lieken. Bei einem Barometerstand von 726 mm und Windstärke 12 trieb das infolge Schlagseite steuerlose Schiff auf die Felsen von Kap Horn zu.

In Sichtweite des berüchtigten Kaps traf plötzlich eine besonders schwere See das Vorschiff der *Pellworm* und schleuderte den Segler um 90° nach Steuerbord, so daß er von den todbringenden Felsen freikam.«[37]

Inzwischen hatte der Kapitän Freiwillige in die Laderäume mit Pützen, Eimern, Dosen und Schaufeln geschickt.

Und wer keine Schaufel bekommt, nimmt die Hände oder leere Konservendosen. Pütz auf Pütz wandert in den Ketten, die die Männer bilden, auf die andere Seite, die Luvseite hinauf, wo der Sand als sich nur ganz langsam mehrendes Gegengewicht aus- und aufgeschüttet wird. Auch die wachfreien Offiziere packen mit an, auch die Funktionäre – der Smut, der Zimmermann, der Schmied, der alte Segelmacher. Licht liefern Seenotfackeln und Petroleumfunzeln, deren Qualm das Atmen erschwert. Frischluft zuzuführen ist unmöglich, die Luken müssen dicht bleiben.

Einer der Matrosen, der spätere Kapitän Stumpf, erinnerte sich: »Zuletzt lagen wir auf den Knien und schaufelten, da wir nicht mehr stehen konnten.«[38] Was es heißt, um sein Leben zu schaufeln, weiß nur der, der es mitgemacht hat! Über ihre schweißnassen, vom Qualm der Ölfunzeln geschwärzten Gesichter huschten bei dem wilden Schlingern Licht und Schatten. Aus weit aufgerissenen Augen beobachteten sie eine im Raum pendelnde Flasche, die ihnen die Schräglage anzeigte und immer schräger zu hängen kam, da der lose Sand beim starken Überholen des Schiffes immer wieder zurückrutschte. Es waren gespenstische Szenen. Zwischendurch gab es einige Bissen Fleischkonserven, die sie hinunterschlangen, und einen Schluck Bier. Sie bückten sich mit krummen Armen und schaufelten weiter, versuchten die gebrochenen Planken zu ersetzen und den rieselnden Sand durch ein ausgebreitetes Segel festzuhalten.

War es Tag, war es Nacht?

Vier Tage! Vier Tage und vier Nächte schuften die Männer von der *Pellworm* – in allen Laderäumen. Hier und dort steigt auch der Kapitän ein. Er zeigt sich zwar ernst, aber er kennt keine Verzweiflung oder gar Angst.

»Wir schaffen es... Wir müssen es schaffen.«

Eine Buddel mit Jamaika-Rum macht die Runde, vom Alten persönlich serviert. »Für jeden einen Daumenbreit. Das belebt.«

Daß der Kapitän die Gründe kennt, sagt er nicht. Auch mit seinen Steuerleuten spricht er nicht darüber, daß er beim Auslaufen zusätzlich Sand als Ballast gefordert hatte – und auch, daß der an Bord befindliche Sand während der langen Aufliegerzeit vor dieser Reise zu trocken geworden war. Zu trocken heißt – er war beweglicher, fließender Ballast. Wenn sich seine Meinung auch mit der von anderen nicht deckte – am Ende sollte er recht behalten, denn der Ballast kam, wie befürchtet, ins Rutschen...[39]

Nun, am vierten Tag, scheint es geschafft. Die *Pellworm* liegt wieder auf ebenem Kiel. Und sie schwingt zurück, wenn sie in Wind und See im Rhythmus arbeitet. Auch die Querschifflage hat man überwunden, gleich, als das Schiff mit Segeln und Ruder wieder manövrierfähig wurde. Zunächst blieb sie beigedreht, mit dem Bug in Wind und See. Nun aber hebt der Alte die Hand mit geballter Faust, allen sichtbar, die sich an Deck aufhalten.

»Geschafft!« und »Gerettet« – vorerst, wie das Schicksal will.

Während der vier Tage vom 5. bis zum 9. September, die man für das Umtrimmen des Sandballastes benötigte, war das Schiff im Bereich der Roaring Forties und im Cape-Horn-Current weit nach Südosten getrieben worden, wieder vorbei an der Höhe von Kap Horn – bis auf den 36.- 37.- 38. West-Längengrad und 80. Süd-Breitengrad in den Bereich der hier liegenden South George-Islands. Von dort beträgt die Distanz – um die Strecke zu verdeutlichen, welche die *Pellworm* während des Zurücktrimmens des Sandballastes vertrieb – bis zu den Falklands 1300 km.

Nachdem aufgeklart und mit Bordmitteln repariert ist, was repariert werden konnte und mußte, schreckt Kapitän Albert Wist nicht davor zurück, die *Pellworm* erneut auf Kurs »Taltal for ordre« zu legen, nachdem man während der zwangsweisen Instandsetzungszeit auch den erschöpften Vorrat an Frischwasser ergänzt hatte. Mit Hilfe des Donkey-Kessels hatten sie über einen Kondensator Meerwasser zu Frischwasser umfunktioniert.

Bei Jürgen Meyer[40] ist nachzulesen, wie die wahrlich dramatische Westküstenreise weiterging:

»Am 14. Oktober war es soweit, daß wieder Kurs auf Westen in Richtung Kap Horn abgesetzt werden konnte. Mit günstigem Wind kam die *Pellworm* bis auf 80 Seemeilen an das Kap heran, just, als wieder ein starker Sturm aus Nordwesten einsetzte und das Schiff abermals bis auf 62° Süd abtrieb. Nach Raumen des Windes konnte wieder nördlich gesteuert werden, und am 28. Oktober stand das Schiff erneut ostwärts von Kap Horn.

Da nun aber am 14. Oktober die Lenzpumpe entzweigegangen war, konnte das in den Laderaum eingedrungene Wasser nicht mehr gelenzt werden, und die Schiffsführung entschloß sich, Montevideo als Nothafen anzulaufen.

Ende Oktober stand das Schiff südlich von Staten Island mit Kurs auf Montevideo. Erst am 16. November 1924, nach einer Reise von 124 Tagen, lief die *Pellworm* auf dem La Plata in Montevideo ein.« Für die Fachwelt war die Kehrtwendung eines P-Liners und das Einlaufen in Montevideo nach 124 Tagen Seefahrt eine Sensation. Was hätte wohl einen Laeisz-Kapitän mit noch drei vollgeriggten Masten über sich bewegt, mit einem Schiff umzudrehen, denn vor dem Kap wurde nur kapituliert, wenn »es brach«[41], das heißt, wenn die Masten über Bord gingen. In großen Lettern macht am 19. November 1924 die argentinische Zeitung *La Ranzo* diese Sensation auf.

Kaum eingelaufen, veranlaßte Kapitän Wist die Überholung der *Pellworm*. Der Sandballast wurde von vorn nach achtern getrimmt. Anschließend baute die unermüdliche Besatzung neue Längs- und Querschotten. Sie trimmte den Sand wieder mittschiffs und laschte ihn.

Die Männer wollen nach Taltal, und sie werden sich dabei, ob sie wollen oder nicht, erneut mit der Umrundung des Teufelskaps südlich von Feuerland herumschlagen müssen.

Das ist ihr Los...

Da trifft es Kapitän und Besatzung in ihrem seemännischen Eifer daher wie ein Hammerschlag: Die Reederei hat die Rückreise und somit die Heimkehr befohlen. Als Begründung nennt das FL-Kontor den plötzlichen Kursverfall für Salpeterfrachten von 135 auf 30 Dollar.

Kapitän Wists Erklärung ist zwar einleuchtend, doch

sie befriedigt die *Pellworm*-Seeleute nicht. Nach zwei Niederlagen vor Kap Horn und ihrem Triumph über ein kenterndes Schiff sind sie, nun vom Reeder zur Aufgabe gezwungen, tief gekränkt und in ihrem seemännischen Ansehen getroffen.

Es ist jedenfalls kein Trost, wenn Kapitän Wist seiner Crew klarmacht, daß »man selber«, die Deutschen nämlich, an dieser Baisse im Salpeterfrachtgeschäft Schuld habe. Ein Professor Fritz Haber, Breslauer von Geburt, habe ein technisches Verfahren zur synthetischen Stickstoffbindung aus der Luft entdeckt. Jetzt nun stellten Haber-Bosch-Fabriken im eigenen Lande künstlich her, »was wir unter Mühen und Opfern als Naturprodukt aus Chile holten«.

Und zu seinen Offizieren gewandt macht er später die Rechnung auf, daß trotz des Preisverfalls Salpetertransporte mit Segelschiffen ein gutes, wenn auch nicht mehr ausgesprochen exklusives Geschäft seien. (Schließlich gab es noch Anfang der 30er Jahre Tiefwassersegler in der Salpeterfahrt.)

Aber auf halbem Wege heimkehren... umkehren zu müssen, das traf die von der *Pellworm* schwer.

Und der Unstern strahlte weiter, denn auch die Rückreise brachte Probleme.

»In Montevideo hatte man Proviant für 60 Tage an Bord genommen. Dieser stammte zum größten Teil von der seeuntüchtig gewordenen Hamburger Bark *Sterna*, die vor Montevideo die Masten geworfen hatte und eingeschleppt und anschließend abgewrackt worden war. Da sich die auf etwa 60 Tage angesetzte Rückreise der *Pellworm* durch widrige Winde sehr verzögerte, setzte man die Besatzung am 5. Februar 1925 auf halbe Ration. Am 14. März mußte der Proviant aus den Rettungsbooten angegriffen werden. Seit Wochen bekam die Mannschaft nur ungefähr 200 g Hartbrot und eine dünne Erbsensuppe ohne alles täglich als Ration.

Am 28. März war die Backbordwache beim Segelsetzen und Brassen vollkommen schlapp geworden, so erschöpft, daß nicht einmal mehr das Deck aufgeklart werden konnte. Am gleichen Tage bekam man von einem englischen Fischer Miesmuscheln und Fische. Die gekochten Miesmuscheln wurden gierig verschlungen. Jedoch waren die Mägen der Männer derart geschwächt, daß sie sich alle übergeben mußten. Erst die später verzehrten Fische bekamen den *Pellworm*-Seeleuten besser.«

Am 1. April mußte der *Pellworm*-Kapitän den entgegenkommenden Dampfer *Sietas* um Proviant bitten.

Am 2. April 1925 faßte ein Schlepper die *Pellworm* beim Feuerschiff *Elbe I* und taute sie nach Hamburg.

Kapitän Albert Wist meldete die *Pellworm* nach 261 Tagen Abwesenheit im Heimathafen im FL-Kontor zurück.

Sehr genau aufgeschlüsselt ist der weitere Lebensweg des unglücklichen Vollschiffes. Es wird der Syndikatsreederei in Hamburg übergeben und dient dem Hafenbetriebsverein als Wohnschiff für Streikbrecher im Hamburger Hafen.

Das hatte die auch im Unglück tapfere *Pellworm* nun wahrlich nicht verdient.

Anfang der 30er Jahre mixt Blohm & Voss die *Pellworm* zur schwimmenden Jugendherberge um, die von nun an liebevoll *Hein Godewind* geheißen wird, obschon ihr Schicksal mit schlechtem Wind verbunden war. Sie wird an den Landungsbrücken festgemacht, gepflegt, gehegt und schöngemacht, ein Stück Segelschiffgeschichte für den Hamburger Hafen.

1943 treffen Fliegerbomben den ausgedienten Square-Rigger. Und wieder gibt man nicht auf. Die *Hein Godewind* wird repariert – danach aber der Luftwaffe als Zielschiff überlassen. 1944 wird sie in dieser Eigenschaft in der Ostsee nach Bombentreffern gewaltsam versenkt.

8. Das Vollschiff »Peiho«

Als das 1906 vom Reeder M. G. Amsinck angekaufte und in Peiho umbenannte ex Vollschiff *Argo* ex *Brynimor* nach den Wirren des Ersten Weltkrieges 1921 wieder unter die FL-Flagge kommt, tritt es 1923, mit Stückgütern beladen, unter Kapitän Kleist die Reise nach Valparaiso an.

Am 15. März kommt auf 53° 07 Süd und 64° 23 West Nebel auf. Die Stromversetzung um 36 Seemeilen ist zunächst nicht zu erkennen.

Zuerst singt der Ausguck unerklärliche dunkle Schatten voraus aus. Kapitän Kleist, vor dem Krieg Erster Offizier auf der *Pamir*, entdeckt sie gleichzeitig: die Berge der nahen Küste. Das kann nur Feuerland sein. Er handelt instinktiv und schnell. Aber die Wende versagt, weil zu wenig Wind herrscht. Und die umständlichere Halse, mit der der Kapitän das drohende Unheil noch abzuwenden hofft, versagt den Erfolg. Die *Peiho* rammt sich in den Grund fest.

»In die Boote«, ist der nächste Befehl.

Sie erreichen die kleine Bucht Caleta Falsa an der Nordküste von Feuerland und westlich der Le Maire-Straße. Der Himmel war mit den Männern, denn Stunden später wird aus dem anfänglich schwachen Wind ein handfester Sturm, der zu allem Überfluß auf Nordosten dreht.

Am 16. März gehen die Masten der *Peiho* über Stag, und danach bricht sie auseinander.

Die Überlebenden geben nicht auf. Sie erreichen mit

den Booten unter Segeln den Hafen von St. Johns, segeln weiter zum New Year Island: endlich Menschen, die in dem argentinischen Regierungsdampfer für schnelle Hilfe sorgen.

Eine Untersuchung ergibt später: Die Strandung der *Peiho* ist auf eine unkontrollierbare Stromversetzung zurückzuführen.

9. Die Bark »Papa« und die Viermastbark »Pisagua«

Unter den FL-Schiffen, die nach dem Verkauf durch die Reederei verlorengegangen sind, sind einige das Opfer höherer Gewalt oder ausgesprochen unglücklicher Umstände geworden. Eines dieser Seeopfer war die, wie sie bei FL geheißen wurde, »schnelle« *Papa*, eine hölzerne Bark, die im Winter 1880/81 trotz schlechtester Wetterverhältnisse unter dem Kommando von Kapitän Blöse 150 Tage vom Kanal bis nach Shanghai brauchte. Sie war, was die Reiserouten anging, ein Allroundschiff, das nach Nordamerika, Mexiko, Westafrika, China und in die Südsee fuhr. Auch Kapitän Piening, der spätere Inspekteur der Reederei F. Laeisz, zählte zu den FL-Kapitänen, denen die *Papa* in den Jahren 1865 bis 1882 (das sind immerhin 17 Jahre unter FL-Flagge) anvertraut war. 1882 kaufte der Däne H. J. Havermann aus Rudkjöbing das nur 450 BRT große, 38,10 m lange und 8,50 m breite Schiff. Er beließ es bei dem alten, bewährten Namen. Noch im November 1890 strandete die *Papa* im Englischen Kanal vor Orfordness und wurde, da schwer havariert, abgewrackt.

Sieben FL-Kapitäne fuhren die 1892 bei Tecklenborg erbaute Viermastbark *Pisagua*, die volle 20 Jahre treu und brav ihre Dienste für die Flagge F. Laeisz leistete. Darunter machte sie – von J. Meyer als ein »wundervolles Schiff« apostrophiert – 1901 unter Kapitän Nissen eine Rekordreise von Australien zur Westküste in nur 32 Tagen. Es war am 16. März 1912 im Englischen Kanal, als der randvoll mit Salpeter beladene 2852 BRT große Tiefwassersegler unter dem Kommando von Kapitän Dahm südlich von Beachy Head von dem englischen Dampfer *Oceana* der Peninsular & Oriental Steamship Co. gerammt wurde. Der P & O-Liner war der *Pisagua* unbekümmert vor den Bug gefahren, ohne die Ausweichpflichten zu beachten. Auf der *Pisagua* wurde bei der Ramming der Bugsprit abgebrochen, das Vorschiff vollkommen eingedrückt und die Vorpiek bis zum Kollisionsschott aufgerissen. Außerdem kam die Voroberbramstenge bei dem Aufprall von oben, ohne jemand zu verletzen.

Die auf der Ausreise von London nach Bombay stehende *Oceana* war vierkant mittschiffs getroffen worden. Der schmucke P & O-Liner sank schnell, doch noch langsam genug, daß wenigstens die Rettungskutter zu Wasser gebracht werden konnten. Eines der noch zu Wasser gebrachten Rettungsboote kenterte. Sieben Fahrgäste und vier Mann der *Oceana*-Besatzung, darunter der Kapitän, kamen um. Sie ertranken, ohne daß ihnen Hilfe geleistet werden konnte.

Die *Pisagua*, die sofort beidrehte und alle Segel weg nahm, kümmerte sich um die Überlebenden, die sie alle – bis auf die Unglücklichen im gekenterten Rettungskutter – übernehmen konnte. Die Viermastbark konnte nach Abschluß der Rettungsaktion von dem durch Notsignal herbeizitierten Schlepper *Arcadia* auf den Haken genommen werden. Vor Dover manövrierte der Schlepper so dicht an den Molenkopf heran, daß die *Pisagua*, vom Wind gedrückt, mit der Westmole kollidierte. Bei dem Aufprall wurden Spanten verbogen und Außenhautplatten verbeult. Auch hier wurde Kapitän Dahm von jeder Schuld freigesprochen.

Die norwegische Reederei A/S Örnen in Sandefjord nutzte die Gelegenheit, den Segler für gutes Geld aufzukaufen, um ihn zu einer Walkocherei umzubauen. Aber mit der Ramming im Kanal war das Glück, das der *Pisagua* unter der FL-Flagge 20 Jahre treu geblieben war, ausgestiegen. Auf der ersten Ausreise ging die *Pisagua* unter norwegischer Flagge verloren. Sie strandete in der Antarktis bei den South-Shetland-Inseln. Es wurde ein Totalverlust.

10. Die Bark »Plus«

Sage und schreibe 48 Jahre hatte die eiserne Bark *Plus* die Meere der Welt durchpflügt, davon 23 Jahre unter der FL-Flagge, als sie das Opfer einer Grundberührung wurde.

Blohm & Voss hatte das immerhin 1268 BRT große Barkschiff anno 1885 erbaut. Mit 69,10 m Länge und 10,90 m Breite übertraf sie in ihren Maßen sogar das nur 1070 BRT große Vollschiff *Polynesia*. Mehr noch: Allan John Villiers, der in Melbourne geborene britische »master mariner and marine author«, faßt sein Urteil über dieses Blohm & Voss-Schiff zusammen in: »Es manövrierte wie eine Yacht, und es pflügte durch das Wasser wie ein Clipper. Aber so waren viele der Laeisz-Schiffe, große wie kleine.« Wie auf diesem Vollschiff führten auch auf der *Plus* sechs Laeisz-Kapitäne das Kommando in der Chile-Fahrt und bei einigen Einzelreisen nach den USA, nach Ecuador und sogar bis nach Wladiwostok.

Mit ausgestreckten Armen empfing der Reeder Laeisz seinen Kapitän, der nach einer 1866 bis 1867 durchgeführten Reise Kanal – Valparaiso in nur 61 Tagen wieder in Hamburg einkehrte. Das läge am Namen, wehrte der Kapitän bescheiden ab. »*Plus* zu heißen, ist eben auch für ein Schiff eine Verpflichtung.«

So schien es bei dieser Bark, denn als Markenzeichen erwies sich die *Plus* auf dem Törn von Lizard nach Wladiwostok im fernöstlichen Revier. 1898/1899 brauchte die *Plus* für die riesige Strecke 128 Tage.

Nach 1908 wechselten die Eigner. FL verkaufte das letzte Eigenschiff seiner Reederei an den Norweger H. Hansen in Lillesand. 1927 dann machte sich die unermüdliche *Plus* für den Reeder H. Lundquist in Mariehamn auf den Ålandsinseln in der Holzfahrt Finnland–England nützlich.

Es geschah nach einer vierzehntägigen Reise von London an einem 13. (genau am 13. Dezember 1933) in der winterlichen Ostseefahrt, als die *Plus* im diffusen Dämmerlicht des Tages westlich vom Finnenbusen Grundberührung hatte. Ursache für diese Art »Strandung« war ein plötzlich aufkommender handiger Sturm mit viel Schnee, der die *Plus* versetzt hatte. Von den 15 Mann Besatzung, die an das nahe Land zu schwimmen vesuchten, kamen elf um. Nur vier hielten durch und erreichten die Küste.

Verdient hatte die brave *Plus* dieses heimtückische Ende nicht. Doch danach fragen weder Poseidon noch Rasmus.

11. Die Viermastbark Placilla

Die 2845 BRT große *Placilla* war die erste Viermastbark der Reederei F. Laeisz. Sie war nicht nur aus Stahl und 1892 bei Tecklenborg erbaut, sie war bereits eines der später üblich werdenden Dreiinselschiffe. Wer anders wurde bei FL ihr erster Kapitän als Robert Hilgendorf, der Pommer, ein mit allen Wassern gewaschener, echt gewachsener Pommer.

Gleich auf der Jungfernreise zwang er den Neubau zu einem Rekord. Er knüppelte die am 26. Februar 1892 aus der Weser ausgelaufene *Placilla* in nur 58 Tagen von Lizard bis Valparaiso. Das war die bisher schnellste Reise von einem Segelschiff gleich welcher Nation.[42]

Wie gut das Schiff segelte, beweist eine Auflistung bei Jürgen Meyer.[43]

Unter Robert Hilgendorf:
1892	Iquique-Kanal	75 d
1892/93	Kanal-Valparaiso	65 d
1893	Iquique-Kanal	75 d
1893	Lizard-Valparaiso	76 d
1893/94	Iquique-Lizard	89 d

Unter Kapitän Otto Schmidt:
1894/95	Lizard-Iquique	70 d
1895	Pisagua-Lizard	78 d
1897	Lizard-Valparaiso	72 d
1897	Iquique-Lizard	77 d
1898	Lizard-Valparaiso	56 d
1898	Lizard-Valparaiso	59 d

1901 kauften die »96«er (die Rhederei-Actien-Gesellschaft von 1896, Hamburg) die stählerne Viermastbark, die Reisen in den Nordpazifik, nach San Francisco, Newcastle und Taltal machte. Am 11. Januar 1905 endete sie nach 13 Lebensjahren durch Strandung, und zwar nach Jürgen Meyer auf den Haisborogh-Sänden unter der englischen Küste, nach H. G. Prager[44] auf den Haisbro-Sänden vor Schweden.

Die Brigantine (auch Schonerbrigg) ›Jeune Hortense‹: Alles kam so plötzlich am 17. Mai 1888 bei St. Michael's Mount, daß nicht einmal die Segel geborgen werden konnten. Auflandige Seen und auflandiger Sturm schoben das von seiner Besatzung verlassene Schiff immer höher auf den Strand.

Die Barkantine ›Voorspoed‹ strandete 1901 auf der Reise von Cardiff nach Bahia in der Nähe von Perranporth an der Küste Südwest-Englands.
Ein plötzlich aufkommender Schneesturm warf das Viermastvollschiff ›Bay of Panama‹ am 10. März 1891 wenig nach Mitternacht auf die Küste von Cornwall bei Nare Point auf die Rocks.

12. Das Vollschiff »Parnassos«

April, 1913. Freude und Jubel herrschen auf dem Vollschiff *Parnassos*.[45] Nach einer wenig befriedigenden, weil mit 120 Tagen etwas zu langen Reise von Chile um die Horn nach Queenstown in Irland soll der Vollrigger von hier nach Hamburg geschleppt werden. Emotionelle Empfindungen sind für den Geldbeutel noch nie von Nutzen gewesen. So auch hier, da mit dem die frohe Nachricht überbringenden Reedereivertreter auch irische Händler an Bord geklettert sind. Gute englische Pfunde zerfließen unter den Händen, Pfunde, die damals noch 20 Reichsmark und 40 Pfennige wert waren.

Man kauft ein: warme Kleidung, denn man ist wieder im noch ein wenig winterlichen Old Europa, feine gelbe Schuhe, feine gelbe Handschuhe, passend zu den Schuhen, und Uhren, made in Germany...

Beim nächsten Regen schon fallen die Schuhe auseinander, laufen die Anzüge ein. Die Hosen werden einen Fuß kürzer, die Ärmel ebenso. Was nützen Flüche von der Qualität der Fischweiber in Hamburg oder Königsberg.

Bald hat der Schlepper *T. U. Joliffe* die *Parnassos* mit ihren 3000 Tonnen Salpeter im Bauch an die Leine genommen. Über einen kurzen Aufenthalt in Dover, den der Schlepperkapitän erbat, weil, wie er sagte, irgend etwas *wrong* an der Maschine seines Schleppers sei, kommt man schnell in die graugrüne Nordsee. Um den Schlepper zu unterstützen, hat der *Parnassos*-Kapitän klugerweise Marssegel, Fock und Stagsegel setzen lassen.

War das Wetter unter Hollands Küsten bis dahin gut, klar und in der Nacht feuersichtig, so setzt jetzt Regen ein, jener feine Nieselregen, der die Sicht zusammenschrumpfen läßt und fast wie Nebel wirkt. Mit dem Regen kommt Wind auf. Das ist nicht gut, denn: »Kommt erst der Regen, dann der Wind, dann Seemann stehe auf geschwind.« Weiter heißt es in dieser seemännischen Spruchweisheit: »Kommt erst der Wind und dann der Regen, kannst du dich ruhig schlafen legen.«

Es kommt wie vorausgesagt: Der Wind nimmt zu, die See geht höher. Die *Parnassos* arbeitet in der quer, immer schwerer und immer höher laufenden See. Sie rollt von Backbord nach Steuerbord. Dann und wann holt sie, unter der Wucht eines Rollers, beängstigend über. Wasser brandet an Deck und bricht donnernd über den Luken zusammen.

Mehr springend als gehend sind plötzlich Seeleute an den Luken. Ihre Arbeit ist nicht gerade angenehm, denn immer, wenn eine solche See überbrandet, verschwinden sie in dem frühjahrskalten Wasser. Es kostet Kraft, viel Kraft, sich dabei an den Strecktauen oder am Lukensüll festzuhalten. Aber sie schaffen es: Sie untersuchen jede Luke, sie schlagen die Keile fester, sie zurren die Luken wieder seefest.

Dennoch ist man an Bord guter Dinge, wie immer, wenn das Feuerschiff *Elbe I* bald in Sicht kommen muß. Und diesem laufen sie, den schnaufenden Schlepper voran, in dieser dunklen, regenschweren und böigen Nacht entgegen.

Es geht auf die zweite Morgenstunde des 18. April 1913 zu, als ein mächtiger, ein fürchterlicher Stoß den

Schiffskörper vom Kiel her erschüttert. An Bord hören sie danach ein immer lauter werdendes Knirschen. Ein zweiter Stoß folgt. Wieder ist dieses ekelhafte, knirschende Geräusch zu hören. Ein neuer Stoß, rumpelnd, grollend, und wieder dieses Knirschen. An Deck hat die Wucht des ersten Stoßes einigen Leuten die Füße weggerissen. Wie bei einer Minenexplosion.

Die *Parnassos* sitzt fest.

Dem Geräusch zwischen den Stößen nach zu urteilen, ist sie auf eine Felsenbank aufgelaufen. Nach der Seekarte kann es sich dabei nur um die von Terschelling handeln. Und wer unter altbefahrenen Seeleuten von Terschelling spricht, denkt daran, daß der Seeraum um diese westfriesische Insel einer von den besonders berüchtigten Schiffsfriedhöfen ist.

Dann wird wohl keine Hoffnung mehr sein...

Nur: Warum kam nichts von oben, als die *Parnassos* aufsetzte? Warum brachen bei dem kraftvollen unterirdischen Stoß nicht Stengen und Rahen, denn der Segler brummte mit ziemlicher Fahrt auf die Bank auf? Zum Stoß trat ja noch die sich bis in die Takelage auswirkende Fliehkraft des plötzlich gestoppten Schiffes.

Inzwischen hat der Schlepper, um nicht die Schlepptrosse in die Schraube zu bekommen, einen respektvollen Bogen gefahren. Langsam nähert er sich bis auf Rufweite. Der Kapitän der *Parnassos* hat jetzt anderes zu tun und zu denken, als sich mit dem Schlepperkapitän, der, so der an Bord der *Parnassos* befindliche spätere Kapitän Fred Jung, »diesen Teil der Nordsee wie seine Westentasche kennt«, über das Warum und Wieso und Weshalb auseinanderzusetzen.

»Mann, setzen Sie sich sofort wieder vor... towen

Sie erneut... lassen Sie Ihre Maschinen alle Kraft laufen... Ich unterstütze Sie mit Segeln...«

»Das Schiff ist verloren... Hier holen es auch drei und mehr Schlepper nicht herunter...«

»Tun Sie, was ich befehle...«

»Natürlich tue ich es, vielleicht klappt es sogar, wenn Sie mit Segelkraft helfen.«

Mit Segelkraft helfen! Das heißt weitere Segel erst einmal losmachen, vier weitere Segel erst einmal setzen. Und das auf einem Schiff, das von jeder neuen auflaufenden See angehoben wird, um danach, mit dem folgenden Wellental, erneut auf den Sandsteinfelsen abzusinken.

Es kracht in den Masten.

Wanten, Stagen und Pardunen singen gefährlich wie ein bis zum Bersten überspannter Bogen, immer, wenn der Kiel aufsetzt, immer, wenn sie durch die Wucht des Aufpralls steif gesetzt werden. Jeden Augenblick können sie brechen. Jeden Augenblick können dann tonnenschwere Stahlrahen und Stengen von oben kommen.

Als der *Parnassos*-Kapitän nun aber den Befehl erteilt, die Bramsegel loszumachen und zu setzen, ist keiner an Bord, der sich drückt, keiner bleibt an Deck zurück, Offiziere und Mannschaften entern in die gefährdeten Takelagen. So schnell wie noch nie überwinden sie die überhängenden Püttings an den Marsen. Sie springen mehr, als daß sie von Webeleine zu Webeleine nach oben klettern. Dabei ist es Nacht.

Fred Jung: »Es ist eine sehr harte und bängliche Arbeit hier oben, dreißig bis vierzig Meter über Deck, in den krachenden und klirrenden Wanten und auf den hart und ruckartig stoßenden Rahen zurechtzukommen, um die Segel loszumachen. Unterm Kiel dauert das knirschende Geräusch weiter an. Es hört sich an wie eine große Knochensäge bei der Arbeit...« Schneller als nach oben jumpen die Männer wieder an Deck. Einige fahren an den Pardunen hinab, verboten zwar, wer aber erhebt jetzt Einspruch.

Hol durch die Schoten!

Braß an die Rahen!

Der sturmartige Wind setzt das Tuch steif. Masten und Stengen ächzen. Sie biegen sich durch, weil die Kraft des Windes sich nicht in eine die Masten entlastende Schubkraft verwandeln läßt, solange das Schiff festsitzt. Der Schlepper zerrt wie besessen mit letztmöglicher Kraft an singenden Trossen.

Die *Parnassos* rührt sich nicht.

Sie kommt keinen Zentimeter von der Bank herunter.

Dafür meldet der Zimmermann Wasser im Schiff und »steigt schnell« dazu.

Der Schlepper wirft los. Es hat keinen Sinn. Er kommt in Rufhöhe, und sein Kapitän schreit herüber, was er vorhat: daß er an Land fahren, daß er Hilfe holen will, denn alles andere habe weder Sinn noch Zweck.

Wunsch und Befehl des *Parnassos*-Kapitäns:

Schiffsrat auf dem Achterdeck.

Das Ergebnis: Aushalten bis zum Hellwerden.

Der Vergleich mit einem unter schwerem Artilleriefeuer liegenden Schützengraben ist vielleicht nicht einmal so weit hergeholt, sind doch die Männer nicht nur den Prankenschlägen der überkommenden Brecher ausgesetzt. Die Bedrohung, von von oben kommenden Rahen, Blöcken, Eisenschäkeln, Kettenteilen oder Stengen erschlagen zu werden, ist jede Minute, jede

Sekunde akut. Die Brecher fegen von Deck, was sie zerbrechen können, darunter die Boote, das andere lockern sie: »Der stete Tropfen höhlt den Stein.« Die Luvreling wird eingedrückt, nein, regelrecht eingeschlagen. Das stabile Kartenhaus aus burmesischem Teak wird auch nicht mehr lange stehen.

Jede anbrandende See droht die *Parnassos* zum Kentern zu bringen. Mehr und mehr legt sie sich nach Steuerbord über. Ihr Ende ist nur noch eine Frage von kurzer Zeit.

Und dann? Das einzige noch intakte Boot hängt in Lee. Unmöglich, heranzukommen.

Nicht dran denken. Hoffen, immer noch hoffen.

Daß sie nicht aufgeben auf der *Parnassos*, beweisen die in Abständen detonierenden Kanonenschläge. Der Wind muß den Knall über die Küste treiben...

Spät erst wird es hell. Und langsam.

Der Leuchtturm von Terschelling und das Land sind gut zu sehen. Nur kein Schlepper. Nur kein Rettungsboot. Das Gesicht des Kapitäns ist ernst und gespannt.

Endlich: Unter Land schwimmen, von der See hoch hinausgehoben, ein Schlepper und eines der großen, gedeckten Rettungsboote. Der Schlepper, so erfährt man später, heißt *Neptunus*, das Rettungsboot *Brandaris*. Das sind hoffnungsvolle Namen, fürwahr. Nur weiß man es auf dem wracken Vollschiff nicht.

Die *Brandaris*, auf der ein langes, breites Sprungnetz über das Deck gespannt worden ist, schafft es, in Lee ans Heck zu kommen. Zwei Mann springen. Sie landen im Netz. Die *Brandaris* wird abgetrieben. Sie manövriert sich erneut heran. Weitere Männer, fast alle, springen. Wieder wird das Boot von der inzwischen weiter nach Steuerbord gekrängten *Parnassos* weggezerrt.

Neuer Anlauf. An Bord des Vollschiffes, auf dem Achterdeck, harren nur noch der Kapitän und ein Mann aus.

Es klappt. Auch sie landen, der Seemann zuerst, der Kapitän, ungeschriebenen Gesetzen folgend, zuletzt, im Netz. Unter dem Gewicht des Alten – er bringt so seine 250 Pfund auf die Waage – biegt sich das Netz ruckartig durch, buchtet sich tief nach unten aus und schwingt mit seiner Last auf und nieder. Die *Brandaris*-Besatzung kann ein Schmunzeln nicht unterdrücken.

Drei Minuten später:

Die *Parnassos* legt sich hart über. Dann fällt sie ganz auf die Seite. Jetzt erst brechen die Rahen, die Stengen, die Masten. Geräusche von berstendem Holz, von kreischend reißendem Stahl und Eisen sind – stärker als das Heulen des Sturmes – in der Luft, ehe die zertrümmerte Takelage von der See gefressen wird. Für einige Minuten ragt noch die Backbordreling aus dem Wasser. Aber auch sie taucht unter.

Aus. Die *Parnassos* ist nicht mehr.

Alle kommen an Land. Auch der Moses. Beim Sprung verlor er jedoch seinen Mantel. Nun steht er halb nackend, nur mit dem Hemd bekleidet, auf dem Pier. Gleich mehrere Frauen stürzen sich mit der Geste des Behütens, wie die weit ausgebreiteten Arme ausdrücken, auf den Fünfzehnjährigen, verdrängt von einem Berolinatyp, dem es gelingt, den sich heftig wehrenden Jungen an sich zu reißen, ins Haus zu tragen, neu einzukleiden, zu verpflegen und zu bemuttern.

In ihr Dankgebet schließen die Geretteten die Erbauer der *Parnassos* ein. Genaugenommen verdanken sie dieser Werft ihr Leben.

13. Die Viermastbark »Pindos«

Manchmal kann eine Strandung auch gut ausgehen, so die der Hamburger Viermastbark *Pindos* ex *Eusemere*, als das bei B. Wencke & Söhne bereederte, 1890 in England erbaute, 2484 BRT große Schiff kurz nach dem Auslaufen aus Hamburg bereits auf der Unterelbe durch einen schweren Schneesturm zum Ankern gezwungen wird...

Als der Sturm dann am Tage abflaut und der Anker aus dem Grund gerissen wird, bleibt die *Pindos* liegen. Kapitän Jochensen ist sofort klar, was da anliegt: Die Viermastbark hat in der Nacht vor Anker getrieben. Dabei ist sie auf eine Sandbank geraten. Und da es ein auflandiger Sturm war, der dieses Unheil heraufbeschwor, ist da wenig Hoffnung, beim nächsten, normalen Hochwasser wieder freizukommen. Die Abbringversuche beweisen das auch.

Also: Leichter her und längsseit damit.

Auf der *Pindos* werden einige hundert Tonnen der in Fässern befindlichen Zementladung an Deck geholt und in die Leichter geschafft. Eine Arbeit, die jeden der beteiligten Seeleute trotz der winterlichen Kälte ganz hübsch warm werden läßt. Der Zwote, Humanist von der Schule her, zitiert dazu klassische Flüche in klassischem Latein.

Die *Pindos* kommt frei.

Wie die berühmte *Pindos* dann endgültig verlorenging, darüber ist in der 30. Ausgabe der Tageszeitung *Der Hamburger* nachzulesen, die am 13. Februar des Jahres 1912 unter der Überschrift »Gestrandetes Hamburger Schiff« dieses berichtete:

»Die mit einer Ladung Salpeter auf der Heimreise von Mejillones befindliche Viermastbark *Pindos* lief am Sonnabend für weitere Order in Falmouth ein, setzte aber noch am selben Tage die Reise im Tau des Schleppdampfers *Arcona* fort. Etwa drei Stunden von Falmouth, bei Coverpoint, ist das Schiff am Sonnabend abend gestrandet und mußte von der Besatzung verlassen werden. Der Schleppdampfer *Arcona* hat die Leute von Bord geholt und in Falmouth gelandet. Nach den späteren Mitteilungen wird das Schiff als verloren betrachtet. Das 2351 Registertons große Schiff wurde im Jahre 1890 gebaut und gehörte der Reederei-Aktien-Gesellschaft von 1896.«

Am 15. Februar ist in der Ausgabe 38 unter der Überschrift »Die Strandung der *Pindos*« dieses nachzulesen:

›Von der geretteten Mannschaft der *Pindos* liegt jetzt ein Bericht über die Strandung vor. 17 Mann der Besatzung sind auf dem Hapagdampfer *President Lincoln* nach Hamburg gefahren, während 10 Mann an der Strandungsstelle geblieben sind, um bei der Bergung des Inventars Hilfe zu leisten. Die Geretteten erzählen:

Am Sonnabendnachmittag ging die *Pindos* im Tau des Hochseeschleppers *Arcona* von Falmouth in See. Der scharfe Ostwind artete bald zum Sturm aus und trieb das Schiff eine halbe Seemeile südlich nach Coverrock – Rettungsstation auf Mears Rock. Das Rettungsboot der Station wurde sofort zu Wasser gelassen und der Raketenapparat an Ort und Stelle geschafft. Eine starke Azetylenlampe der Royal Lifeboat Institution beleuchtete das dem Untergang geweihte Schiff und trug viel dazu bei, daß es trotz des heftigen Sturmes und der ungünstigen Umstände dennoch gelang, die Besatzung vollzählig zu retten. Schwere Brecher gingen bald nach der Strandung über das Schiff hinweg. Die Besatzung hatte sich auf dem einzigen noch über Wasser liegenden Schiffsteil, dem Quarterdeck, versammelt, und es schien wenig Aussicht, die Leute vor dem drohenden Untergang zu bewahren. Der erste Raketenschuß hatte sehr gute Richtung, wurde aber infolge Unklarwerdens der Raketenleine zwecklos; die übrigen vier Versuche, die Raketenleine an Bord zu schießen, mißlangen. Inzwischen war es dem Rettungsboot gelungen, drei Mann der Besatzung zu bergen. Wiederholt brachen bei dem zunehmenden Sturm die Leinen, mittelst deren man eine Verbindung mit der *Pindos* hergestellt hatte, aber immer wieder arbeitete sich die unerschrockene Rettungsmannschaft an das Schiff heran, um dem Tod seine Beute zu entreißen. Endlich, nach schwerer Mühe, gelang es am Sonntagmorgen gegen 4 Uhr, auch den letzten Mann der Besatzung in Sicherheit zu bringen, worauf die Schiffbrüchigen nach Corerock ins Hospital gebracht und dort mit trockenen Kleidern sowie Speise und Trank versehen wurden. Der englischen Rettungsmannschaft gebührt höchste Anerkennung für die aufopferungsvolle Rettungstat.«

14. Die Viermastbark »Edmund«

Die deutsche Viermastbark *Edmund* (3076 BRT) entkam in ihrem langen Leben so mancher Gefahr, die für andere tödlich ausging.

Sie hatte auch Glück im Unglück:

Sie, ein äußerst genau gerigtes, hohes und vierkantes Schiff, das wegen seines gepflegten Aussehens überall bewundert und bestaunt wurde, hatte gegen Ende des Jahres 1900 nach dem Löschen von 5000 ts Koks für die Kupferminen in Santa Rosalia 1600 ts Ballast übernommen, um damit nach Portland zu versegeln. Hier sollte sie Weizen für England laden. Kaum ausgelaufen, genau nach einer Seemeile, sitzt die Viermastbark auf einer Sandbank fest. Kapitän Gerdau tut, was in seinen Kräften und Möglichkeiten steht. Er schickt ein Boot zurück, um den Dampfbagger zu alarmieren. Der kommt auch, baggert längsseit der *Edmund* den Grund tiefer.

Umsonst.

Auch über den Warpanker ist die Lage des Schiffes nicht zu ändern. Vielmehr dreht ein ablandiger Sturm die *Edmund* nun auch noch quer zur Bank. Ein hier lagernder Felsen reißt den Schiffsboden auf. Wie ein Rasiermesser eine Tüte. Wasser rauscht in Mittschiffhöhe in die Räume, während der Rumpf im Sand zu mahlen beginnt. Die Besatzung verliert nicht den Kopf. Sie bleibt an Bord. Sie läßt sich auch dann nicht zum Aussteigen bewegen, als Brecher übers Schiff hinwegwaschen. Als Rasmus auch in die Kajüte und die Kombüse hineinlangt – und das am 1. Weihnachtsfeiertag –, klettern die Männer dann aber doch an Land. Die Minenkompanie hat sie zudem zum Festessen eingeladen.

Es schmeckt trotzdem, denn solange das Schiff noch aufrecht auf der Bank ruht, ist kein Grund vorhanden, es aufzugeben. Das denken auch die stets auf Sparsamkeit einerseits und Gewinn andererseits bedachten Versicherer, die beinahe noch mehr Interesse an der Bergung der Bark haben als die an Land an Truthähnen gelabten Jan Maaten. Sie, die Versicherer, schicken John D. Spreckels großen Schlepper *L. Luckenbach* aus San Franzisko auf den Weg. Er hat auch jede Menge und Art Pumpen an Bord. Man ist zuversichtlich. Angekommen nach acht Tagen Seefahrt mit seinen in jenen Tagen höchst bewunderten 13 Knoten, steht es gar nicht mehr so rosig und harmlos um den stolzen Viermaster. Da ist nicht nur das Leck, da sind auch eine stattliche Menge Nieten geplatzt, Spanten verbogen und noch einige andere, wenig erbauliche Schäden mehr. Taucher dichten zunächst das Leck und die Nietlöcher ab. Die Mannschaft löscht den Ballast. An jedem Luk arbeiten Pumpen, eine große Zentrifugalpumpe ist im Zwischendeck der Luke eins aufgestellt worden. Alle zusammen schaffen das Wasser wieder heraus. Dann spannt sich der Schlepper vor, gleichzeitig unterstützt durch die Winden und den Donkey der *Edmund*.

Der erste Versuch zeitigt keinen Erfolg. Will nichts besagen. Der zweite, dritte und vierte Versuch geht ebenso ergebnislos aus. Das läßt schon Unruhe aufkommen. Aber beim siebenten kommt die *Edmund* frei. Ein Lob den um ihre Prämie bangenden Versicherten.

Kapitän Gerdau, ein umsichtiger und erfahrener Seemann, läßt, weil die *Edmund* nun ohne Ballast ist, Bramstengen und Rahen an Deck geben, die Leckagen noch einmal überprüfen und dann ab dafür im Schlepp der starken *L. Luckenbach*.

Fünf Tage hält sich das Wetter: Kaum Wind, ruhige See.

Am 7. Februar macht sich ein ebenso berühmter wie gefürchteter kalifornischer Südoster auf. Er türmt die See zu Bergen auf. Die *Edmund* arbeitet dabei so schwer, daß sich die Flicken, Pflöcke und Pfropfen lösen. Wasser dringt ein. Alle Pumpen arbeiten gegenan. Man hat noch drei Tage bis San Diego. Der Donkey-Kessel, alt und überfordert, setzt aus. Die Pumpe für Luke vier ist ohne Dampf. Aber die Berger haben vorgebeugt. Sie hatten noch am Strandungsort einen großen Reservekessel an Bord geschafft, der nun für den ausgefallenen Donkey-Kessel in die Bresche springt. Einer, der dabei war, in der Zeitschrift der deutschen Cap Horniers, im *Albatros:* »Immerhin waren die Cornado-Inseln gerade in Sicht, und der John D. Spreckels-Schlepper legte sich so tüchtig ins Geschirr, daß es für Kapitän Gerdau doch noch ein glückliches Ende nahm, war er doch schon derart übermüdet, daß er die Gefahr für sein Schiff gar nicht mehr recht erfassen konnte. Es ist sicher, daß ihm erst die erste Nacht in San Diego seinen Schlaf wiedergab, seit der Zeit, da der Südoster aufkam...«

Tags darauf ist die *Edmund* wieder nach Frisco unterwegs. Sie kommt, wenn auch mit Schlagseite, an und ein, sie, die einst als *Wilhelm Tell* bei Ramage und Ferguson in Leith für die Schweizer Reederei Ehrensperger, Eckstein und Mead erbaut worden war. Da die Schweiz um diese Zeit noch keine Hochseeflagge führen durfte, wurde die *Wilhelm Tell* unter dem Union Jack registriert. Als die Briten dann – quasi stellvertretend – mit der Indienststellung das Kommando übernehmen, beginnt das Pech. Es kommt in einer ganzen Serie. Schon auf seiner ersten Reise unter dem Union Jack von Leith nach Cardiff verliert der Tiefwassersegler die Masten und muß nach Hull eingeschleppt werden. Der Reeder murrt, aber er findet sich damit ab: Pech kann jeder mal haben.

Zwei Jahre später strandet der Viermaster auf einer Sandbank vor dem nach Calcutta führenden Hughli-Fluß. Das reicht, um den Kapitän nach Hause zu schikken. Wer Pech hat, ist genau so viel – oder so wenig – wert wie ein schlechter Nautiker. Der Neue, ein Captain Green, kommt eigens aus England dahergereist, um das wieder freigeschleppte Schiff zu übernehmen. Aber auch dem Captain Green ist der Viermaster nicht wohlgesonnen, denn drei Jahre später droht er auf der Reise von Cardiff nach San Francisco bei Kap Horn zu bleiben. Die Ladung ist übergegangen. Das Schiff bekommt schwere Schlagseite – aber es kommt dennoch durch.

Das Maß ist voll. Die Engländer verkaufen den Pechvogel. Die deutschen Reeder G. H. J. Siemers in Hamburg erwerben den Segler, dem bei der Geburtsstunde ein so großer, ein so verpflichtender Name gegeben worden war. Noch einmal bäumt sich der andere, der böse Geist, der Pechvogel in dem Viermaster auf. Jedenfalls kommt es zu der Sache vor Santa Rosalio. Ab nun, genauer ab Frisco aber, tut die *Edmund*, ex *Wilhelm Tell*, treu und brav ihre Pflicht. Bis der Erste Weltkrieg ausbricht. Und als er endet, hißt im Jahre 1920 eine französische Reederei das Blau-Weiß-Rot an der Gaffel. Aus der *Edmund*, die soviel Glück im Unglück hatte, wird eine *Faulcenier*.

In die Annalen der Seefahrt hat sich die *Edmund* dennoch für immer eingegraben. Sie war das letzte Segelschiff, das ohne Schlepperhilfe aus der Liverpoolbucht in den Mersey-River gesegelt ist.

15. Das Viermastvollschiff
»Bay of Panama«

Es geschah in den ersten Morgenstunden des 10. März 1891, einen Tag nach jenem 9. März, der in die Geschichte der Grafschaft Cornwall als ein Tag des wohl fürchterlichsten Schneesturmes aller Zeiten einging: Nun, da der Blizzard abflaut, bemüht sich ein Bauer in der Nähe vom Kap Nare Head, seine Schafe wieder zusammenzusuchen. Einige der Tiere sind hinunter an die Küste gelaufen, dorthin, wo eine wilde, hohe Brandung die Rufe des Mannes, mit denen er die verängstigten Tiere zurück- und wieder zusammenführen will, erstickt. Er muß den Schafen folgen, näher, immer näher an die Klippen heran. Damit wird er erster menschlicher Zeuge einer Katastrophe. Zwischen den blankgeschliffenen Felsen entdeckt er das Wrack eines Segelschiffes, in dessen Takelage Gestalten hängen, Männer, die weiß sind von Schnee und von Eis und die kaum noch Lebenszeichen von sich geben.

Allein kann er – zumal Nichtseemann – nichts tun. So läßt er denn seine Schafe in Stich und eilt davon, um die Küstenwache zu alarmieren. Es ist Mittag, als er völlig außer Atem in St. Keverne eintrifft, wo er dem Vikar, einem Mister James, berichtet, was er sah. James zögert keine Sekunde. Er sattelt sein kleines Shetland-Pony, um nach Helston zu reiten, denn nur von dort kann man nach Falmouth telegrafieren. Eine andere Möglichkeit gibt es nicht, um die nächste Küstenrettungsstation zu unterrichten.

Auf dem Weg nach Helston gerät James mit seinem Pony in einen neuen schweren Schneesturm. Er kommt nur noch schrittweise voran. Und als er den Platz endlich erreicht, war sein Weg umsonst, denn der Orkan hat die Masten der Telegrafenleitungen wie Streichhölzer geknickt. Aber James gibt nicht auf. Er stellt sein ermüdetes Pony unter und macht sich zu Fuß auf den Weg. Weiter, mühselig Schritt für Schritt weiter. Hier und dort kann er sich nur auf Händen und Knien vorwärts wühlen. Darüber wird es Nacht. Ein kleiner Bauernhof bietet ihm Schutz für die Nacht und Hilfe vor dem Erfrieren. Beim ersten Morgengrauen macht er sich wieder auf den Weg. Stunden später, genau gegen 09.00 Uhr, erreicht er Falmouth. Die Firma Broad & Sons, von dem Vikar informiert, macht sofort Schlepper klar. Sie schickt sie zum Wrack des Segelschiffes, das, wie der Bauer dem Vikar berichtet hat, vier Masten haben soll.

Doch lange bevor es dem so mutig entschlossenen Vikar gelungen war, in Falmouth eine Hilfsaktion auszulösen, hatte schon ein anderer Cornishman – so nennt man auf der Insel die alteingesessenen Bewohner der Grafschaft Cornwall – gehandelt. Auch er hatte das Wrack auf den Klippen entdeckt. Er, in diesem Fall ist's ein Mann der Küste und daher mit den Tücken und der Unbill der See vertraut, wagt es. Er arbeitet sich, mit einer langen, an Land befestigten Leine gesichert, durch die inzwischen schwächer gewordene Brandungssee hindurch und an das Wrack heran. Er ist es, der an Bord die erste Hilfe leistet und mit anpackt, als die inzwischen eingetroffene Küstenwache sich anschickt, die Überlebenden, es sind 16 an der Zahl, mit Hosenbojen abzubergen. Gut, daß jetzt schon eine Verbindung mit der Leine zwischen Schiff und Küste besteht. Und daß da einer an Bord ist, der seine Gliedmaßen noch bewegen kann.

Die 16 werden zur St. Keverne's Farm geschafft, dort verpflegt, mit heißen Getränken versorgt und, als sie »aufgetaut« sind, mit einem Pferdewagen weiter nach Gweek geschafft. Von hier aus sollen sie nach Falmouth transportiert werden. Die Hoffnung, sie dort so schnell wie möglich ins Seemannsheim zu bringen, zerstört ein neuer Schneeorkan. Der Pferdewagen bleibt stecken, und die Schiffbrüchigen sind gezwungen, den Rest des Weges zu Fuß fortzusetzen. Das ist eine neue und harte Strapaze, denn die meisten von ihnen sind nicht nur leicht bekleidet, viele haben nicht einmal Stiefel an. Ein Chronist, der später das Ende der *Bay of Panama* und die Rettung der 16 schildert, der britische Segelschiffhistoriker Basil Lubbock, sagt dazu – und niemand wird seine Worte in Zweifel ziehen: »Dieser lange, beschwerliche Marsch nach Falmouth wurde genauso schlimm wie die Nacht auf dem Wrack der *Bay of Panama*.«

Wie es dazu kam, daß der Windjammer vor seinem Zielhafen strandete, erfährt die Öffentlichkeit erst später, dann, als die 16 sich etwas erholt haben, als sie bereit sind, auszusagen, was sie erlebten. Demnach trug sich das Ende des 2282 BRT großen Viermastvollschiffes *Bay of Panama*, das Harland & Wolff 1883 für die Bulloch's Bay Linie erbaute, so zu:

Der Frachtsegler war am 18. November 1890 unter Führung von Kapitän David Wright mit 17000 Ballen Jute von Kalkutta nach Dundee in See gegangen. Die Reise war gut und schnell, denn bereits nach 90 Tagen – die Spitzenwerte für extrem schnelle Segelschiffsreisen lagen um 70 Tage – steht der tiefbeladene Windjammer vor Lizard.

Noch in der Nacht hat man die Feuer gesehen und gehofft, bei Tagesanbruch weitere Landbeobachtungen machen zu können. Doch der anfangs harmlose Ostwind hat inzwischen aufgefrischt. In den Morgenstunden ist Sturm daraus geworden. Nicht nur das, zu dem Sturm und dem Regen kommt auch noch Schnee, der die Sicht vollends nimmt.

11.30 Uhr singt der Ausguck ein Licht voraus aus. Es ist, wie der Kapitän vermutet, kein Leuchtfeuer, sondern ein fremdes Schiff. Es handelt sich, wie man beim gegenseitigen Näherkommen bald erkennt, um einen Dampfer. Kapitän Wright brennt einige Blaulichter ab. Er will die Position von dem Dampfer erbitten, aber eine Antwort bleibt aus. So gespenstisch der Fremde aus dem Schneetreiben aufkam, so schemenhaft verschwindet er wieder. Dennoch: Kapitän Wright glaubt sich nach der Sichtung des Dampfers seiner Sache sicher. Er meint, gut leewärts von Lizard zu stehen. Daß er sein Schiff vor Topp und Takel legt, ist ein weiterer entscheidender Fehler.

Wie die *Bay of Panama* dann in der darauffolgenden Nacht vor die Küste von Cornwall kam, ist nirgendwo aufgezeichnet. Wohl wurde vermerkt, daß das Schiff morgens 01.30 Uhr plötzlich von gewaltigen, grundseeähnlichen Brechern gepackt und durchgeschüttelt wurde... Aber: An Bord sind keine Einzelheiten zu erkennen. Nichts belegt, daß man wirklich in seichtem Gewässer schwimmt. Es gibt weder Grundstöße unter dem Schiff noch Sand an Bord, der mit den Brechern der Grundsee an Deck gewaschen wird.

Alles andere vollzieht sich schnell, viel schneller, als

irgend jemand an Bord befürchtet. Begleitet von einem ungeheuerlichen, selbst den Orkan übertönenden Krachen setzt die *Bay of Panama* ruckartig auf die, wie wir heute wissen, ungefähr zwei Meilen nordwestlich der Manacles Boje gelegenen Felsen von Nare Point auf. Der Aufprall ist so gewaltig, daß jedem an Bord klar ist, daß das Schiff verloren ist. Der Segler krängt auch sofort hart nach Steuerbord über, und da er mit seiner Hochseite der Küste zu liegt, ist das gesamte Oberdeck der anrennenden Brandung preisgegeben.

Der 2. Steuermann schießt eine Rakete ab. Sie kommt gut frei und hält sich auch lange genug in der Luft, um als Notsignal gesehen und erkannt zu werden. Eine zweite Rakete folgen zu lassen, gelingt ihm nicht mehr, denn im gleichen Augenblick, da er sie klarzumachen versucht, brandet eine schwere See über die gesamte Länge des Schiffes hinweg. Dabei werden der Kapitän, dessen Frau, der 2. Steuermann, der Koch, der Stewart und der Offiziersanwärter über Bord gewaschen.

Der überlebende 1. Steuermann führt den Rest der Wache, mehr auf Händen und Füßen kriechend als gehend, über Deck zum Kreuzmast hin, während der Bootsmann, der Zimmermann und Segelmacher, alles erfahrene Segelschiffleute, Schutz auf der Leeseite des Mittelschiffhauses suchen. Hier jedoch werden die beiden letzteren über Bord gewaschen, während es dem Bootsmann noch gelingt, sich zum Kreuzmast hinzuarbeiten und in das, was noch an Wanten stehengeblieben ist, hinaufzukriechen. Von hier aus ist er dann wohl, wie einer der beiden Überlebenden aus dem Kreuzmast später zu berichten weiß, abgestürzt oder gar aus eigenem Entschluß in die See gesprungen, wo er ertrank.

Der 1. Offizier, der sich mit seinen Leuten schon vorher in den Kreuzmast gerettet hat und hier den unaufhörlichen Ansturm der wütenden Brandungsseen übersteht, stirbt als erster an Erschöpfung und Unterkühlung in den frühen Morgenstunden. Nur zwei der acht Besatzungsmitglieder, die sich mit ihm zusammen in die Kreuzmasttakelage gerettet haben und ebenfalls schutzlos dem eisigen Schneesturm ausgesetzt sind, erfrieren nicht. Es sind dies ein Offiziersanwärter, ein Jungmann mit dem Namen Wallace Beresford und ein A. B.[46] namens Gabrielsen.

Während der ganzen Zeit ist die Freiwache in der Foc's'le geblieben, und ungeachtet der Tatsache, daß dieser Raum dauernd überflutet wird, überstehen die sich hier aufhaltenden Männer, immer wieder vom eisigen Wasser überspült, die ungeheuren körperlichen Strapazen. Diese vierzehn sind mit dem Offizieranwärter und dem A. B. jene 16 Besatzungsmitglieder, welche die Strandung des stolzen Viermastvollschiffes überleben.

16. Das Vollschiff »Nymphe«

1901 verkündete das deutsche Seeamt in Bremen:

»Die Strandung des Vollschiffes *Nymphe* am 22. November 1901 auf Tsimegi Zaki ist darauf zurückzuführen, daß der Schiffer Hilmer, unter dessen Kommando das Schiff sich befand, in der Sorge, von dem in Lee befindlichen Vries-Island freizukommen, die Annäherung an die luvwärts gelegene Halbinsel Idzu unterschätzt hat. Die vorhandenen Leuchtfeuer hat er nicht genügend beachtet und sich im kritischen Moment unter Deck begeben. Dem Schiffer ist in vollem Maß die Schuld an der Strandung beizumessen. Trotzdem hat das Seeamt dem Antrag des Reichskommissars auf Entziehung des Schifferpatentes nicht stattgegeben, da es der Überzeugung ist, daß der Schiffer Hilmer die zur Ausübung seines Gewerbes erforderlichen Eigenschaften besitzt!«

Es stimmt also nicht, was bei Dr. Höver in seinem sonst so ausgezeichneten Werk über die Zeit der Segelschiffahrt nachzulesen ist, daß dem Kapitän der *Nymphe* das Patent entzogen wurde.

Der Cap Hornier, Kapitän Rolf Reinemuth, 1966 in der deutschen Cap-Hornier-Zeitschrift »Albatros«:

»Und man kann, hört man von ihm oder über ihn, sich des Gedankens nicht erwehren, daß hier das Schicksal einen untadeligen Mann ein einziges Mal im Leben vom geraden Weg der Tüchtigkeit und der Gewissenhaftigkeit herunterstieß. War er einmal überheblich? Zu sicher? Zu selbstbewußt? Und konnte er dies nicht werden nach dreiundzwanzigjähriger glücklicher Fahrt als Kapitän von Segelschiffen? Nur ein einziges Mal?«

Nein, müßte die Antwort an sich lauten. Aber auch ein Kapitän ist nur ein Mensch. Und es ist tröstlich, heute über die Bemühungen von Kapitän Reinemuth, der das Urteil über die Strandung der *Nymphe* ausfindig machte, zu erfahren, daß auch das Seeamt nicht anders gedacht haben mag, als es Hilmer das Patent beließ.

17. Die Bark »Cid«

Carl Thiesen, auch ein Cap Hornier, berichtet im Albatros:

»Dieses Schiff galt vor hundert Jahren als der schnellste Segler der Hamburger Segelschiffsflotte und hat als Passagierschiff des öfteren Rekord-Reisen nach allen Weltmeeren gemacht.

Die *Cid* wurde 1853/54 auf der Werft von Ernst Dreyer auf dem Reiherstieg in Hamburg für die Reederei H. H. Eggers gebaut. Ein Schwesterschiff von ihr, das Vollschiff *Impérieuse*, 1853 ebenfalls für H. H. Eggers bei Dreyer gebaut, hatte, wie der im Altonaer Museum befindliche Segel- und Linienriß zeigt, clippermäßig scharfe Linien. Die ebenso wie die *Impérieuse* aus Holz gebaute *Cid* hatte eine Größe von 160 Hamburgischen Comerz-Lasten (ca. 400 BRT), war 37,5 m lang, 7,5 m breit, hatte eine Raumtiefe von 5,3 m und eine Segelfläche von 752,66 qm.

Für ihre erste Reise, welche zunächst nach Melbourne führte, wurde die Mannschaft am 17. März 1854 angemustert. Als Kapitän für das Schiff hatte der Reeder meinen Großvater, Jens Dirk Thiesen, welcher wenige Tage vorher mit einem anderen Schiff von H. H. Eggers nach Hamburg gekommen war, bestimmt. Da er keine Zeit mehr hatte, seine Familie in Westerland/Sylt zu besuchen, gab Großvater einem abgemusterten Matrosen von seinem letzten Schiff einen Brief für seine Frau mit.

Damals hatten die Sylter Kapitäne immer unter ihrer

Besatzung eine größere Anzahl von Landsleuten an Bord. Da aber die Verbindung nach Sylt vor hundert Jahren noch recht primitiv war, gelangte der Brief ziemlich spät in die Hände meiner Großmutter, die damals 24 Jahre alt war. Da dieselbe noch niemals von Sylt fortgewesen war, verlor sie über die Aufforderung, sofort nach Hamburg zu kommen, völlig den Kopf. Aber ihre Schwiegermutter, meine Urgroßmutter also, deren Mann ebenfalls Kapitän gewesen, damals aber schon verstorben war, war eine energische Frau und bestimmte: ›Den Jungen (damals fünf Jahre alt) nimmst du mit, die beiden Mädchen (damals ein und zwei Jahre alt) behalte ich bei mir. Da das Schiff schon segelfertig ist, kannst du ohnehin nur einige Tage in Hamburg bleiben!‹

So geschah es dann auch, und Großmutter machte sich schweren Herzens mit ihrem Ältesten (meinem Onkel) auf die Reise. Als Gepäck hatte sie nur eine Reisetasche mit dem Notwendigsten bei sich. Da sie aber zweimal unterwegs übernachten mußten, gelangten die beiden Reisenden, nachdem sie bis Kiel die Postkutsche und von dort die Eisenbahn nach Altona benutzt hatten, nach drei Tagen endlich dort an. Großmutter wußte keine weitere Adresse in Hamburg als die des Schiffshändlers, der ihr des öfteren schon Lebensmittel nach Sylt gesandt hatte. Als sie bei ihm dann am Nachmittag in der Nähe der Vorsetzen eintraf, erfuhr sie, daß die *Cid* bereits am Morgen Hamburg verlassen hatte. Daß Großmutter, welche nur eine kleine, zarte Frau war, nun die Nerven verlor und zu weinen anfing, ist wohl verständlich. Aber der Schiffshändler wußte Rat und erklärte ihr, daß die *Cid* bei Blankenese bestimmt noch zu Anker läge und er sie und den Jungen mit seinem Segelboot an Bord bringen werde. Die *Cid* war ja erst an dem Morgen ohne Schlepphilfe von der Stadt gesegelt, hatte aber bald Windstille bekommen und tatsächlich bei Blankenese geankert.

Als der Schiffshändler mit seinem Boot längsseit kam, wunderte mein Großvater sich nicht wenig, als er seine Frau und Sohn erblickte. Es wird in unserer Familie erzählt, er habe dem Schiffshändler von weitem schon zugerufen: ›Kommst du Oos noch mol? Hest diin Geld doch all kregen!‹ – Dann aber war natürlich große Freude, als er Frau und Kind in die Arme schließen konnte. Als dann aber der Schiffshändler wieder ablegen wollte, da die Ebbe bald einsetzte, sagte Großvater: ›Meine Frau bleibt mit dem Jungen an Bord! Ich gebe dir einen Brief für meine Mutter und für Eggers mit!‹ So sehr nun Großmutter sich auch sträubte und viele Einwendungen machte wegen der Mädchen zu Hause und der Kleidung für sich und den Jungen, half es nichts. Sie mußte also wohl oder übel die Reise um die Erde mitmachen. Kleidung für die beiden unfreiwilligen Passagiere hat Großvater dann erst in Melbourne kaufen können.

Von dort ging die Reise nach China (Hafen unbekannt), dann Valparaiso, Buenos Aires, und am 6. April 1855 konnte die *Cid* in Hamburg die Mannschaft wieder abmustern.

Meiner Großmutter ist diese Weltumsegelung nicht sehr gut bekommen. Sie litt viel unter Seekrankheit und war stets in großer Angst, wenn ihr Jens bei schwerem Wetter keine Segel bergen lassen wollte. Sie hat sich geschworen, nie wieder eine Reise mitzumachen, und ist auch später wohl nie wieder in Hamburg gewesen. Eine Freude hat sie nach Rückkehr in Hamburg jedoch erlebt. Bei der Ankunft wurde sie von vier ihrer Schwestern begrüßt, welche alle mit Sylter Kapitänen verheiratet waren und deren Schiffe zufällig gerade in Hamburg lagen.

Mein Großvater trat mit der *Cid* schon nach kurzer Hafenzeit wieder eine neue Reise an, und zwar dieses Mal nach Rio de Janeiro. Nach einer außerordentlich schnellen Reise traf die *Cid* dort am 7. Mai 1855 ein. Die nächste Reise, ebenfalls nach Rio, wurde von Hamburg aus am 10. August angetreten, eine weitere von Hamburg am 27. April 1856. Wahrscheinlich war es auf der darauffolgenden Reise, die gleichfalls nach Brasilien führte, daß die *Cid* unter Führung meines Großvaters auf der Heimreise mehrere Tage mit den beiden Clippern *Lightning* und *James Baines* der berühmten Liverpooler Black-Ball-Line, welche von Australien kamen, zusammen segelte und diese beiden Schnellsegler drei Tage lang halten konnte.

Am 28. November 1856 machte die *Cid* von Hamburg aus eine Reise nach Neufundland, im Jahre 1857 eine solche nach La Guaira, Valparaiso und Rio de Janeiro. Von 1858 bis 1863 fuhr das Schiff nach Venezuela und Brasilien, von wo die Rückfracht hauptsächlich aus Kaffee bestand. Mein Großvater fuhr die *Cid* bis zum Jahre 1860 und übernahm in diesem Jahr das Vollschiff *Semiramis*, welches H. H. Eggers im Jahre 1853 von der Königlich Dänischen Marine erworben hatte, bei welcher es als Fregatte unter dem Namen *Fylia* in Dienst gestanden hatte.

Die *Semiramis* war ca. 800 BRT groß und hatte einschließlich Kapitän und drei Offizieren 23 Mann Besatzung. Das Schiff ist anscheinend mit Passagieren nach Indien gefahren. In unserer Familie ist darüber nur wenig bekannt. Im Jahre 1861 strandete die *Semiramis* in Port Louis/Mauritius (wahrscheinlich bei einem Orkan) und wurde nach einer Mitteilung der Reederei H. H. Eggers vom 17. Dezember 1862 für 21 000 Mark Banco verkauft. Ob mein Großvater damals das Schiff geführt hat, weiß ich nicht. Es ist aber anzunehmen, denn in diesem Jahr ist er im Alter von 42 Jahren bei der Seefahrt ausgeschieden und übernahm von seiner Mutter die schöne Landstelle in Westerland/Süderende.

Er galt auf Sylt als sehr wohlhabend, konnte es sich also leisten, auf der Halbinsel Hörnum ein großes Jagdgebiet zu pachten. Im Herbst des Jahres 1863 machte er einen Ausflug nach Hörnum, um dort auf Hasenjagd zu gehen. Es herrschten in diesem Herbst schwere Stürme, in denen bei Sylt mehrere Schiffe strandeten. Als Großvater den Hörnumer Strand erreichte, war dieser mit vielen Trümmern und Gegenständen von gestrandeten Schiffen bedeckt. Unter diesen fand er zwei Schiffstreppen, die er sogleich als Inventar der *Cid* erkannte. Er barg die Trümmer, deponierte sie in den Dünen und machte auf dem Heimweg dem Rantumer Strandvogt Peter I. Lassen über die beiden Gegenstände Meldung. Lassen, welcher einmal eine Reise als Passagier mit der *Cid* nach Australien gemacht hatte, erkannte die Treppen ebenfalls wieder.

Einige Tage später brachte die *Börsenhalle*, eine damals auf Sylt in Schiffahrtskreisen vielgelesene Zeitung, die Nachricht, daß die Bark *Cid* unter Kapitän Cofoet, mit einer Ladung Kaffee von Brasilien nach Hamburg bestimmt, in schwerem Südweststurm auf der Terzius-Bank in der Norderelbe gestrandet und Schiff und Ladung verloren seien.

Die *Börsenhalle* berichtete dazu weiter: ›2. November

1863: Heute nachmittag kam ein Teil der Besatzung: Kapitän Cofoet, Obersteuermann Paul A. Dirks von Sylt, Lotse, zehn Mann sowie Frau und Kind des Kapitäns im Großboot bei Büsum an Land. – 4. November: Heute nachmittag kam der Untersteuermann Olsen von der Bark *Cid* hier an. Derselbe berichtete, daß sein Boot beim Aussetzen an der Bordwand in Stücke geschlagen sei und er mit dem Segelmacher Kopper und dem Jungen Stigmann hätte an Bord bleiben müssen. Im Laufe der Nacht wäre die *Cid* dann total zertrümmert worden. Er selber, Olsen, habe sich auf ein Stück Wrackholz retten können und sei mit demselben bei Hedwigskoog angetrieben. Seine beiden Kameraden seien aber leider beide ertrunken.‹

Am 25. Januar 1864 machte der Reeder H. H. Eggers dem Wasserschout die Meldung, daß die Bark *Cid* am 1. November 1863 vor der Elbe total verlorengegangen sei und die Schiffspapiere nicht gerettet werden konnten.

Mein Großvater hat sein schönes Schiff noch 37 Jahre überlebt.«

18. Das Vollschiff »Marie Hackfeld«

Anno 1909, im Hafen von Hamburg: Russel & Cie in Greenock hatten es 1893 erbaut, das 1759 BRT große, nun in *Marie Hackfeld* umgetaufte Vollschiff, das jetzt der deutschen Reederei J. C. Pflüger in Bremen gehört. Mit Stückgut beladen und mit allem ausgerüstet, was ein nur auf Wind angewiesener Segler für eine lange Reise benötigt, hat Kapitän Grube auch eine mit seemännischem Gespür ausgewählte Besatzung an Bord. Sie scheint ihm so gut zu sein wie das Schiff, das so manchen »Kap Horner« gut gemacht und das unter Pflügers Kontor-Flagge die in letzter Zeit anfallenden Reisen nach Honolulu fast mit der Stetigkeit eines Liniendampfers durchgeführt hat.

Es ist November, als sie auf der *Marie Hackfeld* die Luken verschließen und der Erste ins Journal das einträgt, was der Seemann »Das Gebet der Jungfrau«[47] nennt, als die Decksleute dann die Leinen loswerfen und ein Schlepper mit dem gewichtig tönenden Namen *Vulcan* das Schiff auf den Haken nimmt, um es elbabwärts und in die Nordsee hinein zu bringen. An Bord ist jetzt alles, aber auch alles klar. Die Wachen sind eingeteilt, nachdem sich der Erste und der Zweite nach einem »Alle Mann aufs Vordeck« ihre Leute ausgesucht haben. Alter Überlieferung folgend, hat der Erste die Backbordwache übernommen.

Der Tag ist unfreundlich, denn der Himmel ist grau, und die Luft ist feucht und kühl. Das grünspanige Kupferdach des Wahrzeichens der Hansestadt, des Michels, wie Seeleute und Hamburger die St.-Michaels-Kirche nennen, ist im trüben Licht des erwachenden Tages von stumpfer Farbe. Um so leichter fällt der Abschied. Und der Gedanke an die sonnigen Gestade der Hawaii-Inseln im Pazifik macht die Ausreise noch leichter. Three cheers noch für die Mädchen auf der Reeperbahn, dann tschüß old Hamburg, wenn's gut geht bis zum nächsten Jahr.

Der Wachhabende unterhält sich intensiv mit dem Lotsen. Über was sonst als über das Wetter, das hier, an Bord eines Großseglers, wahrscheinlich kein Verlegenheitsthema ist.

Sturm empfängt die *Marie Hackfeld* und den kleinen, bulldoggigen Schlepper, kaum daß sie die Elbe bei Cuxhaven verlassen haben. In der Nacht vom 12. zum 13. November packt dieser immer mehr aufdrehende Nordwester Schiff und Schlepper schwer. Er heult und johlt in der noch leeren Takelage, denn noch ist kein Quadratzentimeter Tuch gesetzt worden. Ihm, der sich an den Shetlands und an der Ostküste Englands vorbeidrängt, stellt sich auf diesem Wege kein Hindernis in den Weg. So kann sich unter seinem Druck auch die See in der Deutschen Bucht unbehindert und mit aller Kraft gebärden. Natürlich ist sie nicht mit jener der Breiten um Kap Horn zu vergleichen, auch nicht mit den winterlichen Rollern im Nordatlantik; sie ist weniger hoch und auch um vieles weniger breit. Das Weniger an Breite ist es aber, das sie dennoch gefährlich macht. Die Wellen steilen sich hier, fast unter der Küste, in immer kürzeren Abständen auf. Immer häufiger brechen sie donnernd über der Back des Vorschiffes der *Marie Hackfeld* zusammen, während der kleine wendige Schlepper zu einer wüsten Berg- und Talfahrt gezwungen wird. Mal schwebt er in scheinbar schwindelnder Höhe, dann wird er in einen dunklen Abgrund geworfen, der ihn zu verschlingen droht. Aber die *Vulcan* ist ein gutes, sie auch ein ausgesucht starkes Schiff, nur kann ihr Kapitän in diesem tumultartigen Geschiebe und Gezerre nicht verhindern, daß die Schlepptrosse immer wieder Lose bekommt und dann, wenig später, mit einem fühlbaren, beängstigenden Ruck wieder steif gesetzt wird, wenn der Schlepper mit letzter verzweifelter Kraft wieder Fahrt über den Grund macht.

Auf der Schanz des Vollriggers hält sich außer dem wachhabenden Steuermann und den beiden Seeleuten am Ruder auch Kapitän Grube auf. Er hat sich in der Steuerbordnock der Schanze gegen die Reling gepreßt. Sein Gesicht ist ernst, für die, die es kennen, erweckt es aber auch Hoffnung und Vertrauen. Die *Marie* hat schon schwerere Wetter abgeritten. Allerdings: nicht im Schlepp und auch nicht auf der Außenelbe, die zu einem der gefährlichsten Reviere der Welt zu zählen ist: Wer Cuxhaven verläßt, hat erst den Gelbsand und dann noch mehr den Großen Vogelsand zwischen den Feuerschiffen Elbe 3 und Elbe 1 zu fürchten. An Backbord drohen Scharhörn und das Scharhörnriff.

Alle noch so geschickten Manöver vermögen die immer wieder eintretende gefährliche Lose und das danach folgende bedrohlich heftige Einrucken der Trosse nicht zu vermeiden. Als diese zwischen den beiden Schiffen dann wieder einmal mit einem wütenden Ruck steifkommt, passiert, was alle auf der *Marie Hackfeld* und der *Vulcan* befürchten: Sie bricht. Die Schleppverbindung ist zum Teufel. So geschehen genau zur Zeit, da beide Schiffe, Schlepper und segelloser Segler, 15 Seemeilen westlich von Helgoland stehen.

Nichts ist uns über die Gründe überliefert, die zur Strandung der Bark ›Noisiel‹ führten. Es geschah am 7. August 1905 bei Penzance in der Mount's Bay.

Die vollgeriggte ›Minnehaha‹ strandete 1874 bei St. Mary's, Scilly.

Die gefährliche Einfahrt zum Columbia River wurde der Viermastbark ›Peter Iredale‹ auf ihrer Reise von Santa Cruz, Mexiko, nach Portland, Oregon, am 21. Oktober 1906 zum Verhängnis. Die schwere See zertrümmerte den Großsegler.

Das französische Vollschiff ›Socoa‹ strandete auf der Reise von Stettin nach San Francisco mit einer Ladung Zement an Bord am 2. August 1906 bei Kildown Point nahe Lizard.

Kapitän Grube verschwendet keinen Gedanken an eine Hoffnung, in der mondlos dunklen Sturmnacht könnte die Schleppverbindung wieder hergestellt werden. Hinzu kommt noch, daß aus dem Sturm inzwischen ein jaulender Orkan geworden ist, der jetzt fast genau aus nördlicher Richtung bläst. Grube handelt. Er will versuchen, den vor Top und Takel treibenden Fullrigger in die Elbe hineinzumanövrieren. Dazu muß man wissen, daß Takelage und Schiff bei diesem starken Wehen so wie sonst Sturmsegel wirken, daß also in günstiger Position die drückende, pressende Kraft des Windes auf die Takelage in eine Vorwärtsbewegung verwandelt werden kann. Tatsächlich kommt die *Marie Hackfeld* mit langsamer Fahrt in südöstlicher Richtung voran. Schwer arbeitend zwar und mit eben noch vertretbaren Krängungen. Die Ladung ist bestens gestaut, dessen weiß sich Kapitän Grube sicher. Es war kein Mißtrauen gegenüber den Hamburger Vizes, es war nur einfach Sorgfaltspflicht, sich von Fall zu Fall persönlich zu überzeugen, ob die Fracht auch gut in die Räume zu liegen kam. Von dieser Seite her droht also keine Gefahr.

Nicht zu verhindern vermag Grube aber, daß er bei dem diesigen Wetter – die Luft ist zudem voller Gischt – das Feuerschiff *Elbe 1* zu weit nördlich passiert und daß der Kurs, auf dem das Schiff nun in Richtung Osten weitertreibt, auf den Großen Vogelsand und auf die holsteinische Küste zuliegt.

Und dieser Kurs ist tödlich.

Wenige Zeit später weiß es auch Kapitän Grube.

Durch den Aufruhr des Orkans ist das unterirdische Rumoren naher Brandung zu hören. Als einzige Rettung bleiben noch die Anker. Sie fallen. Die Kette kommt steif. Sie droht zu brechen... Noch mehr Kette...! Die gleiche Situation... Noch mehr Kette, die letzte, die noch im Kettenkasten ist...

Erst bricht sie an Backbord, dann an Steuerbord.

See und Wind packen die *Marie Hackfeld* und werfen sie in der Süder Piep auf den berüchtigten Großen Vogelsand. Hart stößt der Kiel in der Brandungssee auf dem Grund auf. Die Masten zittern. Rahen drohen von oben zu kommen...

Noch widersteht der Rumpf den Schlägen. Aber der inzwischen wieder auf Nordwest umgesprungene Wind drückt das auf- und abwuchtende Vollschiff jetzt an das Falsche Tief heran. Die Tatze einer erschreckend wütenden See, eine von den hundert Ausnahmen, schiebt sich am Heck empor, überrennt die Schanz in ganzer Länge, zerbricht das Ruderrad wie ein Spielzeug für Kinderhand, fegt Radreste und die beiden Rudergänger auf das Großdeck und über dieses entlang. Halb besinnungslos rappeln sich die beiden von der Back wieder auf die Beine, zerschunden und zerschlagen, aber noch lebend.

Grube schickt Notsignale in den nachtschwarzen Himmel, denn, das ist ihm klar, das Ende der *Marie Hackfeld* ist nicht mehr aufzuhalten. Die Luvreling liegt bereits tief unter Wasser. Brecher auf Brecher klettern die Bordwand hoch... Sie überfluten alles mit einer sinnlosen Gewalt, der nichts auf dieser Erde heilig ist. Das wird der Cuxhavener Richard Peters später einmal über das Ende des stolzen Vollschiffes schreiben.[48]

Die Schläge der See fallen nun mit der Regelmäßigkeit eines Dampfhammers. Ihre Gewalt überträgt sich aufs ganze Schiff, läßt dessen Verbände, Masten, Rahen – und auch die Männer erbeben, die alle diese wie krankhaftes Zucken wirkenden Bewegungen auch körperlich an sich verspüren. Dazu kommt die Kälte der aufbrandenden See. Sie hat, wenn's hoch kommt, um die zehn Grad Celsius. Mit einem »Besan-schoot-an« läßt er die Buddel kreisen. Steuermann, Matrosen und Moses nehmen einen Daumenbreiten. Er wärmt. Aber er belebt auch. Er macht neuen Mut. Und mit dem Mut ist die Hoffnung wieder da.

Langsam räkelt sich der Tag. Im Südosten kriecht gammeliges Licht über die Kimm. Und als man sich einigermaßen von Angesicht zu Angesicht sehen kann, suchen sie, über die Gischt der Brandung und der wildgewordenen Brecher hinweg, ihre Retter, von denen sie hoffen, daß sie unterwegs sind. Die Notsignale müssen doch auf den Feuerschiffen *Elbe 2* und *Elbe 3* gesehen worden sein.

Grube und seine Männer hoffen nicht vergebens. Inzwischen sind alle Rettungsstationen von den Feuerschiffen alarmiert worden. Sechs Schlepper haben Kurs auf die Unfallstelle. Und da sie von der Nordsee an den Havaristen nicht herankommen können, wählen die Schlepperkapitäne den Weg durch das Falsche Tief, einen gefährlicheren Weg, aber den einzigen, der noch bleibt, um nahe genug heranzukommen, um helfen und retten zu können.

Hier sind Berichte von Männern, die dabeigewesen sind: Da ist der Vormann Kullberg vom Rettungsboot des Feuerschiffes *Elbe 2*:

»Am 13. November, 04.30 Uhr, meldete mir der wachthabende Matrose Nimal, daß er in NNW vom Feuerschiff mehrere Notsignale gesehen habe. Als ich an Deck kam, sah ich die Signale auch in der angegebenen Peilung. Der Wind war NNW, Stärke 8 bis 10, und es stand eine wilde, grobe See. Unser Schiff lag über Flut. Da bei der herrschenden Witterung keine Aussicht vorhanden war, mit dem Rettungsboot das gefährdete Schiff zu erreichen, mußten wir vorläufig von einer Rettungsfahrt absehen. Mit der Flut und dem Sturm trieb das Schiff immer weiter ostwärts. Bei Tagwerden peilten wir es im NO. Ich ließ das Fernsignal 2, 3, 3 setzen, das heißt: ›Kommen Sie näher, ich habe Ihnen wichtige Mitteilung zu machen‹, um durch passierende Dampfer Nachricht an Land zu geben. Gegen 09.30 Uhr kam der Staatsdampfer *Neuwerk* elbab auf uns zu und nahm unser Rettungsboot ins Schlepptau. 02.30 Uhr langte das Boot beim gestrandeten Schiff an, das hart nach Steuerbord überlag, so daß die Reling unter Wasser stand und das Schiff beständig von der Brandung überflutet war. Unser Boot manövrierte dicht an den Bug des Schiffes heran, und es gelang dann, 19 Mann der Besatzung zu bergen, während fünf Mann durch die Rettungsboote der Stationen Friedrichskoog und Büsum gerettet wurden. Die 19 Schiffbrüchigen wurden nach dem Staatsdampfer *Neuwerk* gebracht, der mit dem Rettungsboot in Schlepp nach Cuxhaven fuhr, wo die Geretteten gegen 18.00 Uhr landeten. Am 14., 05.00 Uhr, verließ das Rettungsboot im Tau der Lotsenjolle *Undine* Cuxhaven und erreichte seine Station nach drei Stunden.«

Vormann Hartmann der Rettungsstation Friedrichskoog erzählt:

»Am 13.. November, 10.00 Uhr, sichtete ich bei hartem NNW-Wind westlich von Buschsand ein gestrandetes Schiff. Ich machte sofort das Rettungsboot klar, das eine halbe Stunde später nach der Strandungsstelle absegelte. Wir mußten, um dorthin zu gelangen, westlich von Buschsand durch die Brandung segeln, wobei unser Boot viel Wasser übernahm, aber trotzdem sehr gut manövrierte. Gegen 14.30 Uhr erreichten wir das gestrandete Schiff. Es waren mit uns noch dort die Rettungsboote vom 2. Feuerschiff und aus Büsum, die, nachdem das erstere 19 Mann der Besatzung und das Büsumer Boot einen Mann übernommen hatte, die Unfallstelle verließen. An Bord verblieben noch der Kapitän, zwei Steuerleute und der Koch.

Der Kapitän war in der Nacht auf den 13. November von einer Sturzsee erfaßt und dabei so stark am Kopf verwundet worden, daß er das Achterdeck ohne Hilfe nicht verlassen konnte. Da das Schiff mit dem Heck gegen den Wind saß, mußten wir, um die auf Achterdeck sich aufhaltenden vier Personen abzunehmen, beim Heck anlegen, was uns auch trotz des hohen Seeganges nach vieler Mühe gelang. Weil der Kapitän sofort ärztliche Hilfe in Anspruch nehmen mußte, landeten wir die vier Geretteten in Cuxhaven. Am 14. November, 12 Uhr mittags, trafen wir wieder auf unserer Station ein.«

Vormann Dierks von der Rettungsstation Büsum berichtet:

»Am 13. November... Wir fuhren 10.30 Uhr vor dem Winde hinaus und langten 14.00 Uhr bei der Strandungsstelle an. Das Schiff lag schief, und haushohe Wogen gingen darüber hin... Wir arbeiteten uns zum Schiff hindurch. Als wir eben längsseit gelangt waren, erscholl vom Schiff der Ruf Mann über Bord! Sogleich sahen wir auch den Mann auf der See in Korkjacke treiben. Wir setzten wieder Segel, und es gelang uns, den Mann fast bewußtlos in unser Boot zu holen, wo wir ihn behielten und pflegten. Inzwischen war es höchste Zeit geworden, unser Boot durchzudrehen, da wir in größter Gefahr waren, auf das Schiff geworfen zu werden. Dieses Manöver gelang auch, doch streifte unser Boot dabei das Schiff. Es gab einen starken Ruck, und sofort stellte sich heraus, daß bedauerlicherweise durch den Stoß unser Mast gebrochen war. Wir ließen uns zu dem Schlepper *Gebrüder Wrede* treiben, der uns in Schlepp nahm und nach Cuxhaven brachte.«

Es kostet nicht nur Mühen, die Besatzung zu bergen, es kostet auch Nerven. Und viel Mut. Der Segler selbst muß aufgegeben werden. Es gibt keine Möglichkeit, ihn von dem Sand wieder runterzuziehen. Nach und nach zerschlägt die See das Schiff. Teile der Ladung, gut ein Drittel, können noch geborgen werden. Es sind die Fischkutter, die nach dem Abflauen des Sturms die ersten am Platz der Katastrophe sind. Sie machen »Büt«. Sie holen herunter, was herunterzuholen ist, praktisch alles, was man in den noch über Wasser liegenden Räumen loseisen kann: meterhohe Tauwerkrollen, meterhohe Segeltuchrollen. Als Fachmann weiß man ja, wo was liegt und auch, was abzubergen sich lohnt.

Der Cuxhavener Strandschuppen ähnelt in diesen Tagen eher einem Lager für Haushaltswaren, denn hier stapeln sich emaillierte Töpfe, Waschbecken, Bratpfannen jeder Art und Größe, Küchenwecker und anderes mehr. Alles Dinge, die aus der Ladung der *Marie Hackfeld* stammen und hier abgeliefert worden sind. Auch Schnaps ist dabei, soviel, daß ein Cuxhavener Klage führt, daß der »ganze Hobe no Sprit stunken tät«, denn es bleibt nicht aus, daß hier und dort eine angelandete Kiste zu Bruch geht, so aus Versehen beim Ausbooten. Soll der Genever aus den angeknackten Buddeln etwa verkommen? Und es gibt, das sei nicht vergessen, so manches Schiff auf der Elbe, auf dem an diesem Tage jede Menge Küchenwecker rasseln. Mit Petroleum wieder »inne gang« gebracht, haben die Wecker aus *Maries* Ladung doch ein bißchen zu viel Salzwasser geschluckt.

Die *Marie Hackfeld* selbst bleibt noch auf Jahre zu sehen. Die Versandung dauert länger, als selbst Fachleute vorausgesagt haben. Noch heute ist das Wrack dieses überaus stabilen Frachtseglers in der Seekarte verzeichnet, noch heute warnen grüne Tonnen mit der Aufschrift »Hackfeld« die hier laufende Küstenschiffahrt.

19. Das Fünfmastschiff »France II«

Ein Jahr nach der Strandung des Fünfmastvollschiffes *Preußen* im November 1911 lief die *France II* vom Stapel. Obwohl mit 5633 BRT um 562 BRt größer als die *Preussen*, durfte sie nach den strengen Maßstäben der Square-Riggerfahrt doch nicht als der größte Rahsegler der Welt bezeichnet bzw. registriert werden. Das in Bordeaux bei der Werft Chantiers et Ateliers de la Gironde erbaute Riesensegelschiff kann, da mit einem zweischraubigen Hilfsantrieb durch zwei 1000 PS starke Dieselmotoren ausgestattet, nicht als klassischer Windjammer, sondern »nur« als Auxiliar-Segler eingestuft werden.

Vorerst jedenfalls.

Die *France II* ist 127,60 m lang, 16,96 m breit, sie hat einen Tiefgang von 7,53 m, ihre Raumtiefe liegt bei 10,50 m und das Deplacement ist mit 10700 t auch ein Segelschiffrekord. Das Rigg ist ein Jubilee-Rigg, das den Segler als Baldheader einordnet. Die Marsstengen sind aus einem Stück. Der Großmast ist, von der Wasserlinie ab gemessen, 64 m hoch. Die *France II* verfügt mit 6359 m² über eine ungeheure Segelfläche – die größte der Welt.

Das an Bord verwandte Manila-Tauwerk ist 38 (englische) Meilen lang, und die beim stehenden und laufenden Gut verarbeiteten Drähte haben eine Länge von 42 Meilen. Verbunden mit diesem Aufwand an Tuch werden bei Zuschaltung der Dieselkraft 17 kn kalkuliert. Ansonsten hat der Großsegler die modernsten Einrichtungen zur Erleichterung der Arbeit an Bord; mehr noch, er verfügt sogar über eine FT-Anlage und elektrisches Licht. Zu seinen Hauptcharakteristika zählt seine kolossale Rumpfform; sein Gallion befindet sich 12,192 m über der Wasserlinie – und es ist wie ein Spaziergang auf einen steilen Hügel, vom vorderen Deck auf das Brückendeck zu steigen.

Das Schiff ist speziell für die Nickelfahrt nach Neu-Kaledonien gebaut worden und soll bei der Ausreise vornehmlich Kohle laden.

Nach Basil Lubbock[49] (der die *France II* bei ihrer Liegezeit in London besichtigte) wird das Schiff während des Ersten Weltkrieges bewaffnet. So ausgerüstet, macht es mehrere Trips über den Atlantik, dabei hat es stets das Glück, den deutschen U-Booten und Minen zu entkommen.

Die *France II* hätte, da sie als bewaffneter Segler, zumindest als Hilfskriegsschiff, wenn nicht gar als U-Bootfalle einzustufen war, von U-Booten bei der gerinsten Gegenwehr bzw. Offensive warnungslos versenkt werden können.

1919 werden die beiden Dieselmotoren ausgebaut, da sie den in sie gesetzten Hoffnungen bislang nicht entsprochen haben. Jörg Furrer: »... und damit wurde (die) *France II* zum reinen Segelschiff.«[50]

Als Auxiliarsegler ausgedient, geht die *France II* jetzt als der nunmehr größte klassische Tiefwassersegler auf Große Fahrt.

Lubbock hebt besonders die 1921er-Reise mit 7000 ts Welshcoal an Bord von Newport (Montmouth) nach Neuseeland, in 110 Tagen hervor (mit einem besten Tagesetmal von 285 sm). Die *France II* wetterte zudem auf dieser Fahrt querab von Goff Island zwölf Stunden lang einen schweren Hurrikan ab – und verlor nur ein paar Segel, eine Meisterleistung ihres Kapitäns Leport.

Für die Heimreise werden 11000 Ballen Wolle und 6000 Fässer mit Talg übernommen. Das ist die bisher größte von nur einem Schiff gestaute Ladung. Die Reise nach London schafft der Seglergigant in 90 Tagen, und auf dem Wege um »die Horn« werden nacheinander enorme Etmale erzielt: 266, 240, 276, 322, 286 und 243 sm. Kapitän Leport, ein derber Bretone, erklärt später: »...she had actually averaged over 17 kn... In fine weather with moderate winds she had averaged 14 kn for six consecutive days...«

Diese Spitzenwerte sind nicht nur der Qualität der *France II* zuzuschreiben, sie sind auch das Ergebnis französischer Seemannschaft, von der wir in Deutschland (leider) zu wenig wissen, genauso wie die französische Segelschiffreederei Bordes für viele unserer Schiffahrtshistoriker, Shiplover und sonstigen Freunde der See und Segelschiffahrt kein Begriff ist und gern von der Hamburger FL überschattet wird.

Die nächste Reise nach Tschio auf Neukaledonien schafft die Fünfmastbark in 103 Tagen, doch auf der küstennahen Weiterfahrt zum Ladehafen Pouembout gerät die *France II*, etwa 60 sm von Nouméa (Neukaledonien) entfernt, am 12. Juni 1922 durch Stromversetzung auf ein sich in der Nähe von Coya in der See erstreckendes Korallenriff. Um sich in letzter Minute noch freizumanövrieren, fehlen jetzt die ausgebauten Dieselmotoren. Eine Bergung der aufgelaufenen *France II* ist – das versichern die herbeigerufenen Bergungsexperten – sogar ohne große Schwierigkeiten möglich. Indessen verzichten die Verantwortlichen, denn ein zudem werftreifes Segelschiff hat keinen Kurswert in einer Zeit, in der, nach Lubbock, »shipping was in a very low state.«

Das schmälert in der internationalen Geschichte der Windjammer nicht die Leistung der Franzosen, jener auf der Bordeaux-Werft ebensowenig wie jener der Besatzungen mit Kapitänen, die in der Segelschiffahrt zusammen mit den britischen, finnischen, skandinavischen und deutschen Experten als Nautiker, Meteorologen, Manager und Führungskräfte zur Elite der Tiefwasserseglerkapitäne zählen dürfen.

20. Die Bark »Mexiko«

Sie lassen sich nicht alle aufzählen – bevor wir zum letzten Drama unseres Ganges durch die Geschichte der Strandungen kommen – die Schiffe, die an Klippen und auf Sandbänken ihr vorzeitiges Ende fanden.

Es strandet das in *Laura* nach wirrem Besitzerstreit umbenannte, nach dem Ersten Weltkrieg über Frankreich an Chile verkaufte Vollschiff *Claus* ex *Traylancore* an einer felsigen Insel Südchiles.

Es strandet, so geschehen am 6. Dezember 1908, das britische Vollschiff *Deccan* unter der Brecherküste der Insel Santa Ines. Der 1897 für die James Macdonald's British and Eastern Fleet erbaute, 1985 BRT große Vollrigger wird, nachdem er das Kap Horn (oder das Cape Stiff, wie die Briten den bösen Felsen auch nennen) umrundet hatte, von einer schweren Kreuzsee auf die vier Seemeilen westlich von Kap Tate liegenden College Rocks geworfen. Zwanzig Minuten später zerbricht das Wrack und versinkt.

Es stranden die britischen Vollschiffe *Baron Blantyne* am 28. August 1889 in der Banka-Straße und *Avenger* 1909 auf dem Wege von Britisch-Natal nach dem Golf von Mexiko am Gestade von Ship Island. Die Baronial-Line verliert einen 1623 3BRt großen, bereits 1873 erbauten Vollrigger, die Norweger einen Ex-Briten, der als *Colonial Trader* Geschichte machte.

Es strandet die Bark *Schiller* im Jahre 1906 in der Ostbucht von Dungeness im Englischen Kanal. Die Namensschwestern, ein Dampfer der Deutschen Transatlantischen Dampfschiffahrtsgesellschaft (1872 in Hamburg gegründet), die später in Adler-Linie umbenannt wurde, erwarb Katastrophenruhm. Sie strandete 1875 auf einer der Scilly-Inseln auf der Rückfahrt von New York nach Europa. 312 Fahrgäste und Besatzungsmitglieder kamen um.

Und ausgerechnet Weihnachten 1894 erwischt es vor der Küste des nordamerikanischen Staates Georgia die *Antoinette* aus Bremerhaven.

Es strandete auch der Clipper *S. C. Thwing*, 1856, auf der Reise von Mobile nach Göteborg kurz vor seinem Bestimmungshafen. Man schleppte ihn frei, und der Schulden wegen kam er zur Auktion. Ein Schwede kaufte den Segler, doch noch während der Werftliegezeit erwarb ihn der Bremer Reeder und Kaufmann Fram Tecklenborg. Als *Mobile* kam der von der Strandung Wiederauferstandene unter der Bremer Nummernflagge No. 274 in Dienst. Bis 1867, bis zu ihrer Vernichtung durch Feuer, blieb die nach der Wiederindienststellung in die höchste Klasse eingestufte *Mobile* das größte Segelschiff der Norddeutschen Handelsmarine.

Besonders dramatisch aber ging es 1886 in der Irischen See vor der Ribble-Mündung zu.

Die Besatzung der deutschen Bark *Mexiko* wird gerettet, zwölf Mann...

27 Mann der britischen Lifeboat-Retter kommen dabei um: Alles Freiwillige... Es ist das größte und schrecklichste Desaster, das es im Seenotrettungswesen je gegeben hat.

Die 1861 in Sunderland aus Eisen erbaute Bark *Mexiko* war zur Stunde, also 1886, als ein Schiff der Hamburger Reederei Gebr. Oetling an die Reederei R. Bulman & Co., Liverpool, verchartert worden. Als solches hatte es Anfang Dezember in Liverpool 1000 ts Stückgut für Ecuador geladen und war am 4. Dezember in die Irische See ausgelaufen, um hier zwischen England/Schottland und der Insel Irland den Weg in den freien Atlantik zu versegeln. Ob Kapitän Gustav Burmester nach Norden »ausbrechen« wollte oder vorhatte, nach Südwesten Raum zum freien Atlantik zu gewinnen, wird nirgendwo erwähnt, wohl, daß er vier Tage später, am 9., in Höhe der zwischen Southport und Blackpool gelegenen Ribble-Mündung stand, noch weit ab genug, um nicht von den vorgelagerten, gefährlichen Sänden bedroht zu werden, herrscht hier doch ein Tidenhub bis über acht Meter.

Der anfänglich nur starke Wind wird in den Nachmittagsstunden zum schweren, aus NNW tobenden Sturm, der in den örtlichen Annalen und Publikationen sogar als Hurrikan bezeichnet wird – und in der Tat zumindest ein Hurrikanausläufer gewesen sein kann.

In dieser Lage wird die *Mexiko* in Richtung Ribble-Mündung versetzt, durch den Orkan und wahrscheinlich auch durch einen südöstlich laufenden Driftstrom.

Um 15.00 Uhr bekommt der Ausguck Land in Sicht. Hier Land in Lee in Sicht zu bekommen, heißt höchste Alarmstufe. Bei Westwind ist das für ein Segelschiff praktisch ein Todesurteil.

Kapitän Gustav Burmester versucht, was er zur Rettung noch tun kann. Er läßt die Spannschrauben der Pardunen und Wanten zertrümmern, um die Masten zu kappen. Erst geht der Fockmast, dann der Großtopp über Stag, nur der Besan bleibt stehen. Kapitän Burmester hofft damit, den größten, das Schiff vertreibenden

Druck zumindest gemindert zu haben, um nunmehr ankern zu können.

17.00 Uhr gibt er den Befehl: »Fallen beide Anker.«

Die Ankerflunken fassen auch, denn die Bark hat im Augenblick nur noch vier Faden Wasser unter dem Kiel. Die anlaufende See – es ist schon Brandungssee – bricht donnernd über Deck und Luken. Nur auf der Poop sind die Männer der Besatzung einigermaßen sicher, nicht über Bord gerissen zu werden.

Dann aber passiert, was Kapitän Burmester und seine Männer befürchteten: Erst bricht die Steuerbord-Ankerkette, dann die backbordsche. Der Versuch, das nun treibende mastlose Schiff mit dem Warpanker zu halten, scheitert wie erwartet. Der Tampen der nagelneuen Warpleine zerknallt, er reißt wie ein Zwirnsfaden.

Die *Mexiko* treibt den noch flacheren Sänden und damit dem Land entgegen. In den wütenden Brandungsseen auf- und abtorkelnd, sehen sie von der Schanz der *Mexiko* aus das nahe und doch so ferne Land... Lichter der Stadt Southport, Lichter des noblen Grand Hotels, eine sich seitwärts bewegende Lichterkette, die zu einem fahrenden Eisenbahnzug gehören muß – und die Lichtzeichen der Leuchtfeuer der Küste.

21.00 Uhr: Kapitän Burmester läßt Blaufeuer abbrennen.

Blaufeuer heißen: Rettet uns! Helft uns!

Von Land her antworten sie sofort mit weißen Raketen.

Es ist genau 23.00 Uhr, als der Kiel der *Mexiko* das erste Mal auf Grund aufstößt und das Schiff und die Männer erzittern läßt. Burmester hat noch die Karte der Küste vor seinen Augen: Wenn, dann kann die *Mexiko* nur auf der Horse-Bank gestrandet sein. Und der Name Horse-Bank ist in Seefahrerkreisen dieses Reviers gleichbedeutend mit dem Terminus »Schiffsfriedhof«.

Die Grundstöße werden immer kürzer – bis die wracke Bark festsitzt und sich langsam nach Backbord zu neigt. Die Männer der *Mexiko* binden sich an den Wanten des noch stehen gebliebenen Besanmastes fest.

Und sie hoffen und beten.

An Land herrscht seit der Sichtung höchste Alarmstufe bei der Lifeboat Society...

Das Seenotrettungsboot *Laura Janet* ist mit zwölf Rettungsmännern an Bord unterwegs und arbeitet sich in die himmelhoch stürmende Brandungssee voran. Aus Lytham folgt die *Charles Biggs* mit 15 Rettungsmännern an Bord. Als letztes Seenotrettungsboot läuft die *Eliza Fernley* aus, die sich von Southport in die kochende Brandung vorankämpft.

Bei diesem heroischen Einsatz um das Leben der zwölf deutschen Seeleute auf der *Mexiko* geht die *Eliza Fernley* verloren.

Sie kentert.

Sie wird zerschlagen.

Fast zur gleichen Zeit, als die Männer des Seenotrettungsbootes *Charles Biggs* um 12.30 Uhr des 10. Dezember nach immer neuen Anlaufversuchen, nach 14 Stunden Kampf mit der wütenden See die zwölf Hamburger Seeleute von Bord geholt hat und zum Strand zurückpullt, muß die *Laura Janet* gekentert sein. An Bord eine Rettungsmännerbesatzung, die erst fünf Tage zuvor sechs Menschen von einem gestrandeten Schiff abgeborgen hatte. Sie waren noch erschöpft von diesem Einsatz und einige auch krank. Das letzte, was man von der *Laura Janet* sah, war eine Leuchtrakete, als sie auf Südkurs über die ersten Sandbänke am Nordkanal hinweg gepullt wurde. Erst am 12. Dezember werden einige Bootstrümmer am Strand von Ainsdale gefunden. In den Duchten drei tote Rettungsmänner. Auch sie waren Freiwillige im Dienst der Seenotrettung.

27 Retter sind beim Kampf um die Überlebenden der deutschen *Mexiko* das Opfer ihres heldenhaften Einsatzes geworden...

100 Jahre später, 1986, gedenken die Briten der Toten, ihres selbstlosen Einsatzes, ihres beruflichen Ethos und der großen menschlichen Tragödie. An dem Gedenktag, der in die Sommermonate gelegt worden war, kamen Tausende von Bewohnern der Hafen- und Küstenplätze zwischen Liverpool und Blackpool, um an den Gedenkgottesdiensten und der Danksagungsfeier teilzunehmen. Britische Würdenträger nehmen an den Feierlichkeiten teil, auch ein direkter Vertreter der Königin, dazu Abordnungen beider Marinen und der Coastguard, auch ein Seekadettenkorps ist anwesend. Und selbstverständlich Abordnungen der Lifeboot-crews der Royal National Lifeboat-Institutionen[51] vor Ort und der Umgebung. Alle Zeitungen auf der britischen Insel berichten in Schlagzeilen über das Desaster »at the Seafront at St. Annen and Lytham«. Und es ist typisch für die seeerfahrenen Briten, daß sie nicht von einem Katastrophenfall vor ihrer Küste, sondern von der *Seefront* sprechen.

Dabei sind aber auch die Deutschen:

Die Bundesrepublik vertreten Franz Josef Goldschmitt, der deutsche Generalkonsul in Liverpool, der Marineattaché der Deutschen Botschaft in London und – die Offiziere und Männer der Besatzung des eigens zu den Feierlichkeiten abgestellten deutschen Versorgungschiffes der Bundesmarine, der zur Klasse 701A gehörigen *Offenburg* (während die ebenfalls vorgesehene Fregatte *Braunschweig* auf dem Anmarsch aus dem atlantischen Manövergebiet wegen Maschinenschadens eine Werft in den USA aufsuchen mußte). Der deutsche Dank war wohldurchdacht, ist doch der Kommandant der *Offenburg*, Korvettenkapitän Klaus Gräff, gleichzeitig auch Kapitän A G und damit als Offizier der Marine der Budeswehr auch ein Vertreter der deutschen Handelsschiffahrt. Auch die *Offenburg* ist in diesem Zusammenhang nicht irgendein Schiff der Bundesmarine, die *Offenburg* ist einer der drei Versorger, also auch eine Einheit, die eingesetzt wird, wenn »Not am Mann« ist...

Bei der »Mexiko disaster centenary parade« am Strand vor Lytham-St. Annes-on-Sea, wo ein Denkmal mit einem aus Granit gemeißelten Rettungsmann und einer Tafel mit den Namen der Opfer steht – ermöglicht übrigens durch Spenden der Queen und Kaiser Wilhelm I. – marschierte die deutsche Abordnung von der *Offenburg* gleich hinter den Gruppen der Lifeboat-Männer aus Blackpool, New Brighton, Hoylake, Lytham und St. Annes.

In dem Bericht des Kommandanten der *Offenburg*, Korvettenkapitän Klaus Gräff, ist nachzulesen, daß »die deutsche Gruppe mit dankbarem Beifall auf offener Szene bedacht wurde«. Im gleichen Sinne berichtete auch die britische Presse, so zum Beispiel unter den Schlagzeilen: »German visit of tribute...« oder, alle mit Bildern von deutschen Offizieren und Seeleuten, »Memorial visit by German flagship.«

Und wie das Leben spielt: Tage vor dem Auslaufen der *Mexiko* war ihr Kapitän, Gustav Burmester, in St. Annes gewesen. Hier hatte er auf Einladung des Vormannes William Johnson die Seenotrettungsstation und das aus starken Eichenplanken gefügte Seenotrettungsboot *Laura Janet* besichtigt, in das er und sein Gastgeber auch hineinkletterten, wobei der britische Lifeboat-Vormann die Vorzüge des Bootes im Boot erklärte. Das Schicksal wollte es so, daß dieses Boot verlorenging, als es galt, Kapitän Burmester und seine Männer zu retten, und mit ihm sein Vormann und Führer William Johnson mitsamt seinen Lifeboat-Männern.

Anmerkungen

[1] Diese Hauptinsel, die den Namen Auckland trägt, ist 440 km² groß, während die anderen Inseln – Adams mit Namen oder Enderby, Disappointment u. a. zusammen 852,4 km² umfassen.
[2] Hans Georg Prager: F. Laeisz. Vom Frachtsegler zum Kühlschiff, Containerschiff und Bulk Carrier, Herford 1979². Genauer müßte es hier heißen: die erste deutsche Viermastbark. Viermaster-Segelschiffe gab es bereits im 16. Jahrhundert, etwa die von den Malteser-Rittern in Nizza bestellte Karracke *Santa Anna* usw. Die früheste Darstellung eines vollgetakelten Frachtsegelschiffes weist auf die französische *L'invention* hin. Eine Viermastbark eigener Art war die 1823 von Stapel gelaufene (von Charles Wood, Port Glasgow, in Kanada) erbaute 3690 ts große *Columbus*, die ausschließlich dem Transport von Schiffbauholz aus Kanada in das holzarme England dienen sollte. Sie überstand die erste Reise auf der Themse, mehr unter als über Wasser, aber ihr Bauholz kam an und wurde gelöscht. Auf der Ballastfahrt nach Kanada ging diese erste, roh zusammengezimmerte Viermastbark schon bald verloren. Sie brach am 17. Mai 1825 vor Irlands Küste einfach auseinander. Inzwischen hatte man in Kanada mit einem zweiten Superviermaster die Holztransporte nach Großbritannien begonnen, der mit 5880 ts noch größeren Viermastbark *Baron of Renfrew*. Das um ein Drittel größere Schiff erreichte mit seiner Ladung im Oktober 1825 auch den Englischen Kanal. Trotz Lotsenhilfe geriet die *Baron of Renfrew* bei Long Sound Head auf Grund und ging verloren. Auch sie brach in der Mitte auseinander. 1853 überraschte der berühmte Clipperbauer Donald Mc. Kay die Fachwelt mit einem 4500 ts großen Viermaster, mit der Viermastbark *Great Republic*. Noch vor der ersten Ausreise von New York mit dem Zielhafen Liverpool brannte die *Great Republic* beim Ladegeschäft am Pier aus, konnte jedoch im unteren Bereich bis in Höhe der Wasserlinie durch eindringendes Seewasser vor einem weiteren Ausbrennen und dadurch vor einem Totalverlust bewahrt werden. Schließlich wurde das Wrack mit verringertem Rigg wieder hergerichtet und in Fahrt gebracht. Nach der Suezkanal-Krise, bei

der nach und nach die legendären Tee- und Juteclipper auf der Strecke blieben bzw. in die Wollfahrt aus australischen Häfen umsattelten, wurde der Trend nach größeren Frachtseglern deutlich, wobei auch die neuen Schiffbauwerkstoffe – erst das Eisen und dann der Puddelstahl, später der Siemens-Martin-Stahl – das Vertrauen in größere und damit leistungsfähigere Tiefwassersegler unterstützten, ja rechtfertigte. 1875 entstand in Glasgow bei der Werft Barclay, Curle & Co. für die Gebrüder R. & J. Craig das erste zunächst nur 1691 BRT große Viermastvollschiff: die aus Eisen gebaute *County of Peebles*, der viele weitere folgten (ab 1885 sogar über 2000 BRT). Fast gleichzeitig erinnerte man sich der allerersten Viermastbarken. 1877 liefert die Viermastvollschiffwerft in Glasgow mit der 1460 BRT großen *Tweedsdale* die erste aus Eisen erbaute Viermastbark ab. Sie wurde zum Prototyp für fast 300 bis zu doppelt so große Neubauten, deren letzte Einheit die 1926 bei J. C. Tecklenborg erbaute, 2678 NRT / 3064 BRT große *Padua* war, die 1945 den Sowjets übergeben werden mußte, von denen sie unter dem Namen *Krusenstern* als Ausbildungsschiffe für das Fischereiministerium der UdSSR nach einigen Umbauten in Dienst gestellt wurde.

[2a] Den sehr viel kürzeren Weg durch den Panamakanal gibt es erst seit dem 15. August 1914.

[2b] Es gab für die europäische Schiffahrt natürlich noch andere Zielhäfen in der »Westküstenfahrt«, so zur Westküste Mittelamerikas wie auch Nordamerikas, einschließlich der von Segelschiffen stark frequentierten Golf-von-Kalifornienfahrt.

[2c] Die Koks/Kupfererzfahrt Europa–Santa Rosalia (Kalifornischer Golf)–Europa in etwa noch ausgenommen.

[2d] Genauer müßte es hier heißen: die erste deutsche Viermastbark (Viermaster-Segelschiffe gab es bereits im 16. Jahrhundert, etwa die von den Malteser-Rittern in Nizza bestellte Karracke *Santa Anna*).

[3] Jochen Brennecke: *Windjammer*. Der große Bericht über die Entwicklung, Reisen und Schicksale der Königinnen der Sieben Meere. Dazu eine kritische Untersuchung des Übergangs vom Werkstoff Holz auf den Bau von Großseglern aus Eisen, dann aus Puddelstahl, schließlich aus Siemens-Martin-Stahl.

Im Anhang Statistiken über extrem lange und extrem schnelle Segelschiffreisen und Kap-Horn-Umsegelungen · Schiffslisten · Die größten Segler der Welt und ihr Verbleib · Die Segler aus Eisen und Stahl von den deutschen Werften · Kap-Horn-Diagramme usw., Herford 1968[3].

[4] Siehe die mit Akribie, Sorgfalt und der Beratung fachlicher Autoritäten erarbeitete Edition: Die Viermastbark *Pamir* und ihr Schicksal im Hurrikan CARRIE. Koehlers Verlagsgesellschaft, Herford 1986[2].

[5] A.a.O.

[6] Die *Negada* war ein im Jahre 1905 für die »Kosmos«, Hamburg, bei Blohm & Voss, Hamburg, erbautes, 6156 BRT / 7875 tdw großes Fracht-Passagierschiff (L. 125,30 m, Br. 15,40 m; zwei 3fach Expansionsmaschinen mit 2800 PSi für 11 kn). An Passagieren waren in den Aufbauten Kammern eingeplant: 40 der I., 22 der II. und 16 der III. Klasse; die Besatzung betrug 69 Mann. – Die *N.* wurde nach Kriegsausbruch 1914 in Valparaiso aufgelegt, kam nach dem Kriege unter die Herrschaft der »Shipping Controller«, wurde 1921 von der Kosmos zurückgekauft und ging 1926 an die *Hapag* in den Dienst Hamburg-Südamerika Westküste. 1930 erwarb die chilenische Reederei R. W. James, Valparaiso, das Schiff. 1932, auf der Reise von Valparaiso nach Jacksonland, strandete die *Negada* auf der Quinta Suena Bank vor Colon. Sie teilte das Schicksal der berühmten *Preußen,* ein Seeunfall, der auch 1911 hätte passieren können. Der mit Kapitän Nissen befreundete Uwe Schüller hätte natürlich auch andere Kosmos-Liner dieser Zeit nennen können: die 1906 erbaute, fast gleichgroße *Nikotris,* die 1906 von Stapel gelaufene *Rhodopis* (mit 7056 BRT / 8575 tdw etwas größer), die 1907 erbaute *Sebara* (4682 BRT / 5800 tdw), die 1908 in Dienst gestellte *Heluan* (7262 BRT / 8700 tdw), die 1914 erbaute 7232 BRT / 12040 tdw große *Uarda*, denen nach dem Kriege die *Isis,* die *Osiris,* die *Ammon,* die *Lübeck,* die *Denderah,* die *Itauri,* die *Sesostris,* die *Amasis,* die *Ramses,* die *Menes* und die *Karnak* folgten, alles Schiffe zwischen 4000 und 7000 BRT, alle mit Passagiereinrichtungen; immerhin, eine stattliche Flotte, die von der Kosmos als Konkurrenz gegen die Westküstensegler aufgebaut worden ist, zu der ja noch jene Reedereien kamen, denen mit dem am 15. August 1914 eröffnete Panamakanal nicht nur eine wesentlich kürzere, sondern auch eine wesentlich ungefährlichere Reiseroute Europa–Westküste Südamerika geboten wird.

[7] Diese sind selbst heute, gegen Ende des 20. Jahrhunderts, noch ein Thema für die Wissenschaftler, wobei hier z. B. an Professor Dr. Ing. von Basel erinnert werden darf.

[8] Hans Blöss: Glanz und Schicksal der *Potosi* und *Preußen*, Kiel 1968.
[9] Für einen Großsegler (wie überhaupt für Segelschiffe) sind dies zunächst die beiden Positionslaternen, nämlich: GRÜN an Steuerbord und ROT an Backbord, jede mit einem Leuchtbereich von recht voraus bis zwo Strich achterlicher als dwars (= 112,5°). Das Licht der weißen Hecklaterne muß von zwei Strich achterlicher als dwars in Richtung achteraus sichtbar sein, also 12 Strich (= 35°). Die Sichtweite der Positionslampen hat zwei Seemeilen zu betragen, die der Hecklaterne nur eine Seemeile.
[10] Meine Ausführungen stützen sich teils im Wortlaut, teils im Auszug auf die Studie von Hans Blöss, a.a.O.
[11] Salpeter war, als sich über Europa die dunklen Wolken eines drohenden Krieges verdichteten, als Basisstoff für Schieß- und Sprengstoffe fast noch begehrter denn als Düngemittel. In Chile wurde das Salpetersalz in Säcken an Bord geschafft und von Spezial-Stevedores in den Laderäumen pyramidenförmig so raffiniert und gekonnt gestaut, daß die Säcke beim Überkrängen eines Seglers nicht verrutschen konnten.
[12] Größe lt. Furrer; nach Prager (a.a.O.) hat sie 2852 BRT.
[13] Über das weitere Schicksal der *Pisagua* – auch sie strandete – wird noch gesondert berichtet.
[14] Auch hier gibt es wieder Größenunterschiede zwischen Furrer und Prager. Furrer: 3111 BRT / 2972 NRT; Prager: 3088 BRT / 2904 NRT; die gleiche NRT-Zahl gibt auch Kapitän Blöss (a.a.O.) an.
[15] Entdeckt wurde diese Meerenge von dem niederländischen Seefahrer Lemaire, der als Expeditionsleiter zusammen mit seinen Berufskollegen und Landsleuten Willem und Corneliszoon Schouten als Kapitäne und Nautiker mit der 360 ts großen *Eendracht* und deren Besatzung (genauer, nach dem Verlust des zweiten, kleineren Schiffes, der *Horn*) einen weiteren Weg in den Pazifik suchte, da die Magalläesstraße von der niederländischen Vereinigten Ostindischen Companie (VOC) beansprucht wurde.
[16] Das Trinity House wurde am 20. Mai 1514 von Heinrich VIII. als Gilde gegründet und zur englischen Schiffahrtbehörde erhoben. Diese war (als »Haus der Dreieinigkeit«, eigentlich der »Korporation der älteren Brüder der heiligen und ungeteilten Dreieinigkeit«) mit der Anlage und Unterhaltung von Leuchtfeuern, Land- und Seemarken (und heute Ende des 20. Jahrhunderts auch in Sachen Navigationsfunk) beauftragt. Außerdem leitete sie das Lotsenwesen. Sie stellt auch die Beisitzer für die Seegerichte. Noch

heute, 1987, beruht die verfassungsrechtliche Stellung des Trinity House auf der königlichen Charter von 1865, ergänzt durch die Parlamentsgesetze von 1836 und 1853.

[17] »Killen« heißt hier soviel, wie das noch nicht »Steif« gesetzte Segeltuch »flattern lassen« oder »unwirksam machen«.

[18] Hier fehlen Einzelheiten der Zeugenaussagen, nach denen sich beide Kapitäne abgestimmt und sich gegenseitig versichert hatten, keine fremde Hilfe notwendig zu haben (d. Verf.).

[19] Nach Furrer soll H. Nissen die *Peking* erst am 30. November 1912 übernommen haben.

[20] Nach Furrer geriet sie im 1. Weltkrieg in die Fänge eines deutschen U-Bootes. Etwa 70 Seemeilen südwestlich der Scilly Islands versenkte *U 44* das Segelschiff, nachdem die Kontrolle ergeben hatte, daß die Viermastbark Getreide für Großbritannien an Bord hatte...

[21] Vgl. Jürgen Meyer, Hamburger Segelschiffe 1795–1945, Norderstedt 1976.

[22] Diese Drahttaljen sollen das Ankerspill, als Träger der ganzen Kraft beim Sturm und vor allem bei diesem hohen Seegang entlasten, vgl. Blöss, a.a.O.

[23] Nach (7): Auch der Bug wurde eingedrückt. Rahen wurden über Bord geschleudert oder zerknickt.

[24] Bei Meyer, a.a.O., wird der Verlust der Buganker der *John* nicht erwähnt, wohl heißt es hier in Verbindung mit dem Zusammenstoß mit der *Pinnas* ausführlicher. »Nun schwoite das Schiff. Dabei verlor es den Heckanker und trieb mit dem Vorschiff auf die Felsen von El Baron. Die *John* lag jetzt quer zur Brandung. Mit Mühe und Not gelang es der Mannschaft, über das Wrack eines kurz vorher gestrandeten Schooners an Land zu kommen.«

[25] Die *Pommern* ist heute in Mariehamn auf den Ålandinseln (dem Sitz der berühmten Segelschiffreederei Gustav Erikson) an den Pfählen (wie einst) vertäut, das gepflegteste originalbelassene ehemalige Großsegelschiff. Hier stimmt noch alles, wie es war, auch der »Wohn- und Schlafraum für die Seeleute, auch die Kombüse mit originalen Töpfen und Pfannen, auch und vor allem die Brücke oder der Kapitänssalon. Von besonderem Interesse sind die Laderäume, die besichtigt und studiert werden können. – Einzigartig, daß in dem an Bord ausgehängten Lebenslauf des Schiffes die Zeit unter der deutschen Flagge »übersehen« wird, obschon die Fahrzeit genannt wird. Neben der *Pommern* haben die

Åländer in enger Zusammenarbeit mit dem in Mariehamn ansässigen Segelschiffreeder Gustav Erikson ein kleines, aussagestarkes Schiffahrtsmuseum eingerichtet, das wegen seiner fachlichen Korrektheit beispiellos ist.

[26] Viermastbark bei FL von 1907 bis 1921.
[27] Vollschiff, ex *Dione* II, bereedert bei FL von 1912 bis 1921.
[28] Nach Kapitän Hans Sievers, 3. Offizier auf der *Tanis*, sind 200 bis 300 Menschen im Hafen ertrunken. Kleine Küstendampfer wurden von ihrer Mooring losgerissen, gegen die Kaimauer geworfen und versanken. Die Mannschaften dieser Schiffe sowie die Arbeiter auf den Hulken konnten nicht gerettet werden.
[29] Vgl. Meyer, a.a.O.
[30] A.a.O. Prager, H. G.
[31] A.a.O. Prager, H. G.
[32] A.a.O. Prager, H. G.
[33] A.a.O. Meyer, J.
[34] J. Meyer, a.a.O.
[35] Vgl. Brustat-Naval, a.a.O.
[36] J. Meyer, a.a.O.
[37] Ebd.
[38] Vgl. Brustat-Naval, a.a.O.
[39] In der Edition von Brustat-Naval sind hierzu noch Einzelheiten zu lesen:
– »Aber die Sache mit der schnellen Ausreise des in Nantes von F. L. für 200000 neue Goldmark erworbenen Seglers hatte einen Haken. Das Vollschiff kam nicht unmittelbar aus der Fahrt, sondern hatte jahrelang in Nantes stillgelegen. Der Sandballast im Raum war ausgetrocknet, locker und neigte zum Rieseln und Rutschen. Er wurde nach vorne und hinten durch Planken am Platz gehalten und in der Längsrichtung durch eine Holzwand getrennt: ein kleiner Haufen in der Mitte des Schiffes, eigentlich dafür gedacht, den Windjammer mit seiner hohen Takelage im Hafen nicht umfallen zu lassen.
– ›Mehr Ballast muß her‹, schlug der Kapitän vor, ›oder besser, wir tauschen den alten Sand gegen neuen und festen aus.‹
– ›Was noch‹, erwiderte das Büro in Hamburg, ›die *Pellworm* kommt ins Trockendock, wird abgekratzt und bekommt einen neuen Bodenanstrich, das sollte genügen.‹
– ›Mehr Ballast muß her‹, wandte der Kapitän nochmals ein, ›ich

weiß, wovon ich rede, ich habe vor dem Kriege die *Peiho*, die *Pelikan* und die *Parma* gesegelt und...‹

– ›Ab zur Westküste‹, entschied das Büro, ›solange die Frachten noch hoch sind, wir haben eine gute Charter abgeschlossen.‹

Wie die Dinge lagen, sollte es auf dieser seiner ersten Reise unter deutscher Flagge 10000 Pfund Sterling einbringen. Es kam aber ganz anders, Kap-Horn machte einen dicken Strich durch die Rechnung.«

40 A.a.O. Meyer, J.
41 Vgl. Brustat-Naval, a.a.O.
42 1898 schaffte die *Placilla* unter Kapitän Otto Schmidt und 1905 die Fünfmastbark *Potosi* unter Heinrich Nissen die Strecke in 59 Tagen, vorher schon unter R. Hilgendorf in 60 Tagen (die sonst in der Literatur angegebenen Zeiten für die *Potosi* und *Preußen* stimmen nicht mit den Journalangaben überein). Die britische Viermastbark *Eudora*, die *Pitlochry* (unter Nissen) und die *Pampa* unter Schröder erzielten noch einmal den 58-Tage-Superlativ.
43 A.a.O. Meyer, J.
44 A.a.O. Prager, H. G.
45 Die *Parnassos* wurde 1894 als stählernes Vollschiff in Port Glasgow erbaut, ging 1906 in den Besitz der Rhederei-Actien-Gesellschaft von 1896, Hamburg, über. Vgl. Jung, F.: Untergang des Hamburger Vollschiffes *Parnassos*, Albatros 4/1962.
46 A. B. Abkürzung für able bodied Sailor. Diese Bezeichnung entspricht der des deutschen Vollmatrosen.
47 Darunter ist jene Eintragung zu verstehen, die im einzelnen belegt, daß das Schiff in jeder Beziehung seetüchtig und die Besatzung zuverlässig ist.
48 Siehe Albatros, 7 (1962) H. 2.
49 The Last of the Windjammers, 2 vol. Glasgow 1963² und 1966².
50 A.a.O.
51 In der Bundesrepublik versieht die Deutsche Gesellschaft zur Rettung Schiffbrüchiger seit 122 Jahren gleiche, gar nicht hoch genug zu bewertende Dienste. Auch sie ist eine private Gesellschaft, deren Einsatzmittel – heute sind es 37 modernste Seenotrettungsboote, viele mit katapultierbaren Tochterbooten für Einsätze in flachen Gewässern ausgestattet – ausschließlich aus Spenden stammen.

Literaturverzeichnis

1 Albatros, Zeitschrift des Cap Horniers, deutsche Sektion, verschiedene Ausgaben
2 Archiv FISM, Harmsdorf/Düsseldorf
3 Blöss, Hans: Glanz und Schicksal der *Potosi* und *Preußen*, Kiel 1968
4 Brennecke, Jochen: Windjammer. Herford 1968[3]
5 Brustat-Naval, Fritz: Die Kap-Horn Saga. Göttingen 1975
6 Furrer, J.: Die Vier- und Fünfmast-Rahsegler der Welt. Herford 1984
7 Grubbe, Helmut: Die *Preußen*. 1902, in: B. W. Bathe u. a.: Der Segelschiffe Große Zeit. Bielefeld, Berlin 1967
8 Hauser, Heinrich: Die letzten Segelschiffe. Herford 1976
9 Höver, Otto: Von der Galiot zum Fünfmaster. Bremen 1934
10 Jörns, J.: Nur 15 kehrten zurück. Hamm 1954
11 Kahre, Georg: Unter Gustaf Eriksons Flagge. Mariehamn 1948
12 Laas, Walter: Die großen Segelschiffe. Berlin 1908
13 Lubbock, Basil: The Last of the Windjammers. Vol. I und Vol. II. Glasgow 1963[2] und 1966[2]
14 Matthies, Otto: Hamburgs Reederei 1814–1914. Hamburg 1924
15 Meyer, Jürgen: 150 Jahre Blankeneser Schiffahrt 1785–1935. Hamburg-Garstedt 1968
16 Meyer, Jürgen: Hamburgs Segelschiffe 1795–1945. Norderstedt 1971
17 Prager, H. G.: F. L. Laeisz: Vom Frachtsegler zum Kühlschiff, Containerschiff und Bulk Carrier. Herford 1979[2]
18 Randier, J.: Die größten französischen Frachtsegler. 1974
19 Spengemann, Friedr.: Petroleumklipper. Bremen 1951
20 SCHIFF UND ZEIT, Magazin der Deutschen Gesellschaft für Schiffahrt- und Marinegeschichte, Chefredakteur Jochen Brennecke; versch. Ausgaben

HEYNE
ALLGEMEINE REIHE

Zum Thema Zeitgeschichte: Kriegsromane und Tatsachenberichte im Heyne-Taschenbuch

01/6633 - DM 6,80

01/5060 - DM 7,80

01/6358 - DM 7,80

01/6591 - DM 9,80

01/6165 - DM 6,80

01/6473 - DM 9,80

01/6159 - DM 6,80

01/847 - DM 6,80

Den Geheimnissen unserer Erde auf der Spur

»Terra-X« – die abenteuerliche Reise in die Vergangenheit geheimnisvoller Weltkulturen. Ein einzigartiger Erfolg als Fernsehserie und als Buch.

Kirchner, Gottfried/
Baumann, Peter
Terra-X
Rätsel alter
Weltkulturen
01/6857 – DM 14,80

Kirchner, Gottfried
Terra-X
Rätsel alter Weltkulturen
Neue Folge
01/6967 – DM 14,80

Kirchner, Gottfried
Terra-X Eldorado
Suche nach dem Goldschatz
01/6984 – DM 12,80
Originalausgabe

Wilhelm Heyne Verlag München

HEYNE TASCHENBÜCHER

Zeitgeschichte · Biographien · Tatsachenberichte · Kriegsromane

Tatsachenberichte

Hans Georg Prager
Panzerschiff Deutschland Schwerer Kreuzer Lützow
01/6269 - DM 9,80

Heinz Schaeffer
U 977
01/5214 - DM 6,80

Paul Schmalenbach
Schwerer Kreuzer Prinz Eugen
01/5953 - DM 7,80

Brian B. Schofield
Geleitzug-Schlachten in der Hölle des Nordmeeres
01/6226 - DM 7,80

Herbert A. Werner
Die eisernen Särge
01/5177 - DM 8,80

Romane

Vicki Baum
Hotel Berlin
01/5194 - DM 6,80

Will Berthold
Lebensborn e.V.
01/5171 - DM 5,80

Will Berthold
Division Brandenburg
01/5346 - DM 6,80

Will Berthold
Spion für Deutschland
01/5595 - DM 5,80

Will Berthold
Vom Himmel zur Hölle
01/6492 - DM 7,80

Will Berthold
Überleben ist alles Die letzten 60 Tage des Dritten Reiches
01/6589 - DM 6,80

Hans Blickensdörfer
Die Söhne des Krieges
01/5894 - DM 6,80

Pierre Boulle
Die Brücke am Kwai
01/5835 - DM 6,80

Manfred Gregor
Die Brücke
01/5237 - DM 5,80

Hans Habe
Die Mission
01/5885 - DM 6,80

Hans Habe
Off Limits
01/6473 - DM 9,80

Reinhard Hauschild
Flammendes Haff
01/6159 - DM 6,80

Hans Hellmut Kirst
Die Nächte der langen Messer
01/5479 - DM 7,80

Hans Hellmut Kirst
Ausverkauf der Helden
01/6251 - DM 8,80

Hans Hellmut Kirst
Ende '45
01/6491 - DM 9,80

Hans Hellmut Kirst
Blitzmädel
01/6746 - DM 7,80

Heinz G. Konsalik
Die Rollbahn
01/497 - DM 6,80

Heinz G. Konsalik
Das Herz der 6. Armee
01/564 - DM 7,80

Heinz G. Konsalik
Sie fielen vom Himmel
01/582 - DM 6,80

Heinz G. Konsalik
Strafbataillon 999
01/633 - DM 7,80

Heinz G. Konsalik
Der Arzt von Stalingrad
01/847 - DM 6,80

Heinz G. Konsalik
Fronttheater
01/5030 - DM 5,80

Heinz G. Konsalik
Frauenbataillon
01/6503 - DM 7,80

Heinz G. Konsalik
Heimaturlaub
01/6539 - DM 7,80

Joachim Lehnhoff
Die Heimfahrt der U 720
01/905 - DM 5,80

Wolfgang Ott
Haie und kleine Fische
01/5079 - DM 9,80

Wolfgang W. Parth
Vorwärts Kameraden, wir müssen zurück
01/5085 - DM 7,80

Leon Uris
Exodus
01/566 - DM 9,80

Leon Uris
Entscheidung in Berlin
01/943 - DM 12,80

Preisänderungen vorbehalten.

ALISTAIR MACLEAN

Dramatisch, erregend, brillant. Die großen Erfolge des internationalen Bestseller-Autors.

01/5921 – DM 7,80

01/6515 – DM 6,80

01/6144 – DM 6,80

01/6592 – DM 5,80

01/6731 – DM 7,80

01/6772 – DM 6,80

01/6916 – DM 7,80

01/6931 – DM 7,80

Heyne Taschenbücher.
Das große Programm von Spannung bis Wissen.

Allgemeine Reihe mit großen Romanen und Erzählungen	**Heyne Biographien**	**Blaue Krimis/ Crime Classics**
Tip des Monats	**Heyne Lyrik**	**Der große Liebesroman**
Heyne Sachbuch	**Heyne Ex Libris**	**Romantic Thriller**
Heyne Report	**Heyne Ratgeber**	**Exquisit Bücher**
Heyne Psycho	**Ratgeber Esoterik**	**Heyne Science Fiction**
Scene	**Heyne Kochbücher**	**Heyne Fantasy**
Heyne MINI	**Kompaktwissen**	**Bibliothek der SF-Literatur**
Heyne Filmbibliothek	**Heyne Western**	

Jeden Monat erscheinen mehr als 40 neue Titel.

**Ausführlich informiert Sie das Gesamtverzeichnis der Heyne-Taschenbücher.
Bitte mit diesem Coupon oder mit Postkarte anfordern.**

Senden Sie mir bitte kostenlos das neue Gesamtverzeichnis

Name

Straße

PLZ/Ort

**An den Wilhelm Heyne Verlag
Postfach 20 12 04 · 8000 München 2**